やわらかアカデミズム・〈わかる〉シリーズ

よくわかる
組織論

田尾雅夫 編著

ミネルヴァ書房

はじめに

■よくわかる組織論

　この社会は，無数の，有象無象の組織によって成り立っている。そして，その社会に私たちは住んでいる。今日の，この一日の生活でさえも組織との関わりを除いては成り立たない。ゆりかごから墓場までとは，こと組織論の世界では色褪せることはない。

　しかし，組織論についての体系的な入門書は意外と少ないのが現状である。経営学のテキストで間に合うのではないかという考えもあるが，企業を中心とした議論では尽くせないところが多くある。近年，企業ではない組織が多くなってきた。NPOやNGOなどはその端的な組織であるが，それ以外にも企業ではない，しかし企業のような組織は多くある。それらは企業に似てはいても，それをただ一つのモデルにするだけでは捉えることができない。企業を見慣れていると，顔も体型も異形である。

　しかも，単純に総数だけを比較すれば，今になれば，企業よりも非企業のほうが圧倒的に多いことも事実としてある。私たちがもし，ゆりかごから墓場までに関わらなければならないのであれば，人生のある時期のサラリーマン経験を除いては，ほとんどが非企業の組織に関わることになる。そのことでさらにまた，企業ではない組織のこの社会に占める重要性は，今は以前とは比較にならないほどさらにいっそう大きくなっているのではないか，という気分は払拭できそうにない。

　本書は，企業も含めた組織一般の経営管理とは何であるか，その理論と実際的な考え方について入門的にまとめてみた。「やわらかアカデミズム」のシリーズの中にあるので，これから会社や役所で働こうとしている若い人たち，そしてすでに働いている若い人たちに向けて，組織の成り立ちがどのようなものであるかを，基本的な概念だけに絞って，この程度の知識があれば，ほぼ職場の大枠の仕組みが理解できそうである，との狙いで編集された。

　若い人たちにとって，職場では，無理なことは多々あるだろうが，少しでも快適な気分を得たいということであれば，その基本的な仕組みをまず知ることである。不出来の上司もいるだろうが，それはリーダーとしての見識に欠けているのではないか，そのために権威が成り立たず，リーダーシップが行使できていない，などと考えると，嫌な奴だと思われそうであるが楽しい気分になることは疑いない。それは本書を読むことで得られる気分である。その後のことはむしろ応用問題になっていて，本書で得た知見を手掛かりにして実践的に考えてほしい。例えば，ではなぜ，その上司は見識に欠け，リーダーとしての権

i

威を,あなたが受け入れることができていないのか,やはり力不足なのか,それともどこかの思考回路に欠陥があるのかなどを,あれこれと観察できるようになる。実際,リーダーシップを発揮できていない上司は少なくない。しかし,逆をいえば,何年か後に,もしかしてあなたが上司になって,部下にあれこれ言わなければならないようになったとき,そこでの観察は大いに役立つと考える。理論に裏打ちされた観察が役立たないはずはない。

　組織とは,固く考えればいくらでも固くなる。しかし,柔らかく考えればまったくのグニャグニャになってしまう,というようなことはないとは思うが,それでもほどよく柔らかく感じるようになることも少なくはない。組織を生きがいの場とするのであれば,柔らかく考えるように努めることである。柔らかく考えるほど人生は楽しくなる。そうすれば,後悔しない人生を体験できる。後悔しない人生は理論を学習することからはじまると思う。そのための理論的素材を提供するのが本書である。

　本書では,ミネルヴァ書房の梶谷修氏にお世話になった。原稿の集まりが遅れるなど氏には大変ご迷惑をかけたと思うが,このシリーズに関わるのはこれが二度目になるので,当方は阿吽の呼吸でできたのではないかと思う。氏の我慢強さがなければ出版できなかったことではある。大いに感謝しなければならない。

　2010年3月

田尾雅夫

もくじ

■よくわかる組織論

はじめに

第1部 組織論の枠組み

I 組織とは

1　組織と組織論 …………………… 2
2　ビュロクラシー ………………… 4
3　権限と権威 ……………………… 6
4　組織均衡 ………………………… 8
5　組織目標 ………………………… 10
6　ライフサイクル ………………… 12
7　有効性 …………………………… 14
8　ポスト・モダンの組織論 ……… 16

II 組織のダイナミックス

1　オープン・システム …………… 18
2　環境適合 ………………………… 20
3　技術と規模 ……………………… 22
4　限定合理性 ……………………… 24
5　組織化 …………………………… 26
6　組織慣性 ………………………… 28
7　パワー・ポリティックス ……… 30
8　制　度 …………………………… 32

第2部 個人レベル

I モチベーション

1　モチベーションとは …………… 36
2　行動科学とマズロー …………… 38
3　内容理論 ………………………… 40
4　二要因理論と内発的動機づけ … 42
5　過程理論 ………………………… 44
6　コミットメント ………………… 46
7　目標による管理（MBO） ……… 48
8　ホイッスル・ブロワー（内部告発者） …………………………… 50

［コラム］チャップリンの「モダンタイムス」 ………………………… 52

II キャリア

1　キャリアとは …………………… 54

2　社会化 …………………… *56*

　3　キャリア発達 …………… *58*

　4　企業戦士・会社人間 …… *60*

　5　ガラスの天井 …………… *62*

　6　プロフェッション ……… *64*

　7　ピーターの無能の法則 … *66*

Ⅲ　ストレス

　1　ストレスとは …………… *68*

　2　心理学的アプローチ …… *70*

　3　組織ストレス …………… *72*

　4　よい組織，悪い組織 …… *74*

　5　コーピング（対処行動）… *76*

　6　社会的関係 ……………… *78*

　7　組織的介入 ……………… *80*

　8　バーンアウト（燃え尽き症候群）
　　　……………………………… *82*

第3部　集団レベル

Ⅰ　グループ・ダイナミックス

　1　集団凝集性 ……………… *86*

　2　人間関係 ………………… *88*

　3　帰属と所属 ……………… *90*

　4　斉一性への圧力（同調と逸脱）… *92*

　5　アイヒマン実験 ………… *94*

　6　チーム・ビルディング … *96*

Ⅱ　リーダーシップ

　1　リーダーシップ ………… *98*

　2　特性説 …………………… *100*

　3　役割分化 ………………… *102*

　4　状況適合モデル ………… *104*

　5　代替モデル ……………… *106*

　6　ライフサイクル・モデル … *108*

　7　カリスマ ………………… *110*

　8　アントレプルナー ……… *112*

Ⅲ　意思決定

　1　意思決定モデル ………… *114*

　2　個人の意思決定 ………… *116*

　3　集団の意思決定 ………… *118*

　4　意思決定における情報共有 …… *120*

　5　集団浅慮 ………………… *122*

　6　会議法 …………………… *124*

第4部 組織レベル

I 組織デザイン

1 ラインとスタッフ ……………128
2 事業部制 ……………………130
3 ビュロクラシーの問題点 ………132
4 パーキンソンの法則 …………134
5 ミンツバーグの組織論 …………136
6 ルース・カップリング …………138
7 コミュニケーション …………140
8 ルーモア・ポリティックス ……142
9 柔構造化 ……………………144
10 ネットワーク ………………146
11 ネットワーク組織 ……………148

II 組織文化

1 コーポレート・カルチャー ……150
2 ガバナンス …………………152
3 学習する組織 ………………154
4 日本的経営 …………………156
5 エクセレント・カンパニー ……158
6 倫理（エシックス）／企業倫理（ビジネス・エシックス）………160
7 ITによる影響 ………………162

III 組織戦略

1 構造は戦略に従う ……………164
2 競争優位 ……………………166
3 SWOT分析 …………………168
4 ニッチ ………………………170
5 プロダクト・ポートフォリオ・マネジメント（PPM）…………172
6 コア・コンピタンス …………174
7 戦略ポジション ………………176
8 価値連鎖 ……………………178
9 多角化戦略 …………………180

第5部 組織変革

I 危機管理

1 危機管理とリスク・マネジメント ……………………………184
2 リスク・コミュニケーション ……186
3 組織スラック ………………188
4 安全管理とヒューマンファクター ……………………………190
5 コンプライアンス ……………192

II 人的資源管理

1 人的資源管理 …………………… 194
2 人事評価（人事考課）………… 196
3 研　修 …………………………… 198
4 経営参加 ………………………… 200
5 エンパワーメント ……………… 202
6 メンタリングとコーチング …… 204
7 エイジズムと高齢者雇用 ……… 206
8 ジョブ・デザイン ……………… 208

III 変革の理論と実際

1 組織変革とは何か ……………… 210
2 アカウンタビリティ …………… 212
3 顧客満足 ………………………… 214
4 組織開発 ………………………… 216
5 TQM …………………………… 218
6 ダイバーシティ・マネジメント
　　………………………………… 220
7 自己組織化 ……………………… 222
8 組織事故とヒューマンエラー … 224
［コラム］センシティビティ・トレーニング ……………………………… 226

さくいん …………………………… 228

第1部

組織論の枠組み

I　組織とは

組織と組織論

1　組織論と経営学

　組織論は何を対象としているか。その領域を確定しなければならない。似たような用語がいくつかある。例えば，経営学とはどのように相違するのであろうか。ほとんどその相違はないといってもよいが，しかし，実際的には，経営学は，企業，それも大企業を対象にしていることが多い。比較すると，組織論は，その企業を含みながら，**協働**に支えられた組織体であれば何でもよい，その領域を問わないという包摂性，あるいは枠組みの柔軟さがある。従来の，いわば経営学が企業を，行政学が政府や地方自治体を対象としているという役割分担を超えるところに組織論の新鮮さはある。

　要は，人々が集合をなし，何か目的を定めて，それの達成に向かうことになれば，それは組織であり（定義は改めて後段で論じる），それを学問的に捉えるとすれば，そこには必ず組織論の出番があるということである。中央政府も地方自治体も，病院も福祉施設も，そして労働組合も含めてもよい。**NPO**や**NGO**なども組織論の対象である。それだけであると，何をする学問なのかわからない，学問としての焦点がないのではないかという批判を甘受しなければならないこともある。

　経営学であれば，そして企業が対象であれば，利潤追求，その極大化ということで論旨を一貫できる。しかし，組織論では，それに相当する成果指標がない。組織によって様々である。それを通底する論理が希薄で，学問として主張の強度にやや不足といえなくもない。しいていえば，その存続を支えるものは何かという論点である。何によって，組織はこの社会に受け入れられているのかと言い換えてもよい。

2　組織論と組織行動論

　さらに，組織行動論との区分が曖昧になることがある。論者によってその区分が相違することもあるが，しいて区分すれば，組織行動論は，組織の中の人間行動を研究のためのドメイン（主領域）としているが，それに対して，組織論は，組織の行動を論じている。それぞれの組織が一つ一つ分析単位である。経済学の区分に倣って，前者をミクロ経営学，後者をマクロ経営学ということもできなくはない。さらにいえば，前者は心理学的な知見が有用であり，後者

▷協働
組織論においては，その基本ともいうべき概念である。バーナードによって概念化されたが，組織とは例外なく人々がともに働くことによって成り立つのである。逆にいえば，協働があるところに組織は成り立つ。

▷NPO／NGO
前者は non-profit organization，後者は non-governmental organization の略称である。非営利組織，あるいは非政府組織と訳されることもある。ともに，市民活動が活発になることによってできた新しい組織である。

は，制度論的な視点が欠かせないことから，組織の社会学ということもできる。社会学だけではなく，当然，経済学，法律学や行政学などの支援を必要とする学際的な位置づけが重要である。ただし，このような区別は欠かせないが，一般的には，両者を合わせて組織論ということが多い。

③ 組織論と組織化論

さらにいえば，組織化論と区別しなければならないこともある。組織論は，今そこにあるものを研究対象としている。しかし，組織は生々流転を繰り返している。一方で野心的な起業家が組織を立ち上げることもあれば，他方で経営の失敗などで表舞台から消える組織も無数にある。その生成過程を論じるのが組織化論である。特に組織論と切り離すのは，この領域が，今，大きく膨らもうとしているからである。組織とは今の姿を続けることはない。たえず変化している。その変化には過去があり，そして将来がある。現状，あるいは結果としてではなく，過程として捉えるのが組織化論である。

したがって，管理論というよりも運動論的な色彩を帯びることもある。特に，市民運動やNPOやNGOの生成過程などは，組織論の枠組みでは説明できないことがある。烏合の衆をまとめるための権威がまだ成り立たず，右往左往している状況は，そのままでは組織として成り立つ以前の状況であり，そのまま続くということもありうる。グラースルーツ（草の根）のボランティアの集まりに組織論を適用する必要はない。そこから組織，つまり実質的な経営体に向かう必然が生じたときに，組織化の分析枠組みが適用されることになる。組織化論とは組織発達に関する理論でもある。

④ 組織とは何か

それらの議論を基礎として，あらためて組織とは何か。端的にいえば，ヒトやモノ，カネ，そして情報などの資源を有効に活用して，少しでも多くの，良質の成果を得るようにするための仕掛けである。組織は経営体であるが，厳密には集合や集団と区分されなければならない。集合とは一時的に人が集まることである。電車に乗り合わせる，デモに加わる，講演会に出向くなどである。集合だけであれば経営は真正面からは必要ではない。経営的な問題が発生しない限り不要である。

それが一時的ではなく，互いに意思の疎通が成り立ち，メンバーシップが生じると集団になる。そこではメンバーであるかないかの境界が生じる。それがさらに持続的に機能するように成長を遂げたシステムとして成り立ったのが組織である。一時的ではない，持続を前提としている。とすれば，それが少しでも長く続くためには経営管理されなければならない。その持続の過程を冷静に分析するのが，組織論である。

（田尾雅夫）

参考文献
桑田耕太郎・田尾雅夫『組織論』有斐閣，1998年。

I 組織とは

ビュロクラシー

1 ビュロクラシー（官僚制）とは

ビュロクラシー（bureaucracy）とは，大規模な組織を合理的かつ効率的に管理するためのシステムを意味する。一般に官僚制と訳されている。以下，官僚制とする。

官僚制論を展開した**ウェーバー**（Weber, M.）は，正当な**支配の類型**として，合法的支配，伝統的支配，カリスマ的支配の3類型を挙げたが，官僚制とは，法律や規則によって制定された秩序の合法性に支配の基礎を置く組織形態として位置づけられる。

2 官僚制組織の特徴

「官僚制」という言葉から，われわれはどのようなイメージを思い浮かべるだろうか。杓子定規で融通が利かないお役所仕事を思い浮かべる人も多いのではないだろうか。また何となく人情味に欠ける機械的で冷たいイメージを連想する人もいるかもしれない。あるいは，縦割り行政や部門主義といった「ヨコの連携がうまくとれていない組織」をイメージすることもあるだろう。大きな行政サービス機関に行くと，こちらが相談したい内容に対応する部署が細かく分かれていて，いくつもの窓口をたらい回しにされることがたまにあるが，部署間のヨコの連携不足が原因かもしれない。

このように，われわれは官僚制に対して好ましくない印象をもちがちであるが，立ち返って官僚制とはどのような特徴を備えた組織だろうか。まず第一に挙げられる特徴とは，規則による管理を重視する点である。具体的には，官僚制では仕事の内容や進め方，意思決定の判断基準などについて詳細に規則が制定され，メンバーにはそれらの規則を遵守し厳密に運用することが求められる。もしも大規模な組織でこれらの規則がいい加減にしか整備されておらず，あるいはメンバーが規則を遵守しなければどうであろうか。その結果として，担当者の気分や裁量で各自の仕事内容や判断基準が大きくぶれるようなことがあれば，特に大規模組織の組織運営は非効率なものになってしまうだろう。なぜならば，メンバー間で相手の将来の行動や意思決定を互いに予測することが難しくなり，その都度，確認や調整のためのコミュニケーションの必要が生じてしまうからである。またこの場合，各メンバーが遂行する仕事の量や質にも大き

▷**ウェーバー（Weber, Max：1864-1920）**
ドイツの社会学者。その研究は多くの学問分野に影響を与えた。組織論の分野では，権威や支配の類型，官僚制組織についての研究が有名である。合法的な支配に基づいて合理的に運営される官僚制組織こそが，最も効率的な組織形態であるとウェーバーは論じた。

▷**支配の類型**
支配の類型としては，官僚制に代表される合法的支配の他に伝統的支配とカリスマ的支配がある。伝統的支配とは，昔からの伝統がもつ権威や非合理性に対する人々の日常的な信仰に基礎をおく支配を意味する。またカリスマ的支配とは，非凡な才能や人格的魅力をもった人物のカリスマ性に対する人々の帰依に基礎をおく支配である。

なバラツキが生じるため，顧客に対する対応面でも問題が生じがちとなる。特に多様な利害関係者を相手に公共サービスを提供する行政機関では，住民へのサービス提供の公平性を確保する観点から，詳細に制定された規則に則って職務を遂行する傾向が強い。官僚制からイメージされる「杓子定規で融通が利かないお役所仕事」とは，そのような規則を重視する官僚制の副産物である。

　官僚制の第二の特徴とは，職務の専門化が高度に進んでいる点である。ここで，組織の共通目標の達成に向けて各人の職務遂行の合理性を高めるために必要とされる，組織設計の考え方とは何だろうか。その一つが職務の専門化を進めることである。すなわち，各々のメンバーが担当する仕事の内容を細分化することで仕事の専門性を高めるのである。それにより各メンバーの担当する仕事の幅は狭まるので，各人は特定分野の経験を日々積み重ねることで，その分野の専門的な知識や技能を蓄積しやすくなる。その結果として，メンバーによる職務遂行の合理性は高まり，ひいては組織全体の合理性を高めることができる。しかしながら，場合によっては職務の専門化が過度に進んだ結果，異なる部門間で利害が対立するようになったり，隣の部署の仕事内容を互いによく把握できなくなったりすることがある。官僚制の負のイメージである縦割り行政や部門主義，複数の窓口のたらい回しなどは，このような職務の専門化の副産物である。

　官僚制の第三の特徴とは，権限と責任が職位に対して付与され，それが階層をなす形で組織が編成されている点である。換言するならば，権限と責任は職位に就いた在職者に付与されるのではなく，あくまで職位に対して付与される。その結果，職位に就いたメンバーの主観的な利害や非合理な感情を排除し，目標の達成に向けて期待される合理的な行動パターンをその職位に就いたメンバーから確保することが意図されているのである。このような官僚制の特徴は，すでに説明した規則重視の側面とあいまって，メンバーの没人格化や組織内コミュニケーションの非人格化を促進するように作用している。官僚制の「何となく人情味に欠ける機械的で冷たいイメージ」とは，メンバー個々人の感情や主観を排し組織の合理性を追求する官僚制の非人格的な側面を反映するものである。

3　ビュロクラシーの普遍性

　以上，**官僚制の機能と逆機能**を説明したが，これらの特徴は行政機関に限らず，程度の差こそあれ，大企業や労働組合，医療機関などの大規模組織に共通する特徴である。繰り返しになるが，官僚制とは大規模組織を合理的かつ効率的に管理するためのシステムである。現代社会において大規模組織が果たす役割の重要性を考えるとき，官僚制の意義を再認識しないわけにはいかない。

（山岡　徹）

▶**官僚制の機能と逆機能**
官僚制は組織の合理性を追求するシステムであるが，それが過度に追求されるとき，当初意図しなかった組織の不合理性を促進してしまう場合がある。このような負の側面は官僚制の逆機能として理解できる。例えば，規則遵守は組織の合理性を高める手段であるはずだが，マートン（Merton, R. K.）によると，規則遵守を強調するあまり規則の遵守自体が目的化し（「目標の転移」），本来の組織目標が見失われることがある。また組織メンバーが職務上の規則を心理的に内面化した結果として，想定外の状況に直面しても，硬直的にその規則に則った行動や決定をしてしまう（「訓練された無能」）ことがある。これらの結果として，変化への適応よりも形式的手続きに縛られたり，規則遵守によって責任を回避するという保身的行動が組織内に蔓延したりする。また顧客の利益を無視したり，変化に対する組織の適応力が損なわれたりする危険性がある。

I　組織とは

権限と権威

1　権限とは

　権限とは，公式組織における職位（例えば営業部長や人事課長など）に割り当てられた職務遂行上の権利や能力を一般に意味する。

　公式組織においては，組織の共通目標の実現に向けて，複数のメンバーが力を合わせて働いているが，そのような秩序だった協働状態を確保するためには，各々のメンバーの職務範囲やメンバー間の上下関係などを制度的に予め定めておく必要がある。例えば，営業部長と人事部長の担当する仕事の内容や範囲は互いに異なるが，これはそれぞれの職位に割り当てられた職務遂行上の権利や能力，すなわち権限が異なることに由来するものである。

2　権限の果たす役割

　ここで，営業部長と人事部長の権限が異なるのは当たり前のことと考えられるかもしれないが，例えば，営業パーソンを新規に採用する最終的な権限を営業部長がもつ場合もあれば，組織によっては人事部長がもつ場合もある。もしも双方の職位間でその権限が明確に規定されていなければ，どちらの部長が営業パーソンの採用業務を担当するかを，部長が交代するたびに話し合いなどで決めなくてはならなくなる。場合によっては，「今度，営業部長になった○○さんは人事部長の△△さんよりも面接が上手だから，今年度の採用は営業部長に担当してもらおう」などという事態にもなりかねない。

　このような仕事の進め方が特に大規模な組織を運営する上で非常に不安定かつ非効率であることはいうまでもない。ここで必要なのは，「××の仕事については◇◇の職位がそれを担う正当な権利をもつ」ということを制度的に組織で予め定めておくことである。このように，メンバーの人格的な魅力や属人的な能力ではなく，合法的な権限によって各職位の間の相互関係を予め定めることで，それぞれの職位が担当する意思決定の内容を専門化する役割が権限には想定されているのである。また，そうすることで各職位に就くメンバーは他の職位からの不当な介入や干渉を排除しながら，各自の職務に専念することができるようになる。

　このように，権限には職位間の水平的な相互関係を制度的に定める役割があるが，同時に，権限には職位間の垂直的関係（上下関係）を定める役割も想定

▶権限受容説
下位者によって権限（命令）が受容されるための必要条件として，バーナードは以下の四つの条件を提起した。①下位者にとって理解できる命令であること。②意思決定に当たり，組織目的と矛盾しないと下位者

されている。これは運営の効率化を図るに当たり，「どの職位がどの職位に対して命令するのか」という職位間の垂直的な命令服従関係を制度的に定める必要があるためである。ここでは権限の有無や内容によって上位者と下位者が制度上で規定される。上位者には，職位に割り当てられた権限を行使することで下位者の行動や意思決定をコントロールし，共通目的を実現するために必要な協働を確保することが求められているのである。

3 権威との違い

「他者の行動や意思決定に影響を及ぼす」という意味で関連する概念として権威や権力という概念があるが，これらの概念と異なる点として，権限はあくまで合法性にベースを置くという点がある。すなわち，権限とは公式組織の制度やルールに基づいて職位に付与されて初めて効力をもつものである。これに対して，権威は合法性に限らず，それを有する人物の個人的な魅力や専門能力，他者に賞罰を与える能力によっても効力を生じさせる点で権限とは異なる。さらに，その効力が及ぶ範囲の点でも両者は異なる。すなわち，権限が効力をもつ範囲は，あくまで組織内の制度上で規定された仕事の範囲に限定される。例えば，採用権限はあくまで特定組織の採用業務に限定された権限であり，外部組織の採用業務やその他の業務への越権行為は認められない。これに対して，権威はインフォーマル集団や個人的な人間関係においてもその効力を生じさせ，また特定分野に限らず広範囲にわたって同時に効力をもつ点で権限とは異なる。このように効力のベースや範囲の観点から，権限概念は権威よりも限定的に捉えられることが一般的である。

4 権限受容説

以上では，権限とは組織の職位に公式に付与されるものであり，その効力は合法的な組織のルールや制度をベースとする点を指摘した。しかしながら，上位者が下位者に命令する権限に限っていえば，職位に付与された権限が実際に下位者の行動や意思決定にどれほどの影響力をもつか否かは，その権限を運用する上位者の権限運用いかんによって大きく左右される。

近代組織論の始祖であるバーナードは，このような権限の実効性に関する議論において，上位者の権限は下位者がそれを受容して初めて成立するという**権限受容説**を主張した。すなわち，職位に付与された権限は，それ自体が下位者に対して自動的に効力をもつのではなく，下位者が自らの行動や意思決定を支配するものとして，上位者の権限を受容した場合に限り，権限の実効性が確保されるとした。また，権限を下位者に日常的に受容させるための上位者（管理者）の役割として，**権限受容に関する無関心圏**を下位者に創出することを強調した点で権限受容説の意義は大きい。

（山岡　徹）

が信じられる命令であること。③意思決定に当たり，下位者の個人的な利害全体と両立すると信じられる命令であること。④精神的にも肉体的にも下位者が従いうる命令であること。上位者（管理者）には，これらの条件を満たすべく下位者に対して慎重に命令を発することが求められる。さもなくば，上位者の発する命令は下位者から拒絶されかねない。このように，上位者の権限を受容するか否かはあくまで下位者の判断に拠ると考えるところに権限受容要説の特徴がある。

▷**権限受容に関する無関心圏**

バーナードの権限受容説によれば，権限受容の4条件が満たされることによって，権限（命令）は下位者に受容される。しかしながら，上位者から命令を受けるたびに，実際に上記の4条件を満たしているか否かを下位者が意識的にチェックし，その上で権限を受容するか否かを決めるとするならば，仕事の遂行が著しく滞ることで組織運営は極めて非効率となり，ひいては組織成員の利益も損なわれかねない。バーナードはこの点に関して，上位者によって慎重に発せられた命令は，上記の4条件を通常満たしており，下位者はその都度意識的にそれらをチェックしない「無関心圏」をもつようになるとしている。すなわち，4条件を留意した上位者による慎重な命令と，権限（命令）受容に際して作用する下位者の「無関心圏」によって，日常的な組織運営の効率性は維持されているのである。

Ⅰ　組織とは

組織均衡

組織均衡

　ゴーイング・コンサーン（going concern）という言葉が新聞や雑誌において度々登場する。これは，日本語では「継続企業の前提」と呼称されるものであり，企業が未来永劫にわたって事業を継続することを前提とするというものである。この前提に立ったとき，企業は社会システムの中で，その他のシステムの構成要素とつり合いが取れた状態，すなわち均衡した状態を保っていかなければならない。そこで，ここでは，この組織が社会システムの中で均衡するメカニズムである，組織均衡（organizational equilibrium）の理論を解説する。

　サイモンらは，著書『組織と管理の基礎理論』（岡本康雄他訳，ダイヤモンド社，1977年）において，組織均衡の理論は，次の五つの命題によって表されるとした。

①組織とは，組織の参加者である多くの人々の相互に関連した社会的行動の体系である。
②参加者は組織から誘因を受け取り，その対価として，組織に対して貢献をなす。
③参加者は提供される誘因が提供する貢献と同じか，それ以上の大きさである場合に，組織への参加を継続する。
④参加者が組織へ提供する貢献が，組織が参加者に提供する誘因を作り出す源泉である。
⑤組織は参加者の貢献を引き出すに足る誘因を提供するのに十分な貢献がある場合にのみ，存続可能である。

　①は，組織の定義に関する命題である。企業を例に挙げるならば，ここでいう参加者とは，従業員に限らず，株主，供給業者，顧客なども含められる。なぜならば，ここで挙げる人々は，企業という社会的行動の体系に取り込まれるからである。

　②③は，組織への参加の条件に関する命題である。企業と従業員との関係を例に挙げるならば，従業員は企業から給与，昇進，権限，雇用の保障などを受け取り，企業は従業員から労働力，忠誠心，勤勉さなどを受け取る。このとき，給与，昇進，権限，雇用の保障に対する従業員の満足が，企業に労働力，忠誠心，勤勉さを提供しても余りあるならば，従業員は組織に参加し続ける。

▷サイモン（Simon, H. A.：1916-2001）
アメリカのウィスコンシン州に生まれ，シカゴ大学，同大学院で学び，カーネギー・メロン大学の教授を務めた。組織行動論，システム理論，コンピュータ・サイエンスの世界的な権威であり，1978年には，意思決定理論の構築を讃えられ，ノーベル経済学賞を受賞した。

また，企業と株主の場合，誘因として配当，貢献として資本が，企業と供給業者の場合，誘因として代金，貢献として原材料や半製品が，企業と顧客の場合，誘因として製品やサービスが，貢献として代金が考えられる。

④⑤は，貢献と誘因とのつながりに関する命題である。企業を例に挙げるならば，企業は従業員，株主，供給業者，顧客などから労働力，資本，原材料，半製品，代金などの提供を受け，それをもとに，給与，配当，代金，製品やサービスを生み出す。そして，企業は，給与，配当，代金，製品やサービスを生み出すに十分な労働力，資本，原材料，半製品，代金を集められる場合にのみ，存続できるのである。

❷ 心理的契約

ここでは，上述の組織均衡理論を組織とその構成員との間の心理的な関係に応用した，心理的契約（psychological contract）の理論を解説する。**シャイン**は，著書 *Organizational Psychology*（Prentice-Hall Inc; New Jersey, 1965）において，「心理的契約」を組織が構成員に対して抱く期待と構成員が組織に対して抱く期待とし，組織と構成員の両者の期待がつり合い，一致しなければ，この契約を長期間機能させることはできないとした。企業を例に挙げるならば，雇用主は労働力，忠誠心，勤勉さなどを従業員に対して期待し，従業員は給与，昇進，権限，雇用の保障などを雇用主に対して期待する。そして，たとえ，法律上の契約が遵守されている場合でも，雇用主，もしくは従業員のどちらか，もしくは，双方の期待が破られたならば，両者の間には不信感が醸成される。その結果，雇用主が人材育成を放棄したり，従業員が怠業を図ったりする。

では，なぜ組織と構成員の間には心理的契約が成立するのだろうか。それは，法律上の契約ではすべての情報を含有させることが到底不可能だからである。例えば，雇用に関わる情報を挙げるとそれは膨大なものになり，すべてを法律的契約に反映させることはできない。さらに，それらの情報は，時間の経過に伴い変化してしまう。したがって，組織と構成員は心理的契約に依存せざるを得ないのである。

❸ 企業や従業員にとっての困難な時代の到来

日本では，過去の経済成長期に，企業はその規模を拡大させ，従業員は増設された地位に昇進し，所得を倍増させた。組織均衡理論に従えば，企業と従業員の間で誘因と貢献が拡大均衡し，心理的契約理論に即すれば，両者の期待が拡大均衡を続けたのである。しかし，今日，高い経済成長を日本に望むことは難しい。ゆえに，企業と従業員は，逆に縮小均衡を受け入れるか，企業の解散や従業員の頻繁な離職を受け入れるか，困難な選択を迫られよう。

(秋山高志)

▷シャイン（Schein, E. H.：1928-）
スイスのチューリッヒに生まれ，シカゴ大学，スタンフォード大学大学院，ハーバード大学大学院で学び，MIT の教授を務めた。組織心理学の創始者であり，組織文化，組織学習，組織変革，キャリア・ダイナミックス，プロセス・コンサルテーションと多岐にわたる研究を行う。

I　組織とは

 組織目標

▷組織目標
組織が共有している目標であり，「組織が達成しようとしている状態」である（Etzioni, A., *A Comparative Analysis of Complex Organizations,* 1961. また，Perrow, C., "The analysis of goals in complex organizations," *American Sociological Review.* Vol. 26, 1961, pp. 864-866.）

▷組織目標の機能
組織の行動基準を作り出し，組織のまとまりを作り出すことにある（田尾雅夫『組織の心理学』有斐閣，1991年）。

1　組織目標とは何か

組織は目標をもつことによってまとまった行動をとっている。**組織目標**とは，組織が共有している目標であり，「組織が達成しようとしている状態」である。組織という存在は，目標をもつことで，集団や群衆などの他の人間の集合体と区別される。集団や群衆は，明示的に共通の目的をもっておらず，ある一定期間，一定の場所に集まって相互作用している集まりである。それに対して，組織は目標を共有しており，それの達成するように活動システムが編成されていることが特徴である。ただ組織目標が具体的に指すものについては，様々なものがある。

ペロー（Perrow, C.）によれば，一般的には，組織の規約，定款等に示される公式的な目標であったり，組織内部のメンバーが実際の活動で追求している実行目標であったり，社会から与えられているものであったりする。

組織目標のあり方は，現実には組織の置かれている状況によって制約されている。例えば，まだ全国的な物流網をもたない中小メーカーが，即座に全国翌日配送体制を確立することを目標にすることはやや難しい。むしろ，近くの地域の取引先に即座に送れる体制を確立することのほうが，現実的な目標となる。このように，現実には，組織目標は，組織のもっている制約条件の中で決まってくる。それゆえ，組織目標は，実際の達成手段のあり方を決め，判断基準になり，達成の仕方についての評価指標となる。

2　組織目標のもつ働き

組織目標の機能は，組織の行動基準を作り出し，組織のまとまりを作り出すことにある。第一に，組織目標は，組織のメンバーに対して一つの判断の指標と枠組みを与える。第二に，組織目標は，組織の内部にいる人間と外部にいる人間を区別する基準を作り出す。そして，組織のメンバーであろうとする者は，組織目標への貢献を行い，組織の存続発展に寄与することをよしとする判断枠組みのもとで，自分の行動を評価して取り組むようになる。第三に，組織目標を共有することで，組織のメンバーはある目標に対して協力関係をもつことになる。こうした協力の過程においては，組織のメンバーはある目標やその背後にある価値，行動パターンを受け入れながら，組織に対する社会化を進めるこ

とになる。

　組織に参加しているいろいろな個人が組織目標を受け入れることは，組織のまとまりをよくする効果がある。彼らが組織のもつ目標を共有し，それを積極的に受け止めることは，その個人が組織活動に対するコミットメントすなわち帰属意識を高めることになる。組織への帰属意識が高いと，組織活動に対する参加する姿勢が積極的になり，組織活動への積極的な貢献と，他の組織参加者との協力関係が高まり，組織のまとまりを高めることになる。

３　目標の階層性

　組織は，**目標の階層性**をもち，同水準で単一なものではなく，複数の下位目標から編成される目標システムを形成している。そして，この目標が下位分解する流れは，組織内でのタテの階層やヨコの部門分け，職位分けに応じている。まず組織は，目標を，組織の階層や分化に合わせて，階層化している。企業自体が，様々な部門や部署そしてさらにその下のチームや個人へと細かく分業体系が細かく分化している場合がある。その場合には，組織―部門―集団―個人という複数の段階で，目標が細かく分かれて，それぞれのところで達成されやすいものに変えられる。組織目標は，階層体系をもっているので，下の水準での細かい目標が積み上がって，一つの組織全体の目標達成につながるように考えられている。例えば，組織においては，企業全体の目標と部門，集団，個人の下位目標は異なる場合が多い。その際には，組織全体の目標に合わせて，下位の目標や活動を調整していく。

　ただ，このような目標の階層化のために，組織の部門，集団，個人が，それぞれの状況や立場のために，下位目標に対して関わり方の違いをもっていたり，全体目標よりも下位目標だけにこだわったりする傾向がでてくる。個人の場合には，勤続している期間，仕事の内容や地位，属性に応じて目標の共有の度合いが異なる。長期に勤めて，課長となっている人間は，組織から評価されているので，部下の従業員よりも組織目標へのこだわりと共有が高い。逆に新入社員は，自分の下位目標をきちんと受容していない傾向があるだろう。さらには，個人は下位目標にこだわり，むしろ組織全体の目標をうまく理解していないので，自分の仕事，地位や期待を総合しながら，職場において，自分の目標の達成を追求することが少なくない。

　そして，下位の部門やチームが，直接関わる下位目標ばかり達成して，全体の目標の達成への取り組みや他の部門やチームとの活動の相互調整がおろそかになる。このような場合には，各部門の下位目標同士が対立して，全体目標の達成への支障が出てくることがある。このようなことを目標のコンフリクトという。目標のコンフリクトを避けるためには，全体目標の再確認と下位目標の階層体系を全体的に調整し直す必要がある。

（若林直樹）

▷組織目標の階層性
同水準で単一なものではなく，複数の下位目標から成る目標システムを形成している。

Ⅰ 組織とは

 ライフサイクル

 ライフサイクルとは何か

企業組織の約80％が5年以内に消滅するといわれる。組織が生き永らえるには多くの苦難が伴うのである。ここでは，主にクインとキャメロン（Quinn, R. E. & Cameron, K. S., 1983）の研究およびパナソニック社の事例をもとに，組織のライフサイクルについて考える。クインとキャメロンは九つの先行研究をまとめることによって，組織のライフサイクルを次に掲げる四つのステージに区分した。

 ステージによる区分

○起業家段階

組織が誕生して間もない段階である。起業家が斬新で豊富なアイデアを活かして財やサービスを市場にもたらす第一歩である。資金力もなく，その規模は小さい。反面，ハイリスク的な行動も可能となる。**ニッチ**な市場を狙うことが多くなるため，**ファースト・ムーバー**が力を発揮する段階でもある。創業者によるワンマン経営のスタイルをとり，組織は非形式的で，官僚制化は必要とされない。つまり，計画や調整はほとんど行われない。

1918（大正7）年に創業した松下電器（2008年10月以降はパナソニック社）も，当初は創業者である松下幸之助，その妻であるむめの，そしてその弟である井植歳男（三洋電機創業者）の3人でスタートした。アタッチメントプラグや二灯用差込プラグを開発し，販売したとされる。起業の原点はソケット改良のアイデアであったが，貯金はほとんどなく，機械1台買うことすらできなかったという。この段階はこうした無謀ともいえる起業家精神に支えられているのである。

○集合化段階

共同体段階ともいわれる。少しずつ，組織の規模が大きくなり，組織化の兆候が現れる。明確な目標と方向性が策定され始め，権限の階層構造，職務の割り当て，当面の分業が確立されていく。組織のメンバーは長時間労働を厭わず，組織の使命を自覚し始める。組織に対するコミットメントは強い。ただ，公式的な組織が現れ始めたとはいうものの，依然として非公式なコミュニケーションは存在し，イノベーションも継続している。

▷**ニッチ（niche）**
細分化された市場の中でも，競争者が参入していない隙間と呼びうるような市場を指す。市場への影響力を行使し，十分な利益を上げることが可能である。

▷**ファースト・ムーバー（first-mover）**
先行者と訳される。市場へ一番に参入する，もしくは市場を新たに開拓する企業や起業家を指す。市場に一番乗りすることで得られる利得を先行者利得と呼ぶ。

この段階の危機として，経営トップが権限を手放さないということが挙げられる。発明王エジソンは多くの発明品とともに，多くの企業を起こしたことでも知られるが，彼は権限を部下に委譲しなかったために，ことごとく事業の拡大に失敗している。一方，前述の松下幸之助は，体が弱かったこともあり，早くから部下を信頼し任せたために，飛躍的に事業が拡大したとされる。松下電器が日本においていち早く**事業部制**を取り入れたのも，こうした幸之助の思想によるものであったのである。

○公式化とコントロールの段階

形式化段階ともいわれる。組織の規模がさらに拡大して，それを管理するためのルールや手続きが公式化される。また，それに伴ってコントロール・システムが整備され，構造はより安定する。一方で，コミュニケーションは少なくなる。組織効率とその維持に力点が置かれ，保守主義的な行動が顕著になる。官僚制システムの段階ともいえる。トップ層は戦略的な意思決定や企画立案に専念し，ミドル以下の層が実務活動を行う。

官僚制システムは両刃の剣である。大きくなった組織の効率を高める一方で，一度それが行き過ぎると形式主義に陥り，むしろ組織の有効性が損なわれてしまう。上層部と下位層に挟まれたミドル・マネジャーに過度の負担がかかるのも，官僚制化を原因としている。いわゆる大企業病と呼ばれる現象が現出するのである。

○成熟段階

構造の精緻化の段階ともいわれる。先の官僚制化がさらに進行し，精緻化し，成熟に至る。地位や役割は明確に定められ，文書主義が徹底される。官僚的形式主義の行き過ぎに対しては，新しい意味での協力とチームワークが必要となる。協力体制を実現するために，場合によっては公式的なシステムを単純化したり，各職能部門を横断するようなプロジェクトを形成することが必要となる。小企業的な価値観と発想を取り戻すために，組織を分権化する場合もある。

成熟に達した組織は環境に適合しなくなったり，動きが鈍くなることがある。それゆえ，10年から20年おきに組織を刷新する必要性が生じてくる。この時期にトップの交代が行われるのは，組織の硬直化を防ぐためでもある。2003年以降に松下電器が取り組んだ大規模な構造改革は，まさにこの段階の危機を乗り越えた好例である。

3 ライフサイクルを超えて

ライフサイクルとは，とりあえず以上のような四つのステージを経ることになる。しかし，途中で行き詰まることもあり，成熟から衰退，そして危機に至ってもさらなる発展を遂げるようなこともある。まさしくサイクルとして組織は捉えられるのである。

(松山一紀)

▶事業部制
組織を製品別，地域別，顧客別等に部門化し，独自の利益および管理責任をもつ自主的な経営単位として事業部を設け，分権化を行う分権管理体制のこと。
⇨ 4-I-2 「事業部制」，5-Ⅲ-1 「組織変革とは何か」

参考文献
Quinn, R. E. & Cameron, K. S., "Organizational Life and Shifting Criteria of Effectiveness," Management Science 29, 1983, pp. 33-51.

I 組織とは

有効性

 定　義

　有効性は意味の広い概念であり，様々に応用して使われる。以下では主に，**組織が行う活動の評価**をする文脈での用いられ方を説明する。組織は様々なインプット（input，入力）を利用してアウトプット（output，出力）を生み出すが，これを組織が行う事業として評価をするのである。インプットには，お金や努力，時間などが含まれる。一方のアウトプットは，組織が生み出す製品やサービスを意味する。こうした組織の活動を評価する際に，有効性は効率性とともに用いられる。有効性・効率性を高めるということは，組織にとって非常に大きな関心事である。

　○**有効性（effectiveness）**

　有効性とは，目標の達成の度合いを表す。売上げを目標とする場合は，組織のつくる製品がいかに売れるか，組織が提供するサービスがいかに受け入れられるかを意味することになる。これらは組織全体の有効性，ということになるが，組織の活動をさらに細分化した文脈でも用いられる。組織は複数の目標をもっている。例えば売上げの達成に関連して，製品の出荷前の不良品を発見するための検査についてでも，有効性を用いることができる。製品の不良品を発見できるかどうかを，この場合の有効性は問題とする。有効性は，様々な組織のレベルで用いられる意味の広い概念である。

　○**効率性（efficiency）**

　効率性とは，インプットとアウトプットの比を問題とする。インプットは，目標達成のために費やしたコストを意味する。これも様々な組織のレベルで用いられる概念である。製品の不良品発見の検査については，いかに少ない時間や金額でその検査をできるかどうかを，効率性は問題とする。

　○**有効性・効率性の応用**

　有効性と効率性は，営利を目的とする組織のみを想定して使われるわけではない。病院や消防署などの**非営利組織**でも意識されており，また，行政の事業評価にも使われる。例えば，ここで消防署を例にとって有効性と効率性について考えてみよう。まず，消防署の有効性とは，火災への対応で消火活動が成功したかどうかを意味する。火災現場に行き火を消すことができれば，組織の有効性が達成されることになる。一方の効率性は，いかに少ないコストで消火で

▷**組織が行う活動の評価**
ここでは，組織の生産性の評価を意味する。

▷**非営利組織**
Nonprofit Organization，あるいは Not-for-Profit Organization は NPO と略される。非営利を目的とした組織を指し，広義には医療法人，学校法人などから，クラブ活動やサークル活動を行う団体，自助組織が含まれる。狭義には，特定非営利活動促進法によって認証された団体（NPO 法人）を指す。

きたかを問題とする。この場合，効率性を上げるために必要なことは，消化能力を落とさずに消火活動に使う装備のコストダウンをすることや，人員をより少なくすることが挙げられる。一般に，効率性は金額で評価されることになるが，こうした場合においても単位当たりのコストや人件費等の費やした金額が問題となる。

効率性・有効性は，個人についても応用して使うことができる。ある個人の資格の取得を例にして考えると，より難易度の高い資格の取得が有効性の問題となり，いかにして少ない時間や努力でそれを取得するかが効率性の問題となる。

2 有効性と効率性の関係

有効性と効率性の関係は，常に両方がともに成り立つというわけではない。有効性は高いが，効率性が低いという場合もある。組織の目標は達成されているが，コストがかかりすぎている場合などである。反対に，コストを少なくサービスを提供できているがそれが受け入れられていない，という場合は効率性が高いものの，有効性が低いということになる。有効性の高さが常に効率性の高さを意味するわけではないし，効率性の高さが常に有効性の高さを意味するわけでもない。

3 「3E」について

事業・サービスの評価をする際に，有効性は「3E」の一つとしても用いられる。「3E」とはそれぞれ経済性（Economy），効率性（Efficiency），有効性（Effectiveness）を意味しており，それぞれの英語の頭文字がEから始まることから3Eと呼ばれる。事業・サービスの評価をするに際して，それぞれのEについて評価をするのである。なお，公正性（equity）を加えて4Eということもある。

3Eによる評価において，組織が行うサービスや事業の評価をする際にとりわけ重視されるのは，アウトプットに関する評価，有効性である。どれだけの目標を達成できたかの評価をすることは，サービスや事業による効果の評価に直結しているからである。効果を生み出す前のレベルとして，効率性があり，ここで適切な方法でサービスや事業の提供が行われているかの評価をする。さらに，この前のレベルとして，インプットに焦点を当てる経済性（節約性ということもある）があり，資源の投入について評価をする。このように，経済性・効率性・有効性は連鎖していて，それぞれのレベルで事業の評価を行うことになる。有効性が最も重要視される傾向にあるが，有効性の達成のためには，その前のレベルである経済性・効率性も当然検討しなければ，より高い有効性には結びつかないのである。

（本間利通）

I 組織とは

8 ポスト・モダンの組織論

1 ビュロクラシーの限界

組織論を構成する枠組みは大きく揺れている。その最も大きい動揺は，ウェーバーなどを創始とするビュロクラシーという前提に対する挑戦である。ビュロクラシーを基礎とするモダンの組織論に対して，それの限界を指摘する動向である。ビュロクラシーについてはすでに1-I-2で述べた。その限界や病理が様々に議論された。例えば**繁文縟礼**などはその最たるものである。ビュロクラシーはその仕組みを維持するための，あるいは効率的に稼動するために従うべき規則や決まりをつくる。しかし，その決まりを守らせるためにまた決まりがつくられ，結局，がんじがらめの融通のきかない組織にしてしまうことをいっている。しかし，組織は大きくなるほどその仕組みを支えるために，ビュロクラシーの仕組みを整備しなければならない。

2 ポストモダン組織に向けて

しかし，そのことが限界を露呈するのであれば，いわば「**大きな物語**」にこだわるモダンを捨てて，それぞれの状況に合わせて対応しなければならない。大規模化を必然とするビュロクラシーの，いわば**スケール・メリット**を優先させる仕組みよりも，小粒でもピリリと辛い山椒のような組織を構想できないか，という議論に沿う考え方を総称してポスト・モダンの組織論という。実際には柔構造化と重なり合うことが多い。上意下達のシステムではなく，だれもがその過程の決定に参加できる組織である。またコミュニケーションの変更を重視して，マトリックス組織やネットワーク組織などが，このモデルに沿った組織デザインである。基本的には権限の分散化や意思決定の迅速化などを図ることなどを狙いとしている。

以下で，いくつかの代表的な理論を紹介する。

○マトリックス組織

マトリックス組織とは，その構造をマトリックス状に構築し，1人の上司からの命令の一元化を改めて，様々の方向から指示や命令を，その状況に合わせて受け，実行する仕組みのことである。本社の営業部に所属しながらも，担当地区の事情に合わせて支社長の指示に従うという場合などである。スタッフ看護師は，看護部のヒエラルキーに沿って行動するが，医療の指示は医師から受

▷ウェーバー
⇨1-I-2「ビュロクラシー」

▶**繁文縟礼**（はんぶんじょくれい）
ビュロクラシーの病理の一つとされる。だれもが同じ手続きで行動できるように文書に定める。いわゆる文書主義である。しかし，それが嵩じて，何もかも文書にするようになると，逆に，その煩わしさが，組織の効率を損なうようになるという逆説である。

▷「**大きな物語**」
思想史的には，啓蒙主義からマルクス主義に至る壮大なパラダイムのことを指している。それに沿って，その実現がこの社会にとって善なることと考えるのが近代，つまりモダンで，それに対抗して，そのような主軸になる思想はもはや成り立たないとするのがポスト・モダンである。組織論ではビュロクラシー批判が同じような役割を果たしている。

▷**スケール・メリット**
組織は規模が大きくなるほど，資源の調達などでコストを低下させるなどのメリットを得ることができる。組織はたえず大きくなろうとし，大きくなることが成功とされるのが一般的な捉え方である。しかし，大きくなることが，必ずしも好ましくない場合もある。

け取るのも典型的なマトリックスである。上司は2人いることになる。**ハイブリッド・アレンジメント**は，そのような状況適合的なシステムがさらに拡張された場合である。

○ネットワーク組織

ビュロクラシーに対置される**ネットワーク組織**は，さらにいっそうポスト・モダンの組織論として論じられる。タテの上意下達ではなく，ヨコの協力関係を中心にネットワーク状に広がる関係を重視して組織の仕組みを構築しようとするのである。市民運動の組織化などに，この理論は役立っている。だれもが当事者で対等に自分の考えを表明できる組織である。信頼関係で成り立ち支持される組織である。クラン（族）によるコントロールも似ている部分がある。少数の信頼できる人たちが集まって組織をつくるのである。家族，あるいは擬似家族集団による組織化である。信頼がその中心に位置することになる。日本的経営はそれに該当するとされた。前近代的と，欧米が批判したシステムが一転，ポスト・モダンに転じるという皮肉もある。

○柔構造化

さらに広義には，決定権限の委譲（エンパワーメント）などを加えてもよい。いっそうの権限をヒエラルキーの下位に委譲して，現場の利害に即応的な意思決定に委ねるのである。権威主義的な上意下達ではチャンスを見逃すようなことさえ少なくない。

以上に共通していえることは，厳格なビュロクラシーのシステムへの反発と，実際それの**病理**への対処という考えがその底流にある。しかし，その論説は多様であり，現代哲学のモダンの「大きな物語」から等身大の「小さな物語」への展開とほぼ同じ経緯にある。そのときどきの事情に合わせて，得るものに過大な期待をせずに，少なくても小さくても手堅く得ることを優先させる理論一般を総称している言葉である。効率や生産性を一方的に重視する理論への嫌悪も，これらには共通して垣間見られることである。

3 理論の限界

したがって当然のことながら，その限界にも言及すべきであるというのは，それの経営管理には困難さがつきまとい，当初の，少ない，あるいは，小さいことが手堅い成果を得る結果にはつながらないことも多い。というのは，ビュロクラシーによるシステムの安定を否定することは，様々の混乱を引き起こすこともありうるからである。マトリックス状に上司が複数いる場合は，相反的な指示を受けることもあり，ネットワーク状に組み立てられた組織では，権威が成り立たず，互いが足を引っ張り合うようなこともある。近代組織論への批判の理論としては成り立っても，成果を得ようとする経営管理の実際には多くの困難が伴うのは止むを得ない。

（田尾雅夫）

▷ハイブリッド・アレンジメント
マトリックス組織よりもさらにコミュニケーションの柔軟性を備えているとされるが，柔軟である過ぎることでむしろ経営管理的に問題は多いとされる。マトリックス組織も含めて，実際の適用例は多くはない。

▷ネットワーク組織
⇨ 4-Ⅰ-11 「ネットワーク組織」

▷ビュロクラシーの病理
⇨ 4-Ⅰ-4 「パーキンソンの法則」
⇨ 4-Ⅰ-3 「ビュロクラシーの問題点」

参考文献
Clegg, S. R., *Modern Organizations : Organizational Studies in Postmodern World*, Sage, 1990.

Ⅱ 組織のダイナミックス

オープン・システム

1 クローズド・システムとオープン・システム

近代管理論の始祖とされるバーナード（Barnard, C. I.）以降，組織は**システム**とみなされるようになった。バーナードは組織を，意識的に調整された2人以上の人間の活動や諸力の**協働のシステム**として捉えていた。また，このようなシステム論的な考え方は，組織と環境との関係を捉える際にも大きな影響を及ぼした。伝統的組織論において組織は，環境に対して閉じていると考えられていた。環境の変化に左右されず，自己完結していると考えられていたのである。このようなシステムをクローズド・システム（closed system）または閉鎖体系と呼ぶ。伝統的組織論では，内部のシステムやそのデザインに力点が置かれていたのである。

一方，近代組織論においては，組織はオープン・システム（open system）として捉えられる。オープン・システムは開放体系と呼ばれ，本来は，生物・有機体を説明する概念であるとされる。環境との間に継続的な相互作用の関係をもつことが特色であり，環境から，もの，エネルギー，情報などをシステムにインプットし，それを内部で転換し，アウトプットを環境に産出する。この一連の過程の中で均衡状態を保つことによってシステムは存続すると考えるのである。このことはすなわち，システムは他のシステムと相互に依存し合いながら上位のシステムを形成することをも意味している。一つのシステムは，外部環境としての他のシステムから入力を受け，高度に依存し合う内部環境の中で処理され，再び外部環境に出力として送り出していく。このようにシステムとしての組織は環境に依存せざるを得ないと考えられる。したがって，組織は環境の変化に応じて，内部の構造や過程を変化させることによって，適応しなければ生存できないということになるのである。

2 オープン・システム論の展開

オープン・システム・アプローチをベースにした研究は1960年代頃から盛んに行われるようになり，現在においても様々な展開を見せている。バーンズとストーカー（Burns, T. & Stalker, G. M.）やウッドワード（Woodward, J.）たちイギリスの社会学者が行った研究が先駆けとなり，ローレンスとローシュ（Lawrence, P. R. & Lorsch, J. W.）が確立したとされるコンティンジェンシー理論が

▷システム
内部を構成するそれぞれの要素が互いに作用・影響し合い，相互依存の関係にあるような集合体を指す。
▷協働のシステム
⇨1-Ⅰ-1「組織と組織論」

その典型的な例である。また，イギリスのタビストック学派の手によって「**社会─技術システム論**」としても展開された。さらに，構造が経営戦略に従うとした，チャンドラー（Chandler, A. D. Jr.）の一連の研究もこの系譜に位置づけることが可能である。また，アンゾフ（Ansoff, H. I.）の企業戦略論は，オープン・システム論を経営計画に適用したものとされる。オープン・システム論の登場で，組織は内部統制だけでなく，外部適応をも必要とすると考えられるようになった。それが戦略論を生み出し，発展させていったと考えられる。

3 不確実性

組織が環境の変化に適応しなければならないと考えるならば，注目すべきは環境要因の有する不確実性であろう。外部環境が不安定で不確実性が高ければ，それに翻弄されないように，確実に適応していくことが必要となる。組織にとって不確実性に対処することは重要な管理項目なのである。

これまで不確実性は様々に定義されてきた。例えば，ある事態に伴って生じる結果が知られている場合にそれをリスクと呼ぶのに対して，その結果や結果の生じる確率などがわからない場合にそれを不確実性という。また，ローレンスとローシュは，環境からの情報に明確性が欠けている場合，はっきりとしたフィードバックが環境からもたらされる時間が長い場合，要因と結果の関係が不明瞭な場合に，不確実性が高いと考えた。

そこで，ここではダンカン（Duncan, R. B.）によって提示されたフレームワークを紹介する。ダンカンは意思決定者が環境的な要素について十分な情報を有しておらず，外部の変化をうまく予測できない状態にある場合に，不確実性が高まると考えた。そこで，環境が単純であるか複雑であるか，また，事態がどの程度安定し，あるいは不安定であるかといった二つの軸によって捉えようとしたのである。ここで単純─複雑の軸は環境の複雑性に関わり，要は組織活動に関連する外部要素の数や異質性に基づいている。また静的─動的の軸は環境要素の変化が激しいか否かに基づいている（図1-1）。　　　（松山一紀）

▷「社会─技術システム論」
環境条件が多様で対処の仕方に変化が求められるような「技術システム」の下では，労働者の自律性を活用し，労働者の能力増進を図るといった「社会システム」の変化が生産性の向上に寄与するという考え方。

	（単　純）	（複　雑）
静的	低い不確実性 1）環境要素の数が少ない 2）各要素が互いに似通っている 3）要素の変化がない	比較的低い不確実性 1）環境要素の数が多い 2）各要素間に類似性がない 3）要素の変化がない
動的	比較的高い不確実性 1）環境要素の数が少ない 2）各要素が互いに似通っている 3）要素は絶え間なく変化している	高い不確実性 1）環境要素の数が多い 2）各要素間に類似性がない 3）要素は絶え間なく変化している

図1-1　環境の不確実性

出所：Duncan, R. B., "Characteristics of perceived environments and perceived environmental uncertainty," *Administrative Science Quarterly,* 17, 1972, pp. 313-327より筆者作成。

第1部　組織論の枠組み

Ⅱ　組織のダイナミックス

環境適合

環境適合とは

　バーナード（Barnard, C. I.）が登場するまでの組織論，すなわち伝統的組織論においては，組織の内部統制にのみ関心が集中していた。組織を管理するに当たって重要なことは，例えば，権限と責任を各成員にどのように振り分けるか，つまりは，個々の成員がどの程度の権限と責任を与えられるべきかということであった。内部を適切に統制するだけで組織の有効性は維持できると考えられていたのである。このことは裏を返せば，組織を取り巻く環境や条件が変化しても，組織はその影響を受けないということを意味している。さらにいえば，環境や条件に関わらず唯一最善の組織が存在すると考えるのである。これに対して，近代組織論以降，「環境が異なれば，有効な組織は異なる」という立場をとる考え方が現れる。組織の条件適合理論（コンティンジェンシー理論），あるいは単に組織の条件理論ともいわれる考え方である。組織の有効性は，技術や市場という環境に依存すると捉える点に特徴がある。

2　条件適合理論の紹介

　条件適合理論における代表的な研究として，以上で二つの研究を紹介する。まずはバーンズとストーカー（Burns, T. & Stalker, G. M.）が1961年に発表した研究である。彼らは，環境と管理システムに注目し調査を行った。その結果，市場および技術の変化率が高い，つまり環境変化が激しい産業では，彼らのいう「有機的組織」を採用する企業の業績が良いことを見出した。有機的組織とは，役割が明記されておらず，権限と責任の関係が弾力的で，横のコミュニケーションがとれており，状況に応じて臨機応変に対応できる分権的な組織を指している。

　一方，市場も製品ラインも変動しない産業では，「機械的組織」が採用されていた。機械的組織とは，職能的に専門化・細分化されており，権限・責任関係が明確化され，非人格的な命令系統や階層化が徹底されている官僚・集権的組織を指す。こうした結果から，特定の環境のもとでは，特定の管理システムが有効であるという解釈が導かれた。

　次にコンティンジェンシー理論の名称を決定的にしたとされる，ローレンスとローシュ（Lawrence, P. R. & Lorsch, J. W.）が1967年に発表した研究を取り

上げる。彼らは，企業の分化と統合の関係に注目し，プラスチック産業の6組織，食品産業の2組織，そして容器産業の2組織に対して調査を実施した。企業の分化とは，部門における構造の公式性や管理者の指向性（目標指向・時間指向・対人指向）が異なる程度を表し，統合とはその企業のために各部門が協力し合う程度を表すものとした。調査対象部門としては研究・販売・製造の3部門が取り上げられた。

　ここで部門における組織構造とは，**統制範囲**の程度や，管理階層の数，部門業績をチェックする方法などによって測定されている。部門業績をチェックする方法とは，口頭によるチェックを行うのか，文書によるチェックを行うのかといったように，その方法の厳格さを測定すると考えればよい。また，管理者の目標指向性とは，各職能部門の管理者がある特定の目標に対してどのような指向性を有しているかを調べている。特に，自部門とは異なる職能部門の目標に対してどの程度の関心を抱いているのかに注目している。時間指向性とは，どの程度時間幅のある問題に管理者が実際に取り組んでいるのかを調べている。今すぐの問題に取り組んでいるのか，将来的な問題に取り組んでいるのかということである。最後に対人指向性とは，管理者が同僚や部下と接する際に，仕事の達成を優先しているか，もしくは良好な人間関係を維持することに注意を払っているかを調査している。

　調査の結果，プラスチック産業のようなダイナミックな環境下では，高度な分化と高度な統合が必要であること，そして容器産業のような安定的な環境下では，分化を低下させ統合を発達させること，つまり集権化が高業績をもたらすということが見出された。これらの結果は，プラスチック，容器産業ともに，業績のよい企業が環境との適合を達成していたことを示している。

③ コンティンジェンシー理論に対する批判とその後の展開

　コンティンジェンシー理論は，組織と技術や市場環境との適合性に注目し，多くの実証研究を刺激し，組織設計にも実践的指針を提供しているが，次のような批判も加えられている。第一に，**構造―機能主義**の影響を受けて，組織の捉え方が形式的であり，組織の実態的特徴を捉えていないことである。前述のように，一連の研究で主に取り上げられているのは階層や統制範囲など組織における構造的側面である。しかし，組織の有効性に影響を与えるのは，むしろリーダーシップや意思決定など組織過程の側面ではないかという批判である。第二に，組織の行為主体による意思決定を看過している点である。環境に適応することばかりに囚われ，組織は受動的な存在としてのみ扱われている。第三に，組織の有効性についての批判である。一連の研究は組織の有効性を主に効率性の観点から捉えている。このことは成員の職務満足など自己実現的な側面を見落としているとの批判である。

(松山一紀)

▷ 統制範囲
1人の上司が管理する部下の数を指す。一般的に統制範囲は適正であるべきだとされる。この範囲は業種や職種によって異なり，明確な基準はないが，一般に以下のような目安が示されている。作業的な仕事：10～30名程度，スタッフ的な仕事：5～10名程度。

▷ 構造―機能主義
構造―機能主義では，組織はシステムであり，より大きい社会システムに対して一つの機能を果たすとともに，組織はそのシステムとしてのニーズに対して機能を果たす各サブ・システムから構成されるとみなす。

Ⅱ 組織のダイナミックス

技術と規模

1 組織デザインに影響する要因

組織デザインを行う場合に，影響する主な要因として考慮する必要があるものとして，技術と規模がある。**組織デザイン**とは，組織構造を，組織活動の目的に合わせて計画して，編成することである。組織が属している事業分野による技術の違いや，組織の規模の大きさの違いは，組織デザインをする上で，考えなければならない重要な条件となる。例えば，企業が情報処理システムにおいて，それぞれの現場で判断できる分散処理型のシステムを導入するか，もしくは特定の部署だけが処理する集中処理型のシステムを導入するかによって，組織における分業，情報コミュニケーション，意思決定の仕組みも分権的なものか，集権的なものかと変わってくる。

2 技術の与える影響

組織は，ある技術を用いて，インプットされた原材料などを，組織活動を通じて，製品やサービスなどのアウトプットに変えていく。したがって，技術は，組織の変換プロセスの中心であるので，組織の「**テクニカル・コア**」であるといわれ，組織活動の制度化や内容に対して影響を与える。ただ，今日では，組織は，技術に一方的に影響されると考えない。むしろ，その影響については，社会技術システム論が主張するように，組織が自らの目的や状況を考慮しながら，技術を選択・導入して，そして導入した技術が組織デザインのあり方に影響するという，技術と組織の相互作用の観点から考えられている。先に述べた分散処理型システムを導入するかも，中央集中型処理システムを導入するかも組織の戦略に合わせた判断に従って導入が決まってくる。そしてその技術が組織活動に影響する。

技術と組織の関連については，代表的な見方が二つある。一つは，機械化の水準の高さが組織構造に与える影響である。もう一つは，技術に応じて，部門間の依存関係が異なってくる傾向である。

イギリスの組織社会学者ウッドワード（Woodward, J.）は，『経営と技術』（1958）において，イギリスのメーカー100社調査を元にして，機械化の水準が組織構造に対して与える影響を明らかにした（表1-1）。彼女は，技術の水準を複雑性という尺度から，①職人の受注生産である「小バッチ生産」，②組立

▷**組織デザイン**
組織構造を，組織活動の目的に合わせて計画して，編成すること（ダフト，R. L.／高木晴夫訳『組織の経営学』ダイヤモンド社，2002年）。

▷**テクニカル・コア**
組織が，内部に投入された原材料を，組織活動を通じて，製品やサービスなどに変えていくときに，その組織の変換プロセスの中心である技術システムのこと（ダフト，R. L.／高木晴夫訳『組織の経営学』ダイヤモンド社，2002年）。

表1-1 機械化の水準が組織に与える影響

技術グループ	小バッチ生産	大バッチ生産	連続工程生産
技術の複雑性	低い	中	高い
生産形式	熟練工のカスタム生産	組立ラインによる大量生産	完全自動化ライン
業　種	受注生産型の高級機械	組立加工業	化学メーカー，発電所など
従業員熟練の程度	高	中	高
組織マネジメント	有機的（水平的）	機械的（集権的）	有機的（水平的）
ルールの公式化	低い	高い	低い

ラインによる「大バッチ生産型」，③完全自動化生産ラインである「連続工程生産」の三つに分けた。その結果，熟練度の高くない従業員たちが組立ラインにおいて生産を行う「大バッチ型生産」では，高業績につながる組織デザインでは，機械的マネジメントが用いられており，ルールがきちんと整備されて，タテの管理システムが発達していた。それに対して，技術の複雑性が最も低い「小バッチ型」と最も高い「連続工程生産」において，高業績を示すデザインは，共通にヨコのコミュニケーションを中心とした有機的なマネジメントの仕組みをとっていた。トンプソン（Thomson, J. D.）は，さらに著書『オーガニゼーション・イン・アクション』（1961）においてタイプによって部門間の相互依存過程は技術のタイプと強く関連することを明らかにした。彼は，①集団共有型の相互依存関係，②連続的な相互依存関係，③互酬的な相互依存関係の三つに分かれることを明らかにした。第一のパターンは，対顧客のサービス業に多く，顧客に対応する支店や営業所は，本社とだけ相互依存している。この場合には，本社が資源を集中管理し，各支店は本社とコミュニケーションするだけでよい。第二は，組立加工製造業に多く，前の工程が次の工程の生産活動と密接につながっている場合である。第三の場合には，病院やコンサルティング機関のように，クライアントのニーズに組織的に対応するために，組織内部で多元的で密接な連絡を取れる仕組みが必要となる。

③ 規模と組織デザイン

　組織の規模は，組織デザインに対して重要な制約条件となる。規模については，いくつかの尺度がある。資本金，売上高，人員規模，設備の規模，地理的な展開の程度である。組織論では，主に人員規模の観点から考えることが多い。人員規模が大きくなると，一般的には，組織の官僚制化が進んでくる。官僚制化は，役割分化，タテの階層の発達と中央集権化，組織行動のマニュアル化（公式化），記録報告システムの発達（文書化）が進む傾向としてみられる。

（若林直樹）

▷組織の規模
組織デザインに対して重要な制約条件となる。規模は，資本金，売上高，人員規模，設備の規模，地理的な展開と複数の基準があるが，人員規模が組織論ではよく使われる。

第1部　組織論の枠組み

II　組織のダイナミックス

4 限定合理性

1　「経済人」と「経営人」

　限定合理性（限定された合理性）とは，人間が一度に注意を向けられる範囲は神経生理学的制約により限定されるので，人間の合理性（情報処理能力）には限界があるということを表すものである。新古典派経済学は，完全な合理性に基づいて明確に定義された状況の中で選択をする「経済人（economic man）」として，人間を捉えてきた。しかしながら，現実に直面する問題は非常に複雑であり，その複雑性に対して人間の能力は明らかに限界がある。したがって，限界のある合理性，すなわち限定合理性の中で，合理的であろうと努めているのが，現実社会における人間の姿といえる。このような人間の捉え方を，「経済人」に対して「経営人（administrative man）」という。経営学や組織論は，新古典派経済学の想定する「経済人」ではなく，「経営人」を想定しており，それが根底になっているのである。

▷1　オリバー・ウィリアムソンは，限定合理性を取引費用に関わる経済学にも導入し，「組織（階層構造）によって取引費用が低減されるので組織は存在する」という命題を説明している。

　「経営人」が限定合理性の中で合理的であろうと努めるのは，複雑な環境の中で限定合理性の範囲内でどのような意思決定をするか，ということで示される。組織論は，最適化意思決定（完全な合理性を前提とする意思決定）ではなく，満足化意思決定（不完全な合理性を前提とする意思決定）によって，人間の行動を説明できると考えている。最適化意思決定では，どのような意思決定過程を経ても，選択される最適解は決まっている。しかしながら，満足化意思決定において，選択肢は満足基準だけでなく選択肢の探索過程にも依存する。この探索過程には時間と費用がかかるため，限定された情報処理能力をいかに効率的に活用するかということが重要になってくるのである。

2　人間の限界を補う「組織」

　人間の合理性には限界があるので，個人にできることも限られてくる。しかしながら，複数の人間で協働すれば達成可能なこともある。このような場合に，まさしく組織がつくられるのである。あるいは，限定された範囲内であれば，合理的な判断をすることも可能である。したがって，合理性の範囲を限定する装置があれば，その範囲内で人間は合理的に行動することができ，組織こそ，まさにその装置であると考えることもできる。

▷サイモン
⇨ 1-I-4 「組織均衡」

　限定合理性とは，**サイモン**（Simon, H. A.）があらわした人間の認識能力につ

24

いての概念であるが，人間は限定合理性をもつので組織や制度という人工物（Artficial）を設計し，それによってより高度でより合理的な意思決定を行うというのがサイモンの基本的な考え方であった。例えば，個人（あるいは小集団）には限定合理性があるので，専門分化した階層型の組織構造によって合理性を各自が処理できる範囲に圧縮し，そうすることによって複雑な環境に適合しているというように考えられるのである。その意味では，「経営人」という人間モデルは「適応人（homoadaptivus）」であるともいえるのである。テイラー（Taylor, F. W.）の科学的管理法やギューリック（Gulick, L. H.）やアーウィック（Urwick, L. F.）らの行政管理理論では，人間を単純な機械のように捉えていたのに対し，サイモンは人間を学習によって環境に適応できる存在であると考えたのだった。

　このように，情報処理能力に限界があって，人間は完全に合理的な行動をとることはできないという限定合理性があるわけであるが，それを克服するためにこそ，合理的な組織が必要とされるのである。サイモンは，官僚制システムをそのような合理的な組織システムとして考え，官僚制システムが有する階層化や分業，専門化などが，人間の限定合理性（情報処理能力の限界）を補うものとして支持する一方，その場合においても，学習を通じて環境に適応するという点を強調した。サイモンが想定した「適応人」とは，欲求や動機，意欲を有し，知識をもって学習し，問題解決を行う能力を備える存在であったということができる。

③ 「組織」の限界と組織研究

　組織や制度といった人工物は，人間によってつくられ，人間の目標や目的に対応するものであり，自然物とは対置されるものである。これは，機能，目標，適応によって特徴づけられ，さらに内部環境と外部環境の接点として捉えることができる。サイモンによれば，人工物における合理性は，自然世界における自然淘汰に似ており，ともに複雑な環境に対する適応という役割を果たす。また，階層をなして組織化されているという点について，人工物は自然物と共通しており，このような階層構造を「準分解可能システム」と呼んでいる。

　一方で，限定合理性をもつ人間の有機的結合によって構成される組織もまた，人間の限定合理性を克服できず，その合理性には自ずと限界がある。このように，その限界を完全に克服することができないということは，すなわち組織について経験的に研究されるべき謎や問題が残っているということである。限定合理性によって，組織研究が想定すべき「経営人」「適応人」や組織の限界といった問題などが明らかになった。また，組織学習や知識創造といった様々な議論が発展し，組織研究が心理学や認知学などを応用しながら，学際的に取り組まれていくきっかけとなったのである。

（深見真希）

▷2　科学的管理法（scientific management）では，職務の細分化，標準化，単純化を徹底し，必要最小限の動作を最小限の時間内に，最小限の疲労で実施できる方法が追究された。流れ作業など，大量生産方式として普及した。

Ⅱ　組織のダイナミックス

5　組織化

1　ウェイクの組織観

　組織をダイナミックな存在として把握したバーナード（Barnard, C. I.）やサイモン（Simon, H. A.）は近代組織論を打ち立て，以降の研究に強い影響を及ぼした。その後も様々な組織論が展開するが，ここでは，ユニークな論を展開しているウェイク（Weick, 1979）を取り上げ，その著書に基づいて解説する。

　ウェイクは，組織を，メンバーがはじめから目的を共有していて，しっかりと設計された秩序正しいものと見るような見解に疑問を呈し，組織化の概念を展開している。組織化とは，「意識的な相互連結行動によって多義性を削減するのに妥当と皆が思う文法」（ウェイク／遠田訳，4頁）と定義される。詳しくは次節で解説することとし，まずは目的と手段についてのウェイクの考え方を紹介しておく。

　ウェイクは，最初メンバーは共通の目的についてではなく，共通の手段について収斂すると述べている。メンバーは，それぞれが多様な目的をもち，その達成に役立つ行動をする相手と相互作用を始める。自らの行動も相手の目的達成に役立つとき，そこには安定した相互連結行動が生じることになる。その後，個々の多様な目的から**共通の目的へのシフト**が生じるという。最初に共有される目的の一つは，自分の目的を達成する上で役に立つ相手との関係を維持することである。つまりウェイクは，共通の目的は共通の手段の後にあるのであって，人々が集合的に行為するために目標の一致は必要ではないと考える。これは，一般的な見方からすると，ユニークな組織観であるといえる。

2　組織化のプロセス

　では組織化はどのように生じるのだろうか。ウェイクは**自然淘汰**の過程になぞらえて，生態学的変化，イナクトメント（enactment），淘汰，保持の四つの要素からなる組織化のモデルを提示している（図1-2）。

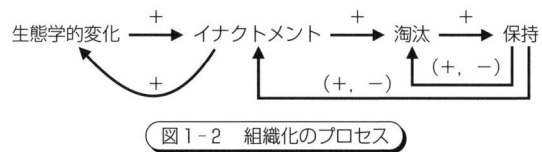

図1-2　組織化のプロセス

出所：ウェイク／遠田訳，1997年，172頁。

▷**共通の目的へのシフト**
センゲにも類似の考えが見られる。共有のビジョンは，個人のビジョンから生じるもので，そうでなければコミットメントではなく服従しかもたらされないとしている。トップダウン式のビジョンに対して否定的である（Senge, 1990）。

▷**自然淘汰**
進化論の根幹をなす概念で，自然選択とも呼ばれる。生物に生じた変化が，その生物が置かれている環境の下で有利となるなら，その変化は残ることになる。

▷**必要多様性の法則**
多様なものを多様であると感知するには，感知する側も多様性を有していなければならない。ウェイクはこれを説明するために，風の流れを保持するには岩より

生態学的変化とは、経験の流れの中で生じる変化や違いのことである。何か不連続なことが生じたり、注意を引きつける変化が生じたとき、生態学的変化が生じたことになる。その変化の多義性を削減し、何が生じたのかについて何らかの説明を得るべく組織化の過程が進行していく。ウェイクは生態学的変化の例として、見知らぬ女性があるパーティーに入って来たときを挙げている。

イナクトメントは、自然淘汰における変異に相当する。想造、創出などと訳される。経験の流れの中に変化や違いが生じると、人はより深い注意を払うためにその変化や違いを隔離する、囲い込み行為をとる。つまり、後に意味づけられる素材を生み出すのであり、囲い込まれたものが組織にとっての環境となる。先程の例では、入ってきた見知らぬ女性に人々が気づくことが、女性を囲い込むイナクトメントである。つまり、人間が環境に受動的にさらされるのではなく、自ら環境を想造、創出するという発想である。

淘汰とは、想造、創出された多義的なものに対して、その多義性を削減しようとして様々な解釈を当てがうことである。この当てがわれる解釈は、過去の経験から形成されるという。つまり、何が起こっているのかについていくつかの答え、説明を生成するのである。先程の例では、入ってきた見知らぬ女性を既知のものにするために、様々な相互作用が試みられることになる。

保持とは、合点のいく意味形成、つまり、多義性が一体何であるのかについての一つのそれなりの説明を将来のために貯蔵することである。パーティーに入ってきた見知らぬ女性について「誰それだ」、「○○さんだ」、「こんな女性だ」、「こういう女性だ」などといった合点のいく説明が蓄えられることになる。

ウェイクは「平均的に言って、複雑な組織は生存する」(同、250頁) という。なぜなら、イナクトメント過程で囲い込まれた多義的なものは、淘汰過程で有意味なものになるのだが、そのためには、イナクトメントの多義性の大部分が把握されなければならないからである。つまり、組織内にも十分な多様性が必要となるのである。これを**必要多様性の法則**と呼ぶ。多様なものを多様であると感知するには、感知する側も多様性を有していなければならないのである。

3 柔軟性と安定性の両立

図1-2では、保持からイナクトメントと淘汰に＋と－のパスがある。＋は過去の経験を信頼することを、－は過去の経験を信頼しないことを意味している。ウェイクはどちらか一方ではなく、過去の経験を信用したり、しなかったりすることがシステムを安定に導くと述べている。そのような、柔軟性（信用しない）と安定性（信用する）を両立させるような**アンビバレンス**が組織を長く適応させる良策であるとされる。

このようにウェイクの組織論は、組織を常にでき上がりつつある動的なものとして把握するところに特徴がある。

(髙木浩人)

砂のほうがよい、あるいは麻布で覆われたイヤリングよりも、絹布で覆われたイヤリングのほうが、外から触ったときに形状が伝わりやすい、などの例を引いている (邦訳書、246頁)。

▶アンビバレンス

ウェイクによれば、組織が安定し、生存し続けるためには、保持からイナクトメントへと向かうパスと保持から淘汰へと向かうパスのうち、一方が正、他方が負という関係が成立している必要がある。双方とも正である場合は、すでに保持されているもののみを全面的に信頼することになり、柔軟性が排除される。双方とも負である場合は、イナクトメントや淘汰を導く上で、記憶から何も検出されず、安定性が排除される。このどちらの場合も組織の適応性が奪われるという。このようなことからウェイクは、柔軟性と安定性を両立させるアンビバレンスこそが良策であるとしている。ウェイクは、「同時に信用し疑うことこそシステムを安定にする」(同、173頁) と述べている。

参考文献

Weick, K. E., *The Social Psychology of Organizing*, 2ed., Addison-Wesley, 1979.（遠田雄志訳『組織化の社会心理学』文眞堂、1997年）

Senge, P. M., *The Fifth Discipline*: The Art & Practice of the Learning Organization, Doubleday Business, 1990.（守部信之他訳『最強組織の法則：新時代のチームワークとは何か』徳間書店、1995年）

II 組織のダイナミックス

6 組織慣性

1 組織慣性とは

　組織慣性とは，組織がもっている現状を維持しようとする性質を意味する。
　1970年代までのコンティンジェンシーセオリーや資源依存モデルなどの理論においては，組織の環境への適応という側面に焦点を当てて議論されていた。それらの理論では，組織は環境へ適応するために戦略や構造を変化させるなど選択力をもつことを仮定されている。これに対して，組織生態学は組織の適応能力の限界を強調する。その適応能力の限界を表しているのが，組織慣性の概念である。

　組織慣性は，組織が環境へ適応するための過去の選択に関係している内的制約と環境の影響による外的制約によって構成される。組織慣性の内的制約は，組織の設備や組織メンバーへ行った過去の投資が新しい組織目的や組織構造の採用をすることによって**サンクコスト**（sunk cost）になってしまうこと，管理者が得られる情報は，既存の業務を行うための構造に依存しており，変革のための情報は入手しにくいこと，新しい変革によって既存の権力構造に変化がもたらされるとき既得権益者の抵抗を受けること，歴史や伝統の変更に対する抵抗が存在することなどである。外的制約は，新しい市場への参入や現在の市場からの退出に法的，財務的な障壁があること，社会からの信頼や正当性を得るためには一貫性が必要であることである。

2 組織形態とニッチ

　組織生態学においては，組織の環境への適応は組織個体群のレベルで考察される。そこで重要となるのが，組織個体群の共通の特徴を意味する組織形態の概念とニッチという環境概念である。

　組織形態とは，組織個体群における組織目標，組織構造，技術，市場などの組織特性から分類される。組織個体群内での組織形態の最も一般的な区分としては，スペシャリストとジェネラリストがある。

　ニッチは，組織生態学で使用される環境概念である。ニッチは，組織個体群が存続や再生産など組織形態を維持，生存できるための社会的，経済的，政治的条件によって構成される。

　組織形態との関連でいえば，スペシャリストは，狭いニッチに範囲を限定し，

▶サンクコスト
サンクコストとは現在の活動を続けている限り付加価値を生み出す投資として考えられるが，それをやめて新しい活動を行うと無駄な費用と考えられるものである。⇒ 2-I-6 「コミットメント」も参照。

そこに集中することによって，特定の狭い環境に専門特化して生存を確保する。ジェネラリストは，より広いニッチで活動を行い，リスクの分散を行う。

例えば，レストランでいえば，スペシャリストにはパスタやピザ専門店などが当たる。専門店では提供する料理の種類も限定され，顧客も比較的限定されている。他方，ジェネラリストはファミリーレストランを挙げることができる。ファミリーレストランでは和食から洋食まで様々な料理を提供しており，対象とする顧客は専門店に比べて広い。

3 組織の環境適応の三つの段階

組織生態学では，組織の環境適応は組織個体群レベルで説明される。個々の組織においては，その適応能力は組織慣性によって限界があると考えられる。そのため，個々の組織の組織形態が環境に合っていれば組織は生き残り，合っていなければ衰退，死亡する。その一方で，環境に適合した新しい組織が誕生してくると考えられる。そして，ニッチに適合している組織形態をもつ組織群が生き残り，組織群全体で進化が論じられる。進化は出生率と死亡率の関係で起こると考えられている。死亡率に関係するものとしては，**新しさの不利益**と**小規模の不利益**，**加齢の不利益**が指摘されている。

組織個体群の進化は，**図1-3**のように三つの段階で進行すると考えられている。

第1段階は，変異である。変異は新しい組織形態をもつ組織が生み出され，多様性がもたらされる過程である。変異は経営者によって意図的にひき起こされることだけでなく，非意図的に新しい組織形態が生まれてくることも含まれている。

第2段階は，淘汰である。淘汰は特定の組織形態をもつ組織が環境によって選別され淘汰される過程である。市場の競争による圧力や政府の規制などによって，適応できる組織形態をもつ組織が，競合の果てに結果的に選択されることになる。

第3段階は，保持である。保持は，選択された組織が長期にわたって存続することを指している。標準手続きの確立や組織メンバーの社会化などによって組織形態が維持されていくことになる。

（櫻田貴道）

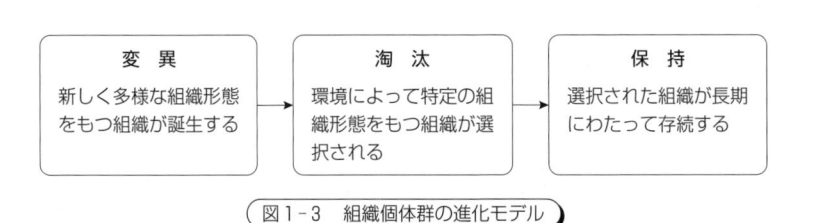

▷新しさの不利益
組織の年齢が若いと死亡率が高いことを指す。新しい組織は役割の学習に時間がかかったり，関係者との安定的関係をもたないことから古い組織との競争に負けやすい。

▷小規模の不利益
小さい組織が大きい組織よりも死亡率が高いことを指す。小さい組織は資本の獲得や労働者の採用と訓練，政府への対応などの困難を抱えていることから生じる不利益である。

▷加齢の不利益
成長段階の後期に起こる不利益である。時間の経過とともに環境が変化すると組織慣性により環境との適合性が減退し，生存可能性が低くなることを指す。

変異	淘汰	保持
新しく多様な組織形態をもつ組織が誕生する	環境によって特定の組織形態をもつ組織が選択される	選択された組織が長期にわたって存続する

図1-3 組織個体群の進化モデル

Ⅱ 組織のダイナミックス

7 パワー・ポリティックス

1 組織における「パワー関係」の重要性

組織の中では共通目標の達成に向けた意思決定や行動があらゆる階層で不断に行われているが、それらは常に合理的な観点からなされているのだろうか。現実には、メンバー間や部門間の「力関係」（以下では「パワー関係」）に基づいて、例えば新たな業績評価基準や経営戦略の導入が決められることも少なくない。組織内部に限らず、例えば取引先との価格交渉などに際しても、取引先とのパワー関係によって、交渉を有利に進められることもあれば、逆に不利な条件を受け入れざるを得ないこともある。

このように、社会的な関係において周囲の抵抗を排除しつつ自らにとって望ましい状態を獲得し維持するためには、パワー関係で他者よりも優位に立つ必要がある。同様に運営においても、組織の成果を高める上で組織内外のパワー関係の中で優位に立つためにどのように設計し管理するかが重要な課題となっている。

2 「依存性」から捉えるパワー関係

それでは、パワー関係における優位と劣位はどのような要因から決まるのだろうか。ここでのキーワードは「依存性」である。例えば、完成品の組立メーカーA社が組み立てに不可欠な特殊部品を部品メーカーB社だけから調達しているケースを考えてみよう。

仮にこの特殊部品がB社にしか生産できず、またB社が他の組立メーカー数社とも広く取引関係をもつならば、この取引関係においてより大きなパワーをもつのはB社のほうである。なぜならば、自社の経営状態が取引相手の意向により大きく「依存」しているのはA社のほうだからである。例えば、この部品の価格改訂の交渉で、両社にとって望ましい条件での合意ができそうにない場合、B社はA社との取引を中止する選択肢もあるが、一方A社にとってB社との取引中止は業績面で致命的なダメージを負うため、不利な取引条件を受け入れてでもB社との取引関係を維持しようとするだろう。

それでは、取引関係で相手への依存度合いの大きさを決める要因とは何なのだろうか。それは、第一にその取引を通じて手に入れることのできる資源が自分にとってどのくらい重要なものなのかということ、第二にその資源が他の取

▷ **影響力**
取引関係における両者の不均衡な依存性に着目する❷の「パワー」とは、他者の利害を排してでも自分の意志や利害を貫徹する力といった意味合いが強く、この

引相手からも入手できる可能性がどの程度あるのかということである。上記のケースでは，B社の供給する特殊部品はA社にとって非常に重要な経営資源であり，かつその部品をB社以外から調達することは不可能であった。逆にB社にとっては，A社との取引から得られる収入は全体の一部に過ぎず，他社との取引関係をさらに拡大することで業績を伸ばせる可能性があったといえる。この場合，［A社のB社に対する依存度］のほうが［B社のA社に対する依存度］よりも大きいため，［B社のA社に対するパワー］のほうが［A社のB社に対するパワー］よりも大きくなると考えられる。この考え方に基づくならば，組織や部門，組織メンバーが保有するパワーの大きさとは，その主体に固有の絶対的な量（例えば体重や身長のように）として決まるものではなく，あくまでも相手に対する依存度合いの相対的な格差によって決まるといえる。

❸ パワー・ベースから捉えるパワー関係

パワー関係は，両者の間に具体的な取引関係が伴わない場合でも成立することがある。フレンチとレイヴンによると，他者へのパワーもしくは**影響力**はその源泉によって以下の5タイプに分類できる。具体的には，AがBに対して報酬や罰を与える能力があるとBがみなすとき，AはBに対してパワーをもつ（報酬パワーおよび強制パワー）。またAがBの行動や意思決定をコントロールする正当な権利や**権限**をもつとBが認めるとき，AはBに対してパワーをもつ（正当性パワー）。さらにBが自らの行動や決定をなす際にAと同一化しそれに準拠する場合や（準拠性パワー），Aが特定分野の専門性に優れているとBが認めるとき（専門性パワー），AはBに対してパワーをもつ。

上記の5タイプのうちの報酬や罰に基づくパワー以外は，必ずしも両者の間で具体的な取引関係を伴わないが，**パワー劣位側の認知がパワー関係を決める**形でパワー関係が成り立っている。

❹ 組織の中のポリティックス

組織におけるポリティックスとは，メンバーがパワーを運用する際の意図と手段のどちらか，またはその双方が組織において正式に認可されていない行動と一般に定義される。すなわち，組織におけるポリティックスとは，組織や部門の目標とは無関係な，管理者の自己利益追求の意図に基づくパワー行使や，あるいはパワーを行使する際に公式に認められていない手段を用いることを指す。それらは部門やメンバー間での利害対立を激化させ，組織の協働を阻害する可能性が高い。しかし，組織のポリティックスは組織や部門の既存目標にとって事前にはノイズでありながらも，利害調整を通じて，事後的に組織や部門の新たな目標などを革新的に創造する側面も併せもっている。

（山岡　徹）

考え方は両者間での利害対立とその解消を前提としているようである。それに対して，必ずしも不均衡な依存関係を伴わない❸の「パワー」とは，社会的な関係の中で各自の行動や意思決定に及ぼされる「影響力」といった意味合いが強い。この場合，両者間での利害の対立や，パワーを行使する側の明確な意志や利害がなくともパワー関係は成立する。

▷**権限**
権限とは，公式組織の職位に割り当てられた職務遂行上の権利や能力を一般に意味する。パワー・ベースから捉えるならば，権限は「正当性パワー」に該当する。これに対してパワーはより広い概念であり，必ずしも公式性や正当性を伴わない。例えば，組織では職位に基づかない非公式パワーが，組織の公式の意思決定に大きな影響を及ぼすこともある。

▷**パワー劣位側の認知がパワー関係を決める**
パワー関係で劣位にある側の認知によって，パワー関係が成立するとみなす点で❷と❸のアプローチは共通している。すなわち，パワー関係やその強度はパワー優位者によって決められるのではなく，究極的には，依存性や正当性，準拠性，専門性，賞罰を与える能力などの存在をパワー優位側に認めるパワー劣位側の認知によって決められる。その意味では，仮にパワー関係が成立していたとしても，パワー優位側は自らがパワー関係上で優位な立場にいることを自覚していないケースもある。

II 組織のダイナミックス

8 制 度

1 制度とは

　一般に制度と呼ばれるものには多様なものがある。企業，大学，病院，年金，冠婚葬祭などは制度である。それらには組織のほかに法律，習慣など他の括りで捉えることができるものが含まれている。しかし，それらにはある共通点がある。その共通点とは社会秩序に関係しているということである。したがって，必ずしも可視的ではない。そして，制度は一定の秩序をもって繰り返されている現象を指しているといってよい。

　組織論において，制度は制度そのものとして論じられるのではなく，組織が社会的な価値やルールによって制度化することを論じている。組織は目的をもっており，それを達成するために活動を行っている存在である。しかしながら，それらの組織は目的の達成だけを追求できるわけではなく，同時に社会に信奉されている価値の影響を受けている。

2 組織論における新制度学派

　組織論においては，制度学派は新制度学派と**旧制度学派**の二つに分けられて考えられている。ここでは，新制度学派を取り上げ論じることにする。

　新制度学派は1970年代後半に登場した。新制度学派以前の組織論においては，組織の環境は技術や規模といった要因で捉えられており，技術的要因の影響を受けて組織構造が形成されると論じられていた。これに対して，新制度学派は技術的な要因だけではなく，社会や文化などの高度に発達した制度的文脈に存在する制度的ルールによって組織構造が規定されると論じる。

　制度的ルールとは具体的には，法律や世論などを指している。制度的ルールは，個人や組織の裁量を超えた基準として機能するとされ，組織はそれらの制度的ルールに適合することによって，社会に対して正当な組織であることを示し，生存の見込みを高めると主張される。

3 組織フィールドと制度的同型化のメカニズム

　新制度学派は，個別組織の制度化を論じるのではなく，多くの類似している組織群が制度的ルールを取得することによって同型化すると論じる。組織は**組織フィールド**で形成される制度的ルールに影響を受けるとされ，組織フィール

▷旧制度学派
個別組織の単位で制度化について考察する。制度化により，環境への適応と将来の環境への適応能力が減退すると考え，組織の制度化に関する管理者の役割を強調する。

▷組織フィールド
組織フィールドとは，あらゆる行為者間の相互作用を通じて構造化される「全体として制度的営みの認識された一領域を構成するような諸組織」と定義される。

ドが組織の環境として考えられる。組織フィールドを構成するものとしては、類似した生産物やサービスを生産している組織、重要な取引相手、政府、専門職業団体などが挙げられる。

組織フィールドの影響で起こる制度的同型化は、以下のように三つの異なったプロセスによって進行する。それは、強制的同型化、模倣的同型化、規範的同型化である。

強制的同型化は、当該組織が依存している組織や社会からの文化的期待などによってかけられる公式的、非公式的圧力から生じる同型化である。

模倣的同型化は、環境の**不確実性**によって生じる同型化である。組織が直面している環境は複雑であり、どのような決定が組織を成功させるのかは不確実である。模倣的同型化は、その不確実さを回避するために成功している組織を模倣することによって生じる。

規範的同型化とは、主に専門職業から生み出される同型化である。専門職業は、仕事をより合理的に扱うために仕事の方法や状態を定義するための認知的基礎を提供している。例えば、大学や研究機関などは、研究を通じて物事を合理的に扱う方法を生み出している。規範的同型化は、諸組織がそれらの知識を取り込むことによって進行する。

4 技術的環境と制度的環境と組織の関係

技術的環境と制度的環境の影響の強さは組織によって異なっている。技術的環境は、効果的、効率的なパフォーマンスによって評価される環境である。技術的環境では、組織は製品やサービスを効率的に生産するシステムによって報酬が得られる。これに対して、制度的環境は、諸規則や必要条件から入念に構成されたものによって特徴づけられる環境である。個々の組織は正当性や支持を獲得するためにそれらに順応する必要がある。図1-4はそれらの環境と組織の関係を表している。

(櫻田貴道)

▷不確実性
不確実性とは、意思決定主体が合理的意思決定を行うための十分な情報をもっていないことを意味し、「職務を完遂するために必要とされる情報量と、すでに組織によって獲得されている情報量とのギャップ」と定義される。

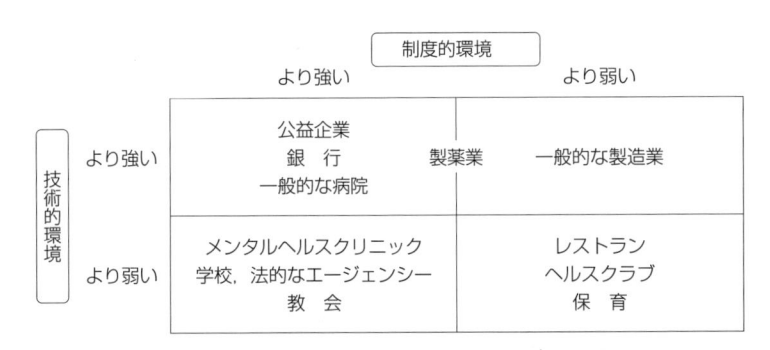

	制度的環境	
	より強い	より弱い
技術的環境 より強い	公益企業 銀　行 一般的な病院　　製薬業	一般的な製造業
技術的環境 より弱い	メンタルヘルスクリニック 学校、法的なエージェンシー 教　会	レストラン ヘルスクラブ 保　育

図1-4　技術的環境と制度的環境における組織の例示

出所：Scott, W. R., *Organizations : Rational, Natural and Open Systems*, 2nd ed. Englewood Cliffs, N. J: Prentice-Hall, 1987, p. 126.

第2部
個人レベル

I　モチベーション

1　モチベーションとは

1　モチベーション (motivation) の定義

　企業組織にとってメンバーのモチベーションは重要な管理項目の一つである。やる気のない従業員ばかりの企業に高い成果が生まれるとは思われない。ある個人が生み出す成果は，その個人の能力と意欲，そしてその個人が置かれている環境や条件を組み合わせた関数によって表すことができる。

　モチベーションは日本語では動機づけと訳される。人を目標に駆り立て，動かす何かという意味合いが込められている。何か目標とするものがあって，それに向けて，行動を立ち上げ，方向づけ，支える力なのである。ここで目標とは，その人の外にあるもので，欲しいと思わせるものを指しており，心理学の用語では誘因と呼ばれている。

　しかし，この誘因だけではモチベーションは発動しない。欲しいという気持ち，つまり欲求や願望がその人の内になければならない。これを心理学用語で動因という。このようにモチベーションとは動因と誘因の組み合わせによって生じると考えられる。したがって，もし企業が組織のメンバーの働く意欲を高めたいのであれば，メンバーの内なる動因である欲求をよく理解し，それに見合った誘因としての報酬を与えなければならないということになるのである。

2　モチベーション論前史

　ワーク・モチベーションに関する議論が花開くのは次節で取り上げるマズロー (Maslaw, A. H.) 以降と考えられるが，それ以前にも労働者の生産性を向上させるための取り組みや考え方がなかったわけではない。企業経営が近代化し始めた20世紀初頭頃には，労働者のモチベーションをいかに高めるかという視点がすでにあった。

○経済人モデル

　20世紀初頭は大量生産・大量消費時代の幕開けであるといわれる。そして，その立役者の一人がフォード自動車会社を設立したヘンリー・フォード (Ford, H.) である。フォードは徹底した作業の標準化を図り，流れ作業を組み込むことによって大量生産を実現した。一時は全米における自動車市場の半分近くを占有していたとされる。

　そのフォードに理論的影響を与えたのは，当時，機械技師であったテイラー

(Taylor, F. W.) によって提唱された**科学的管理法**であったといわれる。なかでも最もモチベーション論と関係が深いと考えられるのは、差別的出来高給制度と呼ばれる報酬システムであろう。テイラーはそれぞれの作業の標準量を設定し、その量に達しなかった場合と超えた場合において賃率を変える報酬制度を考案したのである。労働者にとっては標準量をクリアすることが至上命題になるわけである。この報酬システムの背景には、金銭的報酬を強調することによってそれを誘因と位置づけ、動因である労働者の金銭的欲求を満足させようという狙いがある。現代の成果主義に近い考え方ともいえるのである。

しかしこの考え方は、ともすると金銭的欲求さえ満たせば労働者は働くのだという安易な管理論に陥ってしまう。後にシャイン (Schein, E. H.) などの研究者たちは、労働者に対するこうした人間観を「経済人モデル」と名づけたが、金銭という刺激にただ反応するだけの機械のような存在として人間を捉えているようにも見受けられるため、別名「機械人モデル」とも呼ばれている。

○社会人モデル

機械文明によって失われた人間性を取り戻すきっかけになったのは、当時ハーバード大学の教授であったメイヨー (Mayo, E.) たちのグループが行ったホーソン・リサーチと呼ばれる研究であった。ウエスタン・エレクトリック社のホーソン工場で行われたため、そう呼ばれている。1930年前後の約10年間がその壮大な実験に費やされた。

当初彼らは、作業条件の変化が、労働者の生産性にどのような影響を及ぼすかという発想の下で実験を行っていた。例えば別室に移された6名の女子工員に対してのみ、賃金や休憩時間などの作業条件を変化させてみたのである。作業条件が改善されると、予想通り彼女たちの作業量は増加した。しかし不思議なことに、その条件を元に戻しても作業量は減少しなかったのである。そこでメイヨーたち研究グループはこの結果から、生産性の向上に寄与したのは、作業条件ではなく、彼女たちの**モラール**であると考えた。自分たちだけが別室で実験の手伝いをしているという優越感や責任感なども手伝って、仕事に対する意欲が高まったという解釈をしたのである。

これで、それまで外からの刺激によって変化すると考えられてきた労働者の生産性は、その内なる感情によって大きく左右されることが明らかとなった。「感情の発見」とまで呼ばれる出来事であった。また彼らは一連の調査の中で、公式組織の中に存在する非公式な集団についても注目し、労働現場においても自然発生的な人間関係が極めて重要であることを見出した。つまり労働者は社会的存在であり、友好な人間関係を求めたり、認められたいという社会的な欲求を有していると認識されるようになったのである。労働者の働く意欲を高めるには、金銭的な欲求を刺激するだけではなく、社会的な欲求を充足するようなインセンティブも必要なのである。

（松山一紀）

▷**科学的管理法**
組織的怠業を克服するために考案された管理法。テイラーは数々の観察および調査を行い、課業（1日当たりの公正な作業量を有した標準的な作業）による管理を訴えた。

▷**モラール (morale)**
もともと「部隊の団結心」を意味する軍隊用語。「士気」「勤労意欲」と訳される。モラル (moral) とは異なる。集団がもっている協働意欲といった意味に用いられる。

I　モチベーション

2　行動科学とマズロー

1　行動科学による問題提起

　モチベーション論の発展は人格心理学者マズロー（Maslow, A. H.）の影響によるところが大きいとされる。モチベーションの基礎理論は大きく二つに分かれており，一方は，内容理論もしくは欲求理論と呼ばれている。人は何によって働くように動機づけられるのか，モチベーションの源泉は何かという，まさにその内容に注目する理論である。マズローの思想や理論はまさにこの内容理論に大きな影響を及ぼしたと考えられる。基礎理論のもう一方は，過程理論もしくは文脈理論と呼ばれるカテゴリーである。人はどのように動機づけられるのか，その過程や背景について考える理論である。ここではまず内容理論の中核ともいえるマズローの欲求理論を取り上げるとともに，当時大きな影響力を有したとされる行動科学について触れる。

　行動科学とは，ひと口にいって人間研究の科学であり，人間の行動を支配する要因を探究し，それによって行動の変化を予測し，ひいては人間に望ましい行動をとらせるにはどうしたらよいかを科学的に研究することを目的としている。経営学のみならず様々な学問分野を包含していた。1951年にフォード財団が「個人行動と人間関係」（Individual Behavior and Human Relations）というテーマの研究を計画し，数百万ドルの資金援助を発表して以来，急速に展開していったといわれる。そしてその理論的支柱となったのがマズローを中心とした人格心理学だったのである。

2　マズローの欲求階層論

　マズローの欲求階層論は大きく二つの考え方によって成り立っている。一つは，「人間というものは，相対的にあるいは一段階ずつ段階を踏んでしか満足しないもの」であるという人間観である。人間が満足を求める生き物であることはいうまでもないことだが，だからといって人間がむやみやたらと様々な満足を追求しているかというとそうではない。人間というのは，少しずつしか満足できないというのがマズローの考え方なのである。

　今一つは，「いろいろな欲求間には一種の優先序列の階層が存在する」という考え方である。様々な欲求が無秩序に存在するわけではないという前提をマズローは置いている。そして，漸次的にしか満足できない人間の欲求構造は，

階層化されているというのが基本的な考え方となっている。

図2-1のように欲求の階層とは，低次欲求から，食欲や性欲を満たしたいという「生理的欲求」，安全・安定・保護を求めようとする「安全の欲求」，家族・子ども・恋人などを求めようとする「所属と愛の欲求」，自己尊厳や他者からの承認などを得たいと願う「承認の欲求」，そして後述する「自己実現の欲求」といった五つの欲求によって構成されている。これらの欲求は充足されることによってその姿を消し，代わって新たな高次欲求が姿を現す。当然のことながら，低次欲求が常に優勢であり，十分充たされなければ，消失することはない。その場合，いつまでも人間は低次欲求に支配されることになり，高次欲求が姿を現すことは不可能になる。人間の基本的欲求はその相対的優勢さにより階層を構成しているのである。

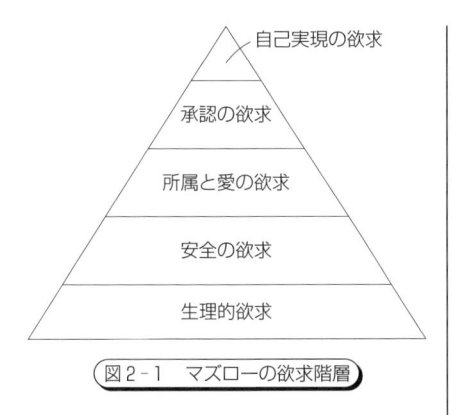

図2-1 マズローの欲求階層

3 自己実現とは

自己実現はまさにこれらの階層の頂点に君臨する最高次欲求として位置づけられている。マズローは自己実現欲求を次のように説明している。「この言葉は，人の自己充足への願望，すなわちその人が潜在的にもっているものを実現しようとする傾向をさしている。この傾向は，よりいっそう自分自身であろうとし，自分がなりうるすべてのものになろうとする願望といえるであろう。」したがって，「人は自分に適していることをしていないかぎり，すぐに（いつもではないにしても）新しい不満が生じ落ち着かなくなってくる」のであり，それゆえ「人は，自分自身の本性に忠実でなければならない」ということになるのである（マズロー／小口訳，1987，72頁）。

マズローが自らの理論で明らかにしたことは，人間が限りない潜在能力を有し，その潜在能力を開発し成長したいという欲求を有しているということであった。人間関係論と異なるのは，人間が非合理な感情に支配される受動的な存在ではなく，成長欲求に従って自らの潜在能力を開発しようとする能動的な存在として捉えられている点なのである。

マズローはフロイトを創始とする従来の精神分析学を闇の心理学として忌避していた。彼は人間をより素晴らしい存在として位置づけたかったのである。まさに，行動科学は人間の積極的側面に光を当てたといえるのである。ただし，その後，その枠組みについて多くの論者から批判されるようになる。

（松山一紀）

▷フロイト（Freud, S.：1856-1939）
オーストリアの精神分析学者。神経症研究，自由連想法，無意識研究，精神分析を創始し，後に精神力動論を展開した。

参考文献
Maslow, A, H., *Motivation and Personality*, Harper & Row, Publishers, Inc, 1954.（小口忠彦訳『〔改訂新版〕人間性の心理学』産業能率大学出版部，1987年）

Ⅰ　モチベーション

3　内容理論

1　アルダファーのERG理論

　以下ではマズローの欲求理論を，独自の視点で批判的に展開し経営管理論へと応用した行動科学者たちの考え方に触れる。

　アルダファー（Alderfer, C. P.）は1970年代にERG理論を提唱した。このERG理論もマズローと同様に，欲求が階層化していることを前提としている。ERGのEは生存欲求（existence）の，Rは関係欲求（relatedness）の，そしてGは成長欲求（growth）のそれぞれ頭文字から成っている。この中で最も低次の欲求は生存欲求であり，われわれ人間が生存していく上で必要なものを欲する欲求である。この場合，生存に必要なものを手に入れるために必要とされる給料なども含まれる。マズローの理論でいえば，生理的欲求および安全の欲求に対応しているといえる。生存欲求の上位にある欲求が関係欲求である。この欲求は他者との関係を求める欲求であり，マズローの所属と愛の欲求や承認の欲求に対応していると考えられる。最高次の欲求は成長欲求であり，マズローの承認の欲求や自己実現の欲求に対応していると考えられる。

　ERG理論がマズローの欲求階層論と大きく異なっている部分は，次の三つに集約され得る。第一に，マズローの欲求階層論は**人格心理学**的な見地から構築された仮説であるが，ERG理論は実際の労働現場に応用することが初めから意図されていた。第二に，マズローは欲求階層の序列を固定的に捉え，高次の欲求はその一段階低次の欲求が充足されなければ現出しないと考えていたが，ERG理論では異なる階層の欲求が同時に現出することがありうるとした。第三に，ERG理論では高次の欲求が充足されない場合，欲求次元が後退して低次の欲求が強くなると考えた。マズローの階層論よりも可逆的な側面が強いということである。これらの点から，ERG理論はマズローが唱えた欲求階層論よりも現実的であるとされている。

2　マグレガーのX理論・Y理論

　マグレガー（McGregor, D.）は時代状況に応じた管理の必要性を唱えた。彼が『企業の人間的側面』を著した1960年代のアメリカはすでに高度な消費文明を享受しており，労働者の就業意識も高かったと思われる。マズローの欲求階層論でいえば，すでに低次元の欲求は充足されつつあったわけである。にもか

▷人格心理学
ワトソン（Watson, J. B.）によって創始された行動主義心理学，フロイトによって創始された精神分析学に代わる第三の心理学として，マズローによって創始されたとされる心理学分野。人間性の心理学ともいわれる。

かわらず，多くの経営者および管理者が**伝統的管理論**を用い，労働者の真の能力を引き出していないとマグレガーは考えたのであった。

マグレガーが唱えたＸ理論およびＹ理論は部下に対して抱く典型的な人間観もしくは労働者像を基礎にしている。すなわちＸ理論においては，部下というものは低次の欲求を追求することを前提として行動するとみなす。したがって，管理者は部下の態度や行動を否定的に捉えることになる。例えば，部下は仕事が嫌いで，できれば仕事をしたくないと考えているため，強制されない限り十分な力を発揮しないものだとする。Ｘ理論では労働者は怠惰で受動的な人間であり，労働に喜びを感じないと考えられているのである。

一方Ｙ理論では，部下というものは高次の欲求を追求することを前提として行動するとみなす。したがって，管理者は部下の態度や行動を肯定的に捉えることになる。例えば，部下は仕事で心身を使うのは当たり前だと考えており，自らが進んで身を委ねた目標のためには自ら自分にムチを打って働くものである，とみなされている。Ｙ理論では労働者も仕事に喜びを見出すことができるし，またそれを望んでいると考えられているのである。

Ｙ理論をベースにすれば，Ｘ理論のときとは異なり，権限のみを頼りにはできない。「アメとムチ」だけでは，労働者は従わない。また，テイラーの時代と異なり，もはや経済状況は変化し，人々は豊かになってきている。仕事も多様化し，かつてのように仕事のない時代ではなくなっているのである。

つまり労働者も以前ほどには経営に依存しなくてもよい時代になったのであり，マグレガーはこれを「部分依存関係」と呼んだ。奴隷制度のような極端なケースを「完全依存関係」とするなら，現代は「部分依存関係」の時代であり，さらに今後は「相互依存関係」へと変化するというのがマグレガーの考えであった。経営者と労働者は支配─服従の関係から持ちつ持たれつの関係へと変化しつつあるのだといえる。したがって，これまでのように強権的な働きかけでは労働者は動いてくれない。説得や専門的な支援による方が有効である。

なお，内容理論を比較したのが**図２-２**である。　　　　　　　　　　（松山一紀）

▷伝統的管理論
20世紀初頭，特にバーナード以前に築かれた基礎的な管理論を指している。組織の効率性を重視する点が特徴であり，組織は機械的に捉えられる。テイラーやファヨール（Fayol, H.）によって構築されたとされる。

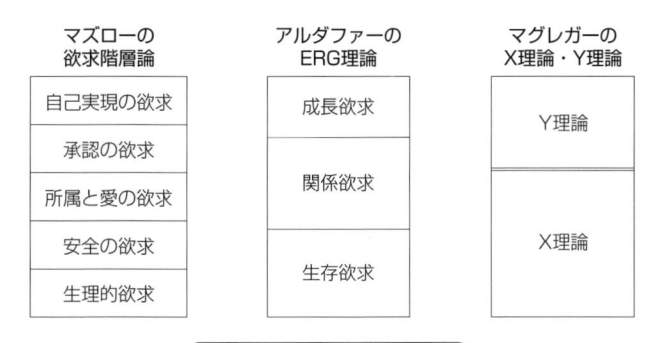

マズローの欲求階層論	アルダファーのERG理論	マグレガーのＸ理論・Ｙ理論
自己実現の欲求	成長欲求	Ｙ理論
承認の欲求		
所属と愛の欲求	関係欲求	
安全の欲求		Ｘ理論
生理的欲求	生存欲求	

図２-２　各内容理論の対応関係

第2部　個人レベル

I　モチベーション

4　二要因理論と内発的動機づけ

1　二要因理論

　ここでは，アメリカの心理学者ハーズバーグ（Herzberg, F.）を中心とする研究者たちが提唱した二要因理論または動機づけ―衛生理論と呼ばれる理論を取り上げる。

　彼らは，ピッツバーグ市内の企業に勤務する203人の技師および会計士に対して，職務態度に関する個別面接を実施し，その結果を詳細に分析することによってこの理論を抽出した。回答結果は**図2-3**のようにまとめられた。列挙されている項目は，各回答者が叙述した「客観的」事象を要約したものである。

　図を見て明らかなように，**職務満足**に働きかける要因と職務不満に働きかける要因は異なるものである。職務満足に関わる要因は「達成」，「承認」，「仕事そのもの」，「責任」，「昇進」に偏っており，職務不満に関わる要因は，「会社の政策と経営」，「監督技術」，「給与」，「対人関係」，「作業条件」に偏っている。つまり，満足要因と不満要因は一元的には捉えられないというわけである。

　少々極端にいえば，満足要因が不満要因になることも，その逆もないということなのである（ただし，「給与」については判断が難しいとされている）。

　そこでハーズバーグはこれらの要因群がそれぞれ分離したテーマをもっていると考えた。図の右側の要因はすべて「彼が行っているもの」＝職務・**課業**への関係づけを表している。「課業における達成」，「課業達成に与えられる承認」，「職務の内容・課業の性質」，のように，すべてが職務や課業それ自体と深く関わっている。ハーズバーグは，これらの要因によって仕

▷**職務満足**
職務における様々な側面に対する個人のポジティブな情動的態度を指す。離職や欠勤といった組織行動を説明する重要な要因と考えられている。

▷**課業**
単位時間当たりになされるべき職務および作業を指す。もともとはテイラーが科学的管理法を導入する際に提唱した概念である。テイラーは課業が明確にならなければ能率は上がらないと考えた。

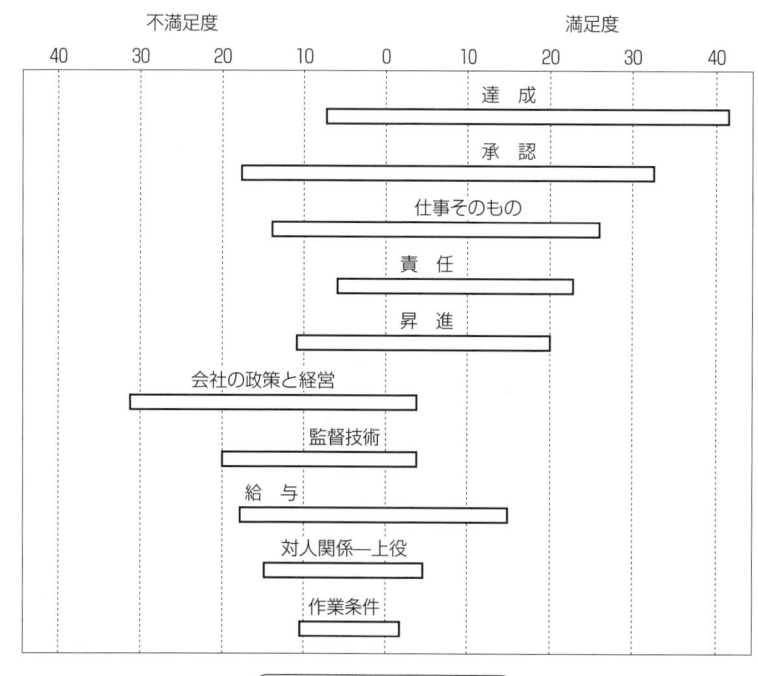

図2-3　動機づけ―衛生理論

出所：ハーズバーグ, F.／北野利信訳『仕事と人間性』東洋経済新報社，1968年，86頁より筆者作成。

事への意欲が高まると考え，これら満足要因を「動機づけ要因」と名づけた。一方，図の左側は「職務遂行中に受ける経営と監督の種類」，「職務を取り巻く対人関係や作業条件の性質」など，彼がその中で職務に従事している脈絡ないし環境への彼の関係づけを表している。職務それ自体ではなく，職務の周辺や環境に関わっているのである。

　ハーズバーグはこれらの要因が職務不満を防止する機能があるとして，「衛生要因」と名づけた。「衛生」が医学的に「予防と環境」を意味することに倣ったものである。衛生要因とは労働者にとってインフラのようなものであり，整備されていて当然のものなのである。二要因理論のユニークさは，職務に関する満足と不満が一元的ではないことを主張している点にある。

② 内発的動機づけ

　ある行動について観察可能な外的誘因が存在する場合，その行動は外発的に動機づけられていると考えられる。例えば，金銭的な報酬を目的として働いているとみなされる個人がいるとすれば，その個人は外発的に動機づけられているといえる。一方，そうした外的誘因が認められない場合には，その行動は内発的に動機づけられていると考える。例えば，仕事そのものが興味深く，やっていて楽しい，もしくは有意義であると感じているというように，行動そのものが目的となっている場合，その個人は内発的に動機づけられているといえるのである。マレー（Murray, E. J.）やデシ（Deci, E. L.）によって提唱された。

　内発的動機づけについては，二つの特徴があるとされる。一つは，熟達指向性である。これは専門的知識や技能を今以上により深めたい，もしくは高めたいとする指向性である。内容理論によって明らかにされた成長動機に通じる特徴であるといえる。今一つは，自己決定性である。人は自らが決定したことには責任をもち，やり遂げようとする傾向をもっている。マグレガーのY理論に通じる点であるといえる。

　また，マネジメントの観点から内発的動機づけを捉えた場合，管理者が留意しなければならないことがある。アンダーマイニング現象である。内発的に動機づけられている個人に対して金銭的報酬などの外的誘因を刺激として強調すると，その個人の認知構造が変化し，内的誘因よりも外的誘因の方が優勢になってしまう。つまり，それまでは仕事そのものが面白くて頑張っていたはずの個人を，金銭的報酬によって動機づけようとしたために，その個人の目的が行動そのものではなく金銭的報酬となってしまうような場合である。もちろん金銭的報酬によっても動機づけは可能である。しかし，そうした刺激はあまり持続性がないために，そういった個人を動機づけるためには賃金額を上げ続けなければならないというところに難点がある。さもなくば，その個人のモチベーションは低減してしまうことになるのである。

　　　　　　　　　　　　　　　　　　　　　　　　　　　（松山一紀）

I　モチベーション

5　過程理論

1　期待理論

　ここでは過程理論の代表的なものとして，期待理論と公平説を取り上げる。

　期待理論とは，ある報酬に対して感じる魅力と，その報酬を得る可能性とによってモチベーションの大きさが決まるという考え方である。ある少年が空腹時にたまたま台所のテーブルの上にりんごを1個見つけたとしよう。その少年がりんごが大好きか，それともそれほど好きではないかによって，そのりんごを食べようという意欲の大きさが異なってくる。つまりりんごという報酬の魅力がモチベーションを左右するのである。

　また，そのりんごを手にするには，母親の許可がいるとしよう。そしてさらに母親は宿題を済ませてしまうことを彼に要求したとする。宿題はたくさんある。時間までに全部やり終えればりんごを与えてくれるであろうが，全くやらなければ当然与えてはくれないであろう。また，努力はしたけれども半分しかできなかったという場合は，与えてくれるかもしれないし，与えてくれないかもしれない。これらを勘案して，少年は宿題をするという手段がどの程度りんごという報酬に結びつくかを割り出すことになる。これを期待と呼ぶ。このモデルは1964年にブルーム（Vroom, V. H.）が発表しており，簡単な式で表すと次のようになる。

$$モチベーションの強さ = \Sigma 期待（努力 \Rightarrow 報酬）\times 魅力$$

▷魅力
誘意性と表現される場合もある。

　この理論のポイントは3点である。まずこのモデルは期待と魅力の積で表されるということである。つまり魅力もしくは期待が0であれば，モチベーションは生じないということなのである。先ほどの例からもわかるように，そもそもりんごがテーブルの上になければモチベーションは生じない。2点目のポイントはΣを使っているということである。つまり，魅力は複数あるかもしれないし，期待も様々な場合に分けることができるかもしれないのである。先程の例でいえば，宿題が全くできなかった場合，半分しかできなかった場合など様々な場合を想定してその期待値（確率）を算出することができるということである。3点目は，これらの期待や魅力はあくまでも個々人の主観的認知に委ねられているということである。加えて，その認知の仕方が正しいかどうかは問われない。

このブルームのモデルをさらに精緻化したのがポーターとローラー（Porter, L. W. & Lawler, Ⅲ, E. E., 1968）のモデルだといわれている。彼らは努力から報酬へという流れの中に，業績に対する個人の知覚という要因を加えた。つまり，まず努力が業績につながる可能性を考えるのである。ポーターたちのモデルは次式のように表すことができる。

モチベーションの強さ
$$= \Sigma \{期待（努力 \Rightarrow 業績）\times \Sigma 期待（業績 \Rightarrow 報酬）\times 魅力\}$$

期待理論には限界もある。期待理論が想定している人間は，報酬を得るために必要な選択肢（手段）をすべて知っており，かつその選択肢がどの程度の確率で報酬をもたらすかまでわかっていると仮定している。また極めて合理的な功利主義者を想定しているが，必ずしも合理的な選択をできないのが人間でもあり，ここにこの理論の限界があるといえる。

❷ 公平説

近年，日本企業においても**成果主義**的な評価報酬制度が定着しつつある。この成果主義が健全に機能するために必ず必要とされるのが，報酬分配やその過程における公平性だといわれる。メンバーが不公平を感じるようであれば，仕事に対するモチベーションは向上するどころか，低下してしまうのである。

モチベーションに対する公平性の問題に着目したのは，アダムズ（Adams, J. S.）という研究者である。人間は他者と自らを比較することによって，己を知ろうとするものである。また，他者と平等に扱われることを願うのも人間であろう。アダムズは労働組織における公平性は努力もしくは貢献と報酬とのバランスによって成立すると考えた。それを示したのが**図2-4**である。

人は，努力に対する報酬の割合が比較対象となる人物のそれと同じだと認知した場合には公平感を感じ満足する。しかし，その割合について自分の方が小さいと認知すれば，不公平感を感じ不満に思うのである。さらに，その逆の場合は，もらいすぎ，評価が高すぎるという罪の意識が働き，これも同様に満足感をもたらさない。公平理論のポイントは，こうした比較が客観的な事実に基づいているというよりは，あくまでもその個人の主観的な認知に従っているという点であろう。結局個人の認知に委ねられるわけであるから，マネジメントに応用する際には十分な注意が必要となる。他にも強化説などがあり，過程理論はいくつかの学説から成り立っている。

（松山一紀）

$$\frac{Op}{Ip} < \frac{Oa}{Ia} \quad 不満$$

$$\frac{Op}{Ip} = \frac{Oa}{Ia} \quad 公平感$$

$$\frac{Op}{Ip} > \frac{Oa}{Ia} \quad 罪の意識$$

図2-4　公平説

(注) Ip, Op：個人が知覚した自己の努力と成果（報酬）
Ia, Oa：個人が知覚した比較対象の努力と成果（報酬）

▷成果主義
従業員の仕事に対する努力や能力を評価するのではなく，顕在的に生じた成果を評価しようとする考え方やあり方。成果主義が導入されると従業員間に報酬格差が生じるとされる。

I　モチベーション

6 コミットメント

1　コミットメントとは何か

コミットメント（commitment）は様々な場面で，様々な意味で用いられる。委託，言質（げんち）といった意味から，関わり合い，引くに引けなくなること，身を縛ること，献身，傾倒といった意味まで実に様々である。

社会心理学では，態度と行動の関係がよく議論される。一般に，態度が行動をもたらすと考えられがちであるが，日常生活では，逆に行動が態度に先行することもある。先に行動をとる，あるいはとらされることで，その行動に一致した態度が形成されるのである。この場合，行動をとることで身を縛られることになる。言質を取られる，といった言い方をすることもある。人前で禁煙宣言をさせられることで，煙草を吸いにくくなることがある。これも広い意味でのコミットメントの影響である。

2　コミットメントの対象

組織にはコミットする対象が数多くある。それは，上司，同僚，顧客といった人である場合もあるし，組織全体の場合もある。あるいは自らの仕事もコミットメントの対象となる。これら様々な対象へのコミットメントをワーク・コミットメントとして捉え，その対象を分類したのがモローである。モローによれば，ワーク・コミットメントは，価値，仕事，組織，キャリア，組合の五つの視点を含んでいる（Morrow, 1983）。

価値への視点として頻繁に取り上げられてきたのが，プロテスタントの労働倫理（Protestant Work Ethics）である。一生懸命働くことそれ自体が善であり，目標であるという考えである。仕事の視点としては職務関与（Job Involvement）や仕事の中心性（Work as a Centaral Life Interest）が代表的である。自分の仕事にどの程度関与しているか，仕事が生活のどの程度を占めているか，を意味している。組織への視点としては，組織コミットメント（Organizational Commitment）が頻繁に取り上げられる。これについては次節で説明する。キャリアへの視点としてよく取り上げられるのがキャリアコミットメント（Career Commitment）や職業コミットメント（Occupational Commitment）である。自らのキャリア，職業に対する思い入れの程度のことを意味している。組合については組合コミットメント（Union Commitment）が取り上げられる。

▷サンクコスト（sunk cost）
埋もれてしまったコスト，すなわち，もう取り戻すことのできないコストのことである。埋没コストと呼ばれることもある。ある組織で費やした時間，投入した労力は決して取り戻すことができないという意味で，サンクコストの一種である。それを無駄にしたくないという思いから，以降の行動が制約を受けることがある。⇒1-Ⅱ-6「組織慣性」も参照。

▷サイドベット理論
ベッカーが提唱した理論であり，辞めたときに失うものの蓄積によってコミットメントが形成されるという考えである（Becker, 1960）。失いたくないものを提供してくれる限りにおいて組織にコミットするという意味で，交換的色彩が強い。メ

3 組織コミットメント研究の展開

　これら様々な対象へのコミットメントのうち，特に関心をもって研究されてきたのが組織コミットメントである。ここでは組織コミットメント研究の展開について概観する。まずベッカーは，なぜ人が一貫した行動をとるのかについて説明するためにコミットメントという概念を採り上げた（Becker, 1960）。例えば同じ組織で働き続けるというのは一貫した行動である。では人はなぜ同じ組織で働き続けるのだろうか。これについてベッカーは，人は，その組織を辞めたときに失うものを考慮して，同じ組織で働き続けると考えた。失うものとは，現在の地位，人間関係，仕事のやりやすさなどである。これらはサイドベット（side bet）と呼ばれ，一朝一夕に得られるものではなく，しかるべき時間と労力を注ぎ込むことによって手に入るものである。

　なおこの，注ぎ込んだ時間や労力のことを**サンクコスト**と呼ぶ。人は，サンクコストと引き換えに手に入れたものを失うことを避けるために，同じ組織で働き続ける，とベッカーは考える。つまり，サイドベットの蓄積によって組織へのコミットメントが形成されるという考えである。このようなベッカーの考えは**サイドベット理論**と呼ばれ，その後のコミットメント研究に大きな影響を及ぼした。

　その後，情緒的な側面を強調するマウディ，スティアーズとポーターが，明確な**組織コミットメントの定義**を提唱し，OCQ（Organizational Commitment Questionnaire）を開発した（Mowday, Steers & Porter, 1979）。OCQはその後，組織コミットメント尺度のスタンダードの地位を獲得し，「組織コミットメント＝組織への愛着」という認識が広く共有されるようになった。最近ではこれを多要素で把握しようという試みが多くなされている。

　代表的なのがアレンとメイヤーの3要素説である（Allen & Meyer, 1990）。組織コミットメントを感情的（affective）要素，存続的（continuance）要素，規範的（normative）要素で把握する。感情的要素はOCQで測定されるものに近く，存続的要素はサイドベット理論で説明される要素であるとされる。規範的要素は，理屈抜きにコミットすべきだからコミットするという内容を表している。

4 多重コミットメント

　コミットメントの対象は様々であるが，これら様々な対象へのコミットメントについて，同時に検討することの重要性が指摘されている。**ワーク・コミットメントの因果モデル**について検討する研究が，まだ少数ではあるが，行われ始めている。今後ワーク・コミットメント間の関連，そしてそれが行動等に及ぼす影響について，様々な知見が蓄積されていくことが予想される。

（髙木浩人）

ンバーは組織に対して何らかの投資をしていくことで，将来の行動についての選択の自由を失っていくことになる。これは個人―組織間関係のみならず，対人関係にも応用可能である。

▷組織コミットメントの定義

マウディらの組織コミットメントの定義は，「組織の目標や価値に対する信頼と受容，組織の代表として進んで努力する意欲，組織の一員としてとどまりたいとする強い願望，によって特徴づけられる，組織への同一視や関与の相対的な強さ」（Mowday, Steers, & Porter, 1979, p. 226）というものである。

▷ワーク・コミットメントの因果モデル

ワーク・コミットメント間に因果関係を想定するモデル。共分散構造分析等の分析手法による研究がいくつか行われ，知見が蓄積されつつある。

参考文献

Allen, N. J. & Meyer, J. P., "The measurement and antecedents of affective, continuance and normative commitment to organization," *Journal of Occupational Psychology*, 63, 1990, pp. 1-18.

Becker, H. S., "Notes on the concept of commitment," *American Journal of Sociology*, 66, 1960, pp. 32-40.

Mowday, R. T., Steers, R. M. & Porter, L. W., "The measurement of organizational commitment," *Journal of Vocational Behavior*, 14, 1979, pp. 224-247.

I モチベーション

7 目標による管理（MBO）

1 目標による管理（MBO）の特徴

目標による管理（Management by Objectives: MBO）は，上司と部下が共通の目標を確認し，期待される結果とそれぞれの責任を明らかにして，**仕事のサイクル**を回す短期的なプロセスのことをいう。一般的な手順としては，組織全体あるいは部門における経営課題の設定を受けて，個人が具体的に業務目標を設定し，上司と互いに納得して決定する。そして期末には，上司や複数の関係者がその達成度を判定し，賞与や昇進・昇格などの待遇に反映させるというものである（図2-5）。

もともと日本では，MBOは**ドラッカー**の「目標と自己統制による管理（Management by Objectives and Self-control）」という概念が有名であった。ドラッカーは，目標の設定と結果の評価を関係づけるシステムをつくることが，組織業績と従業員満足を高め，また，個々に割り当てられた職務の目標が組織全体の目標と合致することが組織の発展に必要である，と主張した。ここでは，自律した人間が自ら目標を設定し，達成過程を自ら統制し，結果についても自己評価を基本とする。上司は，部下に適切な達成目標を与え，達成過程にどの程度自己統制の責任を与えるか，結果に対して適切な評価とフィードバックを提供するか，ということが重要になる。

MBOは目標設定と結果（業績）評価を連動させた業績管理システムを指すと解釈され，年功序列型の人事制度から成果主義型に見直される過程で，多く

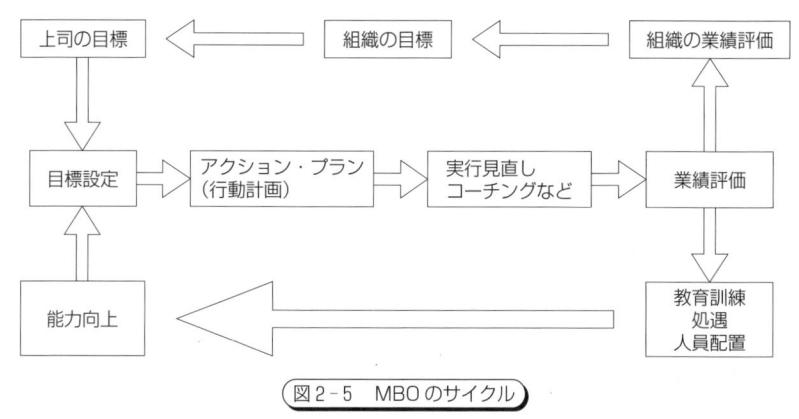

▷1 目標による管理（MBO）の代表的な研究としては，Schleh, E. C., *Management by Results*／今野能志訳『目標による管理』生産性出版，2005年。

▷**仕事のサイクル**
Plan → Do → See, Plan → Do → Check → Action のサイクル。MBOは，これらマネジメント・サイクルに則って展開されなければならない。

▷**ドラッカー**（Drucker, P. F.：1909-2005）
オーストリア生まれの経営学者であり社会学者。目標管理や分権化など多くの経営概念を考案した。

図2-5　MBOのサイクル

出所：今野（2005）を基に筆者作成。

の組織が導入した。しかしながら、人員削減や経費削減を目的とした安易な制度化につながり、双方向コミュニケーションに基づく目標設定というMBOの概念から乖離した、単なる業績評価制度へ形骸化した例も少なくないという批判も近年見られるようになった。

② MBOの背景

　MBOの背景には、適材適所の追求や人と仕事の最適化、個性や創造性の発揮といった人的資源開発やキャリア開発の考え方が浸透するに伴い、個人と組織が互いに尊重し合う関係になってきたこともあるが、理論的には目標理論に依拠する。目標理論は、①人は自分が大切にする価値をもつ、②現在の状態はその価値によって判断される、③その状態に応じた情動や願望をもつようになる、④その願望を満たすための目標を想起する、⑤この目標が思考や反応、活動を方向づける、というモチベーション発生の心理的メカニズムを想定している。その上で、高いモチベーションを引き出すために、「なぜその目標を目指すか、しっかりと理解されること」「目標は明確な数値で設定され具体的であること」「達成可能な範囲であること（易しすぎず、難しすぎず）」「本人が参加意識を感じていること」「客観的でタイムリーなフィードバックが提供されること」が必要であることを主張している。

　最近では、**期待理論**や**社会的学習理論**など他の認知的アプローチとの関連づけも進められている。目標理論の妥当性は多数の研究によって検証されているが、現実的な有用性も広く認められるようになった。目標による管理は、このような目標理論に基づいた人事管理手法およびその考え方を指し、目標が事前に上司と部下の間で合意されていること、客観性と公平性が確保されることが肝要である。

③ 目標の設定：MBOの実践に向けて

　個人のニーズと組織のニーズが一致していることが重要であり、そのためには上司と部下の間でよく話し合われている、つまり円滑なコミュニケーションが必要になる。この話し合いがうまくいかなければ、MBOは形骸化してしまう。双方が参加意識を実感しながらよい話し合いをするためには、ヒューマン・スキルが求められるため、MBOの導入には、ヒューマン・スキル（コミュニケーション・スキル、リーダーシップ・スキル、プレゼンテーション・スキル、ネゴシエーション・スキル、リスニング・スキル、コーチング・スキルなど）の教育訓練が提供される必要があるともいわれている。これらのヒューマン・スキルは、米国をはじめとする欧米の諸外国において、期待理論や社会的学習理論など認知的アプローチに基づいて検証され、実際に多くの組織でその教育訓練プログラムが採用されている。

（深見真希）

▷**期待理論**
予期理論ともいい、ヴルーム（Vroom, V. H.）が提唱した動機づけの理論。人々は自分の満足感を最大化しようとして活動するという前提によって動機づけを説明したもの。

▷**社会的学習理論**
バンデューラ（Bandura, A.）が提唱した理論。観察学習を中心に、人間学習を論じており、最近ではバンデューラ自ら、社会的認知理論（social cognitive theory）と称している。

I　モチベーション

8　ホイッスル・ブロワー（内部告発者）

1　内部告発への注目

　組織の不正が内部告発により明らかとなる例が注目を集めるようになってきている。組織の内部の人間でしか知り得ない情報が，組織の外部に伝えられることにより組織の不正が明らかになっていることに特に関心が集められている。**雪印食品・牛肉産地偽装**や，**東京電力・原発トラブル隠蔽**は，内部者による通報があったとして注目を集めた。

　不正を行うことにより，企業は短期的に利益を上げることができるかもしれないが，長期的に見ると，不正が続けられ**コンプライアンス**から逸脱することは，大きく信頼を損なう行為であり，やがて大きな損害を被ることとなりかねない。ホイッスル・ブロワー（内部告発者）は，組織にとってプラスともマイナスともなりうる大きな影響力をもっている。以下で，内部告発とはどのような行為か，ホイッスル・ブロワー（内部告発者）とはどのような人が想定されているか，の二つを中心に整理する。

2　内部告発と内部通報

　ホイッスル・ブローイング（Whistle-blowing）は「内部告発」と訳されることが多いが，まず，内部告発と内部通報の違いについて説明する。組織内への通報が内部通報であり，組織外への通報は内部告発とみなされる。通常，組織の外部への通報である内部告発は，内部通報がされた後に行われる。内部告発をする従業員は，内部通報をしても効果がなく，組織によるサポートや解決の機会が得られていないという不満の下に外部への通報，すなわち内部告発へ至るとされてきた。内部告発は，内部通報をしても実効性をもたなかったときに行われるものとして捉えられてきた。ホイッスル・ブローイングとは**図2-6**

▷**牛肉産地偽装**
国内でBSE感染牛が確認された後，農林水産省によりBSE対策として行われた国産牛肉を買い取る事業が行われた。この制度を悪用して，外国産牛に国産牛のラベルを貼り，産地の偽装を行い国に買い取らせて不正に利益を上げようとした事件。取引先の倉庫会社の社長により告発が行われた（2001年1月）。

▷**東京電力・原発トラブル隠蔽**
東京電力が原発の点検記録を改ざんしていたことを，点検をした会社の元従業員が経済産業省に告発。2002年に発覚した。

▷**コンプライアンス**
⇨ 5-I-5 「コンプライアンス」

```
┌─────────────────────────┐
│   ホイッスル・ブローイング   │
│ ┌──────────┬──────────┐ │
│ │組織外部への通報│組織内部への通報│ │
│ │ ：内部告発  │ ：内部通報  │ │
│ └──────────┴──────────┘ │
└─────────────────────────┘
```

図2-6　ホイッスル・ブローイング

出所：筆者作成。

のように内部告発・内部通報の二つを含めた言葉である。

③ 内部告発者の社会的イメージ

　従来まで，組織の不正を外部に伝えてしまう人は，組織に対する忠誠心が低い人であると捉えられてきた。組織はそのような人をトラブルメーカーであるともみなしてきた。

　一方で，組織に対して忠誠を尽くす人は，組織の利益のためならば違法・非倫理的な行動もいとわない人であるとみなされてきた。こうした視点からは，企業の不正を外部に通報することは組織に対する裏切りとみなされ，告げ口をするという暗いイメージで捉えられてきた。しかしながら近年では，会社で起きている違法・非倫理的なことを止めるための行動は，むしろ会社に対する忠誠心の，新しい表現のあり方とみなされるようにもなってきた。さらに，企業で行われている不正を止めさせるために通報をすることは，社会の利益に適うものであるとされて内部告発者に対するイメージも変わりつつある。内部通報と内部告発とは通報の対象が異なる行動ではあるが，いずれの行動についても社会的な支持が認められる行動となっている。この背景には，旧来型の「**会社人間**」が尽くした組織の側の変化があり，組織で働く従業員の認知も変わってきたという問題があるだろう。

④ 内部通報を取り巻く課題

　内部告発・内部通報は，たしかに保護に値する社会的な行動として認められてきてはいる。**公益通報者保護法**（2006年施行）では，内部告発・内部通報をした労働者の解雇の無効や，その他不利益な扱いの禁止などが定められている。しかしながら，不正を告発した労働者が告発前の状態と同じ立場でいられることは考えにくく，報奨金等の補償がされるわけではない。内部通報・告発の保護の問題については，どの程度までが十分な保護といえるのかについては，いまだ議論も確定していない状態である。

　公益通報者保護法では，匿名による通報は保護の必要がないため，保護の対象は実名による通報である。匿名の通報をどう考えるかについても，現状では明確な指針はない。実名と匿名では信頼性に大きく差が生じるが，一方で，匿名にしても実名にしても，個人で情報が発信できる環境は整っており，インターネットによる告発は容易になっている。これも従来の組織・個人の関係を大きく変化させることになるだろう。実際，不祥事が以前よりも多く報道されるようになったが，これなどは上記の法律制定の影響によるものではないか。適切に運用されれば，組織の不正を少なくすることに貢献するであろう。

（本間利通）

▷会社人間
「組織コミットメント」が高い人が，これまでは想定されていた。ただし，会社以外に関心を向けないという意味では，多少揶揄のこもったニュアンスも含まれる。

▷公益通報者保護法
公益通報と認められる場合には，解雇や降格・減給などの不利益を被る処分を禁じることで公益通報者の保護を図っている。

コラム

チャップリンの「モダンタイムス」

　喜劇王チャップリンが演じる，どうみても冴えない工員が一所懸命，アセンブリ・ラインを流れてくる部品の始末に追いつかず，てんてこ舞いしている場面の記憶は，あの映画を一度でも見たことのある人の目には焼きついてしまっていることだろう（若い人たちにも是非薦めたい映画である）。1936年製作の映画である。映画そのものは，今から見れば，素朴ともいうべき恋愛ものであるが，それよりも，機械に挟まれて苦笑いしているチャップリンの顔，あるいは，何を見てもラインを流れてくる部品のようにひねりたくなる動作などの方が印象としては強烈に残っている人のほうが多いのではないか。あのアセンブリ・ラインこそは，今の時代に至る大量生産と大量消費，そして豊かな社会を生み出したその根源ともいえるものを表象しているといってもよい。本書で紹介される組織論，あるいは経営管理論（さらには経営学一般に拡張してもよいが）という学問体系は，そのような仕組みを支えるために，ほぼこの百年ほどの間に必然的に編み出されたものである。

　前世紀のほぼ始めごろになるが，アセンブリ・ラインによる組立作業は，Ｔ型フォードを大量につくり出すことによってはじまったとされる（実際には，それ以前から先行的にすでに始まっていたが，自動車のようなそれまでは庶民にとって高嶺の花であった品物についての少品種大量生産の方式の導入は衝撃的な事件であった）。以前は指をくわえて見るしかな

かったようなものが身近に買えるようになったのである。いわば確かな幸福を得た。が他方では，現場の工具には，いわゆる人間疎外という社会問題を引き起こして不幸を買うことにもなった。やがて学問としてはそれの克服に向かうことになる。逆説的に，それにもまた組織論が必然的に関わらざるを得なくなった。

　再度いえば，チャップリンが描いた世界は，それがそのころから主流の生産技術になろうとしていた，その黎明期の映像である。社会問題として議論されるのはようやく戦後のことである（ついでにいえば，マルクスの労働疎外が議論されるのは60年代の後半である）。チャップリンのその早すぎる指摘は慧眼としかいいようがない。とすれば，あの映画は喜劇ではない，むしろその後の悲劇を予感させる映画である。理論史的にいえば，大量生産の技術を経営的に裏づけたテイラーの「科学的管理法」から，それの非人間性を突いた，戦後になって主流的な学説となる「人間関係論」に至る流れと符合している。技術と人間，組織と人間，そして社会と人間は延々と続く，私たちにとって逃げることのできない課題である。それらは本文中でも述べるが，ワーク・オーガニゼーションとヒューマン・オーガニゼーションの尽きることのない協働と競合の繰り返しである。組織論の主たる戦場はそこにある。

（田尾雅夫）

II キャリア

1 キャリアとは

1 定　義

　キャリアは「経歴」，「職歴」を意味する言葉として使われる。「キャリア」単独でも用いられるが，他の言葉との組み合わせも多くある。「キャリア開発」，「**キャリア・パス**」，「**キャリア・プラトー**」，「**キャリア・チェンジ**」等々は，人的資源管理論の文脈で多く使われている。

　ここではキャリアを「経歴」・「職歴」と定義するが，生涯にわたって形成されるものと拡張できることをここで指摘しておく。つまり，キャリアは過去と現在の両方を含む言葉である。個人がこれまでに歩んできた経歴と，今後目指す，あるいは歩む経歴を含めたものが「キャリア」となる。さらに，「キャリア」は職業的な経歴のみではなく，家庭や生活スタイルを含めた広い概念としても用いられることがある。キャリアは狭義の意味としては，役職や職業の内容を意味することもあるが，上記のように非常に広い意味をもつ言葉として用いられる。

2 環境の変化

　従来まではキャリアについて，職歴は一つの会社のみであることが想定されてきた。原義通りにキャリアを捉えると，転職をすることも含めてキャリアであるはずが，暗黙のうちに組織内の出世の問題として捉えられることが多かったのである。現在では，キャリアの多様性は認識されるようになっており，すべての人に通じるような画一的なキャリアが想定されることはない。組織の変化もキャリアを多様化したものとして捉える必要を迫っている。例えば，**組織のフラット化**，**ダウンサイジング化**が進むと，それだけ高い職階の数が減ることになる。そのためにキャリアを考える際にも，高い職位を得ることの相対的な重要性が下がることになる。

　組織の論理と個人の論理の調和の問題として，キャリアという概念は捉えられるようになってきているが，キャリアは自分で形成できるものなのか，あるいは組織によって形成されるものなのか，の二つの視点についての議論は多い。以下でこれをキャリア開発として，その視点の違いについて整理する。ここでのキャリア開発は，単に専門的能力を高めるということのみを意味するものではない。たしかに，企業は求める人材を育てるために様々なキャリア開発

▷**キャリア・パス**
職場における職階や職種の一連の道筋を意味する。

▷**キャリア・プラトー**
それ以上の昇進の可能性が低い職階に達することである。キャリア・パスの最終地点と見ることもできる。

▷**キャリア・チェンジ**
組織内・組織外と二つに分けられる。組織内だと，組織内における職種の変更という意味になる。例えば，研究開発職から営業職への転向などである。組織外だと，転職という意味になる。この場合は，同じ職種での転職と，異なる職種での転職のいずれかが想定される。

▷**組織のフラット化**
⇨ 4-I-9 「柔構造化」
▷**ダウンサイジング化**
⇨ 4-I-9 「柔構造化」

の施策を行うが，10年先・20年先の環境の変化に耐えうる施策をつくるには限界がある。そこで，個人の側からの自律的なキャリア開発も望まれるようになってきている。

3 企業によるキャリア開発

これは企業による能力開発と大きく関連する。OJTによる教育に加えて，企業が行う研修などの施策がキャリア開発の取り組みである。直接の能力開発以外に，企業が用意する人事制度にもキャリア開発を意図するものがある。ここでは例として，複線型人事制度を取り上げて説明する。

複線型人事制度とは，企業内で進むキャリアを大きく二つに分けて処遇をするための制度である。特に研究・開発職向けに用意された人事制度であるが，近年では事務職などで採用されることもある。専門職ルートと管理職ルートの二つを設定して，いずれかのルートで従業員を処遇する。従来的には，研究開発人材のキャリア開発も，組織の階層を上っていくことが想定されており，マネジメント能力の向上が，キャリア開発において最重要視されていた。現在も多くの企業においてもこのような認識がされており，階層を上ることと高度な専門知識は必ずしも一致するものではない。階層を上ることが，研究開発人材のふさわしい処遇なのかについては従来から議論されてきた。マネジメント能力を発揮する地位につくことは，研究開発人材にとってはそれまでの職務からの変遷を意味し，必ずしもその立場を望む人たちばかりではない。さらに，**役割葛藤**が起きることもある。葛藤を避けるために専門職ルートを用意して，管理職に向かない，あるいはなりたくない人材の処遇をしたのである。また，研究開発人材に求められる役割の多様化に，複線型人事制度で対応しようとしたのである。

4 個人によるキャリア開発

これは個人による能力開発と大きく関わる。社外でも通用する能力を高めるということは，企業にとっては人材流出のリスクともなってしまうが，終身雇用ではなくなってくる環境では極めて合理的な行動となってくる。自律的にキャリアを形成することは，必ずしも人材流出へとつながるわけではないが，組織の論理と個人の論理の調和は解決されるべき問題である。個人による自律的なキャリアの形成は，企業にとっても個人にとってもよい関係となることが望ましい。

専門性の高い職業などプロフェッショナルのキャリアは，自律性の高いキャリアとみなされる。そうした自律性の高さを志向することは，組織と個人の新しい関係を志向することにつながる。プロフェッショナル以外でも，キャリアをどのように生かすかが人生の大きな課題となっている。　　　　　（本間利通）

▷OJT
⇨ 5-Ⅱ-3「研修」

▷役割葛藤
個人が果たすべき一連の役割の中で矛盾が起きること。
⇨ 3-Ⅱ-3「役割分化」

▷1　太田肇『個人尊重の組織論』中公新書，1996年。

II　キャリア

2　社会化

1　組織への適応

　組織のメンバーになるためには，適応の過程を必要としている。その組織の価値に慣れ親しみ，遵守すべき規範を内面化する過程である。これに不足するとメンバーとして受け入れられない。個人が自らの利得（給与，地位や役割などの処遇，さらに好意も含めて）を得たい，そしてそのために積極的に組織人になろうと努力する過程である。

　これをマネジメントからいえば，組織が自ら，**組織人**になりたい個人を順化する過程でもある。無理やりに適応を促すこともある。人事管理や労務管理による施策は社会化と並行している。新人は社会化を促す管理施策によって社会化が促されるのである。社会化されて組織に貢献する人材となるのである。以上の二つの社会化は交錯している。また個人差もある。社会化の円滑な人もいれば遅い人もいる。**適応障害**を引き起こして組織から出て行かざるを得なくなる人も少なくはない。

2　社会化

　なお社会化は，通常，キャリアの発達過程として捉えることができる。スーパー，D. E. によれば，以下のような四つの時期からなる。

　①試行期：就業してしばらくはまだ自分がどのような仕事に向いているかどうかがわからず，与えられた仕事が自分にふさわしいかどうかを試す時期（試行期）である。試行錯誤を繰り返すことになるが転職もこの時期に多い。しかし，新鮮な経験が続くので意欲的になれる。満足も得やすい。この時期は同僚や上司から受ける影響は非常に大きい。

　②発展（確立）期：やがて自分の能力や資質について何ができるか，できそうでないかがわかるようになり，考えや行動に確信を得るようになる。職場での自分の立場について理解でき，それにふさわしい役割が果たせるようになる。社会化の最盛期といってもよい。

　③維持期：そしてそれが続くとやがて地位や役割を維持することに関心を向けるようになり，リスク回避的な行動も目立ってくる。場合によっては保守的な態度に転じることもある。しかしキャリアとして最も充実する時期である。充実するが，これ以上の発展はないことを諦観として捉える人もなくはない。

▷組織人
⇨ 2-II-6 「プロフェッション」

▷適応障害
通常の社会化に障害が生じることである。過重なストレスを経験したり，離転職を繰り返す，さらには病気に罹患するなどの不適応と，ワーカホリック（仕事中毒）のような過剰適応の場合がある。

この時期をプラトー（高原状態）ということもある。

④衰退期：そして，それが続いたあと，退職などで職場を去ることになる。老後ともいわれる。衰退期である。しかし，高齢者の多い社会になって，退職後に再度，キャリアを発達させよう，または新しい社会化を考えようとする人も多くなった。いわゆる**第二の人生**である。組織に拘束されることは少ないので，組織人モデルに対抗して，自由なキャリア発達を構想できることがあると考えたい。

社会化の前段階で，家族や学校から影響を受ける就業前社会化もある。キャリアの発達にはコストが伴う。自分に合った仕事を見つけるためには，勉強などをして能力や資質を磨いたり，就職活動なども含めて社会化を事前に考えるべきである。様々な可能性を探る時期が，キャリア発達に先行することはいうまでもない。探索が不十分であると社会化にコストを負荷することになる。

③ 社会化の失敗

組織の中で社会化とはほぼこのような過程を経る。ただし，このような過程をすべてのメンバーが経るというのではなく，社会化に失敗する人も多い。

一つは不適応である。組織が期待するものに応えられなかった，あるいは，組織内でのキャリアの蓄積が不首尾に終わった結果である。欠勤が多くなり遅刻も増える。離転職や心身の異常となって表出される。しかし，不適応が多くなることは組織にとっても好ましいことではない。適応を促さない組織は経営管理的に問題があることが多い。事故などが起こらないとは限らない。他の一つが過剰適応である。会社人間などと揶揄されるが，必要以上に組織に適合してしまうことである。**ワーカホリック**などはその例である。働きすぎてむしろ心身の障害を抱え込んでしまうことも少なくない。

あるいは，社会化そのものに障害がある場合もある。能力や資質に不足のある場合や，中途採用によるハンディを抱える場合，**女性差別**（この場合はガラスの天井といわれることもある）などの場合である。制度的に改善の余地があれば，それに向けて対処すべきである。

④ 社会化の外で

近年，社会問題として指摘されるようになったのは，不定期雇用とか就労の可能性さえない人たちである。社会化できるというよりも，その機会が全く与えられていない人たちである。**ワーキング・プア**の場合は，金銭的に全く不利な条件を押し付けられていて，雇用そのものが不安定で社会化がその人のためにも成り立っていないということもある。社会化は正規雇用の人たちだけにあるのかという批判がある。当然のことながら，非正規雇用の人たちの社会も考えなければならない。

（田尾雅夫）

▷**第二の人生**
高齢化が進むとともに，退職後のキャリア発達が重視されるようになる。従来の社会化はほぼ退職までの過程で終えていたが，その後についても老後に向けてどのように社会化を果たすかという議論が今後，早急に待たれる。

▷**ワーカホリック**
仕事中毒とも訳されるが，仕事への過剰適応であり，家族や友人など組織外の関係に悪しき影響を与えることがある。タイプAという人間類型と重複することがあり，心筋梗塞などの疾患との関係が指摘されている。

▷**女性差別**
差別には，性差別（セクシズム）の他にも，年齢差別（エイジズム）や人種差別（レイシズム）がある。ともに属性要因によって社会化が阻害され，キャリア発達が遅れる。制度的に，あるいは法的に社会化の促進が図られている。

▷**ワーキング・プア**
生活保護以下の低賃金で働かざるを得ない人たち。

（参考文献）
スーパー，D. E. & ボーン，M. J. Jr.／藤本喜八・大沢武志訳『職業の心理』ダイヤモンド社，1973年。
田尾雅夫『会社人間はどこに行く』中公新書，1998年。

Ⅱ　キャリア

3　キャリア発達

▷キャリア
⇨ 2-Ⅱ-1 「キャリアとは」

▷1　このようなキャリア発達論の基盤となっているのは（生涯）発達心理学やライフコース社会学である。キャリア発達論では、人の発達は成人後も安定期と移行期を繰り返しながら、生涯にわたって起こると考えられている。

▷スーパー（Super D. E.：1910-94）
コロンビア大学名誉教授で、キャリア研究や発達理論の先駆者である。
▷キャリアステージ・モデル
⇨ 2-Ⅱ-2 「社会化」
▷シャイン（Schein, E. H.：1928-）
⇨ 1-Ⅰ-4 「組織均衡」

1　キャリア発達とは

　キャリアという概念には、キャリアを職業を中心とした社会生活など人生全体のあらゆる経験の積み重ねであると捉える「ライフキャリア」という考え方がある。このような考え方に従えば、人々のキャリアは一生を通じて様々な社会的な役割、行動を経験することを通じて発達していくものと捉えられる。ライフキャリアの過程は、幼少期、青年期、成人期、成熟期からなる生涯ステージの連続として理解されるものである。組織論におけるキャリア発達の研究アプローチも、上記の枠組みを応用したもので、個人は仕事の世界に参入してから退出するまで段階的に発達していくと考える。これを組織内キャリア発達と呼ぶ。

　組織にとって人材は当該組織の存続・成長に欠かすことのできない重要な要素である。組織が人材を効率的かつ効果的に育成するには、訓練・開発プログラムをメンバーに提供する際に、従業員が組織内キャリアにおいていかなる問題に直面し、問題を克服しながらどういった段階を経て成長していくのかについて事前に把握しておくのが望ましいだろう。組織内キャリア発達の既存研究では、人々が組織内キャリア発達において経験する様々な段階が整理され、また直面する危機について明らかにされてきた。

2　キャリア発達段階

　組織内キャリアは組織参入の時点からはじまり、いくつかの段階を経て発達するとされている。したがって、組織内キャリア発達の理論モデルでは段階説が最も用いられてきた。段階説の代表的なモデルには**スーパー（Super, D. E.）のキャリアステージ・モデル**、生涯発達心理学の枠組みを組織内のキャリア発達に応用した**シャイン（Schein, E. H.）**のキャリアサイクル・モデルなど様々なものがある。

　表2-1にスーパーとシャインの説を対比させているが、両者が類似していることがわかる。ライフサイクル理論を基盤にして、組織内での人々のキャリア発達段階をシャインは、9段階に分け、スーパーは、6段階に分けている。各段階において個人が克服すべき発達課題と心理的・社会的危機を提示している。

表2-1 キャリア発達段階

段　階	スーパー	シャイン
第1段階	1．成長期 　　（15歳ごろまで） 2．探索期 　　（15～25歳ごろまで）	1．成長・空想・探索期（21歳ごろまで） 2．仕事世界への参入（16～25歳ごろまで） 3．基礎訓練期（16～25歳ごろまで） 　→リアリティ・ショックの出現
第2段階	3．試行期 　　（17～30歳ごろまで）	初期キャリア（17～30歳ごろまで） 4．キャリア初期の正社員資格
第3段階	4．確立期あるいは発展期 　　（25～45歳まで）	中期キャリア（25～45歳ごろまで） 5．正社員資格，キャリア中期（25歳以降） 6．キャリア中期の危機（35～45歳）
第4段階	5．維持期 　　（45～65歳ごろまで）	後期キャリア（40歳～定年退職まで） 7．非リーダーとしてのキャリア後期 　　　　　　　　（40歳～定年退職まで） 　　リーダーとしてのキャリア後期 　　　　　　　　（40歳～定年退職まで） 8．下降と離脱（40歳～定年退職まで）
第5段階	6．下降期 　　（65歳以降）	引退期 9．引退あるいはセカンドライフ

出所：筆者作成。

3 不適応と過剰適応

　仕事の世界に参入した人がすべて順調な職業人生を送るわけではない。人々が組織の期待に応えることができず，組織にうまく適応できなかったとき，キャリアが不十分にしか発達しないことが起こりうる（不適応）。例えば，シャインの提示している**リアリティ・ショック**や**キャリア中期の危機**は不適応の要因になりえ，欠勤，離職や転職，ストレス等の問題として個人に表れる。その一方，必要以上に組織に適応することで（過剰適応），**ワーカホリック**や仕事人間・会社人間といわれる現象に陥りかねない。両方ともキャリア発達としては不全といってもよい。

4 危機の克服：キャリア・トランジッション・モデル

　キャリアは安定期と移行期の繰り返しながら発達する。移行期は危機の時期でもある。人は移行期に経験する不適応や過剰適応などの問題を乗り越えることで成長する。それゆえ個人や組織にとって，キャリアにある危機をどのように乗り越えるかは非常に重要である。この点についてニコルソン（Nicholson, N.）は職業上の移行期に関し，キャリア・トランジッション・モデルを提示した。このモデルは移行期のプロセスを明らかにすることで，危機をうまく乗り切って，キャリアをさらに発展させるために，個人や組織がどのように行動するのが望ましいかを教えてくれる。危機の克服を繰り返すことでキャリア発達は促されると考えるべきである。

（草野千秋）

▷リアリティ・ショック
人が組織に入る前にもっていたイメージや情報と現実との間にギャップがあり，ショックや，幻滅感を感じること。ショックの程度や期間には個人差がある。

▷キャリア中期の危機
組織に入る前にもっていた夢や野心と，現実や将来の展望を検討したときに，思ったとおりでなく，その差が大きいと認識すること。それはストレスを引き起こすだけでなく，離職，転職などにつながる可能性がある。

▷ワーカホリック
⇨ 2-Ⅱ-2 「社会化」

▷2　このモデルは，①新しい世界（問題）に入る準備段階，②その世界に入って新たなことに遭遇する段階，③その世界に徐々に順応する段階，④慣れて安定化する段階の4段階からなる。各段階において，課題や目標，不適応のメカニズム，適応のメカニズム，上司や人事部がすべきこと，心理過程，心理過程に適応する理論などが提示されている。

参考文献
田尾雅夫『組織の心理学（新版）』有斐閣ブックス，1999年。
金井壽宏『働くひとのためのキャリア・デザイン』PHP新書，2002年。

Ⅱ　キャリア

4　企業戦士・会社人間

1　企業戦士とは

　最近耳にする機会が減ったが，かつて企業戦士という呼称が様々なところで登場した。企業のために身を粉にして働く会社員のことであり，家族，家庭や自らの健康をも顧みず，会社や上司の命令に従って，黙々と懸命に働く姿を戦士にたとえたものである。いわゆる**ミリタリー・メタファー**の一種といえるだろう。戦士という言葉から人々は様々なことを連想したに違いない。
　「日本は，戦後，55年から73年までの高度成長期と呼ばれる短期間に，経済大国を作り上げた」（間，1996）とされるが，この間，日本社会を支える戦士として企業や社会からもてはやされ，高度経済成長の担い手となり，経済大国を築き上げたのが企業戦士である。彼らを懸命に働かせた要因として，敗戦体験，高い勤勉性，アメリカの豊かさへの憧れ，企業と従業員の利害の一致，労使の協調関係，職場の濃密な人間関係，勤労に駆り立てる集団規範，生きがいを求め始めたこと，人並み意識が指摘されている（間，1996）。

2　会社人間とは

　企業戦士と類似した概念に会社人間がある。会社のために懸命に働くという意味では，あまり大きな違いはない。両者を特に区別せずに用いている例も見られるが，明確に区別する立場もある。間（1996）によれば，会社人間とは，「経済大国を築き上げた企業戦士のあとを受け継いで，安定成長の達成を通して，日本を世界一の債権国に作り上げるのに，ペースメーカーとして働いた勤労者」（182頁）のことを指している。間は，企業戦士の活躍は1950～60年代，会社人間の活躍は1970～80年代としている。つまり，70年代の初めに企業戦士が退場し，会社人間が登場するという選手交代があったということである。
　会社人間を懸命に働かせた要因として間は，高い勤勉性，生きがいを仕事に求めるものが多かった，労使の利害の一致に基づく運命共同体意識の高さ，競争意識と昇進意欲を指摘している。企業戦士を懸命に働かせた敗戦体験，アメリカの豊かさへの憧れは，ここでは見られない。そこに企業戦士と会社人間の違いがあるが，なかでも敗戦体験の影響の程度の違いが顕著であるという。会社人間が活躍する時代には，「敗戦体験が風化したことで，企業の基本的運営方針において，社会に貢献することを第一義とする伝統的な公益志向が著しく

▷**ミリタリー・メタファー**
メタファーとは隠喩のことであるが，組織ではミリタリー・メタファー，つまり軍事的隠喩が好んで用いられる。戦略的人的資源管理，戦術，陣頭指揮，参謀等々軍事的な用語が頻繁に用いられる。人間は不確実性や無秩序を好まないので，軍事的な言葉で飾り立て，隠蔽しているのではないかとの指摘もある（Weick, 1979）。あるいは，何よりも威勢がよく，勢いを感じさせるといった単純な理由によるのかもしれない。

▷**企業特殊的技能**
その企業だけで有用な技能のことであり，その企業で働き続ける上では是非とも身につけるべき技能である。一般にその企業内でしか習得できない。企業内で働き続ける上では極めて有効な武器となるが，他の企業では有用ではない。企業特殊的技能のみでは，企業外で働こうとする際，選択肢が狭められることになる。

▷**過労死**
過度な心理的負担，身体的

低下した」（間，1996，183頁）。つまり，祖国を再建し貧困から脱出しようという，広く共有された一大目標が消え去ってしまったという。そして，社益と個益を追う企業経営の結果，様々な汚職，疑獄事件が頻発したとされる。会社人間とは，そのような状況下で懸命に働き続けた人々である。

3 会社人間のリスク

かつては会社人間であることに，通常リスクは伴いにくかった。否，むしろリスクを好まない大多数の人々が会社人間として会社を支え，そして自らの生活，家族の生活を支えてきたといえるだろう。特にリスクを好まない人にとっては，卒業後就職した会社で定年まで働き続け，相応の出世，相応の報酬を得るというスタイルは，ある意味スタンダードな生き方であったとさえいえる。しかし，90年代に入り，バブルが崩壊し，低成長期に入る頃から，会社人間であることに様々なリスクが伴うようになってきた。

会社人間にリスクが伴いにくいという状況は，その会社で一生懸命働き続けた社員に対して，会社がしっかりと応え続けるという裏打ちがあって初めて可能になる。しかし，低成長の時代にあって，粉骨砕身働き続けた社員に対して，必ずしも望ましい処遇が待っているわけではないという現実が立ちはだかることになった。人員削減，給与体系の見直し等は，長年働き続けた人が，予想していた事態ではおそらくないだろう。会社一筋に働き続けても，会社がそれに見合う処遇を用意してくれるとは限らないという状況が現実のものとなったのである。そこでは，**企業特殊的技能**のみに磨きをかけ，社外でも広く通用する一般的な技能の獲得には必ずしも熱心ではないまま働き続けることは，将来的なリスクを背負い込むことを意味する。

また，低成長期に入り，雇用の縮小，様々な形での人員削減が行われるようになると，1人当たりの負荷が増大する。同じ仕事量を従来より少ない人間でこなすとなれば，これは当然の結果である。勤務時間内にこなすことができなければ，時間外勤務の増大につながる。必然的に健康面での問題が発生しやすくなる。**過労死**問題，**過労自殺**問題などはその典型である。

さらに，いわゆる成果主義の導入によって，これまでよりも厳しく評価されることになった。管理職ともなればそれに加えて部下を評価するという役目が付加される。評価されることの圧力に加えて，人を評価するという仕事は様々な困難を伴う。身体的のみならず精神的にも重圧がのしかかることになる。

このように，90年代以降，会社人間であることに様々なリスクが伴い始めたといえるだろう。「会社による**心理的契約**への違反」との声も聞かれる。しかし，少し視点を変えて前向きに見れば，様々な選択肢から自らキャリアを選び取り，自らの責任で作り上げていく時代になったと考えることもできる。働く側にもそういう自覚が求められることになるだろう。

（髙木浩人）

負担によって，主として脳・心臓疾患により労働者が突然死することであり，大きな社会問題となっている。日本の事例が広く紹介されたことで，今や karoshi は国際語となっている。

▷**過労自殺**
過度な心理的負担，身体的負担によって疲弊し，自殺へと至ることである。過労死に比べると，企業側の責任を問いにくいといわれている。

▷**心理的契約（psychological contract）**
シャイン（Schein, E. H., 1980）によれば，組織と個人の間には常時不文律の期待が働いている。そういう意味で，組織と個人は一種の契約を結んでいるようなもので，これを心理的契約と呼ぶ。興味深いのは，シャインが心理的契約について，「流動的なものであり，絶えず結び変えられなければならない」（シャイン／松井訳，26頁）と述べていることである。なぜなら期待は様々な要因によって作り上げられるものであり，時間による変化が避けられないからである。

参考文献
間宏『経済大国を作り上げた思想』文眞堂，1996年。
Schein, E. H., *Organizational Psychology*, 3rd ed., Prentice-Hall, 1980. （松井賚夫訳『組織心理学』岩波書店，1981年）
Weick, K. E., *The Social Psychology of Organizing*, 2 ed., Addison-Wesley, 1979. （遠田雄志訳『組織化の社会心理学』文眞堂，1997年）

II　キャリア

5　ガラスの天井

1　キャリアの限界

　通常キャリアには限界が存在する。誰しも望むままのキャリアを歩めるわけではない。**ピーターの法則**では，人は無能のレベルに達するために昇進を重ねるとされるが，これなどは能力による限界であり，納得性は高い。しかし，キャリアの限界には，本人の能力とは無関係な属性によって生じるものがある。その典型が，女性であることによって管理職になれない，あるいは管理職にはなれても経営者にはなれない，といったケースである。これは，差別によってもたらされる限界である。このような限界をもたらすものを，目には見えない障壁という意味で，ガラスの天井（glass ceiling）と呼ぶ。1986年に『ウォール・ストリート・ジャーナル』の記事の中で用いられて広まった言葉であるとされる。ガラスであるから通常は目に見える形では存在せず，気がつけば頭を抑えつけられ，そこから上へは登っていけないということになる。

　日本では管理職に占める女性の割合が国際的に見て非常に低いことが指摘されている。図2-7からもわかるように，就業者に占める女性の割合は，決して高いとはいえないが，欧米諸国とさほど大きな開きはない。しかし，管理的職業従事者に占める女性の割合は極端に低いことがわかる。原因は様々であろうが，ガラスの天井の存在をその一つに指摘できることは間違いないだろう。日本では，管理職になる段階でガラスの天井が存在するといえそうである。

　2007年11月に世界経済フォーラムは各国の男女平等の度合いを指標化した**ジェンダー・ギャップ指数**を発表しているが，日本は128カ国中91位であり，前年（115カ国中80位）より後退している。さらに，国連開発計画による**ジェンダー・エンパワメント指数**は，最新の発表で93カ国中54位である。これは，平均寿命，教育水準，成人識字率などから算出する人間開発指数が177カ国中8位であることと対照的である。複数の指標で，日本の立ち後れが認められる。

2　ガラスの天井の弊害

　ガラスの天井を取り払うことは組織にとって急務である。それは，能力とは無関係な属性によってキャリアの限界を決めることの理不尽さを看過すべきではないということもあるし，同時にまた，ガラスの天井によって，組織自身が損失を被っていると考えられるからでもある。

▷ピーターの法則
⇒ 2-II-7「ピーターの無能の法則」

▷ジェンダー・ギャップ指数
男女間の格差の大きさを示す指数。女性の経済への参加，雇用の機会，政治的な権限，教育の機会，健康について指数化したもの。各国の大手企業などで組織する民間団体である世界経済フォーラムが，報告書の中で発表している。

▷ジェンダー・エンパワメント指数
国連開発計画（UNDP）が導入した指数。女性が積極的に経済活動や政治活動に参加し，意思決定に参画しているかを測るもので，男女の国会議員比率，男女の専門職・技術職・管理職比率，男女の推定勤労所得の三つを用いて算出される。

(財)21世紀職業財団による「企業の女性活用と経営業績との関係に関する調査」(2003年)によれば、5年前より女性管理職比率が大幅に増えた企業では売上指数が5年前の1.7倍、やや増えた企業で1.1倍、現状維持の企業で1.0倍、やや減った企業で0.9倍、大幅に減った企業で0.8倍と、女性管理職比率の増減と売上の増減が密接に結びついていた。また、わが国で女性の雇用比率が高い企業ほど業績がよいとの研究報告もある。海外では、バスとアボリオが、"Shatter the Glass Ceiling"(「ガラスの天井をたたき壊せ」)と題した論文で、リーダーシップの成果等多くの重要な指標で女性管理者のほうが男性管理者よりも従業員によって高く評価されていたことを報告している (Bass & Avolio, 1994)。さらに、米国の**NPO カタリスト**は、女性の役員が多い企業は、少ない企業に比べて収益力が高いと報告している。これらの結果は、ガラスの天井が女性のキャリアを理不尽に遮るだけでなく、組織にとっても損失をもたらしうることを意味している。本来リーダーとして活躍する能力も意欲もある人材に、女性であるという理由だけで機会を与えていないとすれば、これほど愚かしいことはない。

3 ポジティブ・アクション

女性の昇進が制限され、男性と同様の機会が与えられていないという現状に対して、男女間の格差を積極的に是正しようという取り組みが、ポジティブ・アクションである。「平成18年度女性雇用管理基本調査」(厚生労働省)によれば、ポジティブ・アクションに取り組んでいる企業は20.7%であり、大規模な企業ほどその割合が大きかった。しかし、3年前の調査に比べるとその割合は低下している。「今のところ取り組む予定はない」という回答も前回調査より低下しており、「取り組んではいないが必要はあると考えている企業」が増えているようである。企業にとっても手探りの状態であることがうかがえる。

(髙木浩人)

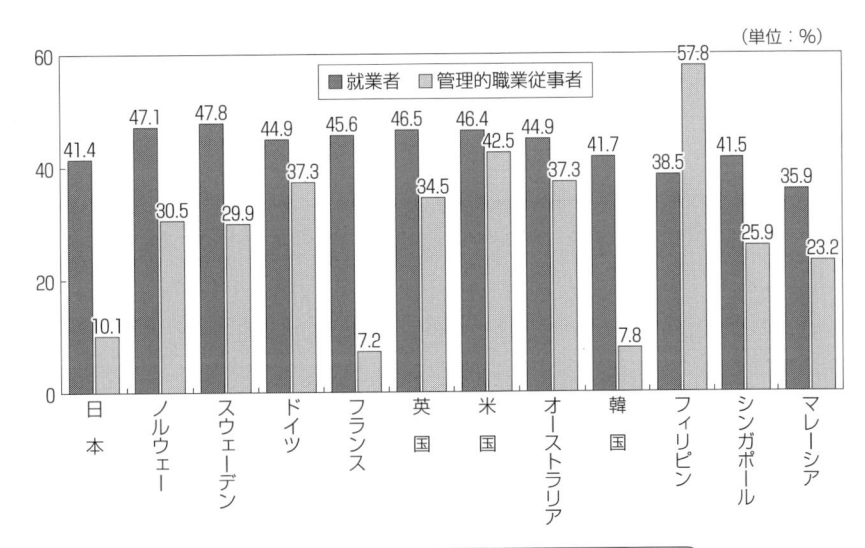

図2-7 就業者および管理的職業従事者に占める女性の割合

(注) 1. ILO「LABORSTA」より作成。
2. マレーシアは2003年、フランスは2004年、その他の国は2005年のデータ。
3. 管理的職業従事者の定義は各国によって異なる。

出所:『平成19年度版 男女共同参画白書』内閣府、2007年。

国	就業者	管理的職業従事者
日本	41.4	10.1
ノルウェー	47.1	30.5
スウェーデン	47.8	29.9
ドイツ	44.9	37.3
フランス	45.6	7.2
英国	46.5	34.5
米国	46.4	42.5
オーストラリア	44.9	37.3
韓国	41.7	7.8
フィリピン	38.5	57.8
シンガポール	41.5	25.9
マレーシア	35.9	23.2

▷ NPO カタリスト
米国で1962年に設立され、働く女性の能力の開発と活用のために様々な支援を行っている。1987年には「カタリスト賞」を創設し、女性の登用に関して先進的な取り組みを行い、成果を上げた企業を表彰している。アジアに本社を置く企業として初めて日産自動車が「2008年カタリスト賞」を受賞した。

参考文献

Bass, B. M. & Avolio, B., "Shatter the Glass Ceiling: Women May Make Better Managers," *Human Resource Management*, 33, 1994, pp. 549-560.

II　キャリア

6　プロフェッション

1　プロフェッションとは何か

　訳すれば，専門家である。しかし，スペシャリストやエキスパートとは厳密には区分されるべきである。格別の知識や技術によって成り立つ職業ではあるが，狭い領域の，短期間の訓練で習得できるようなものではなく，高等教育機関（大学や大学院など）による長期的な教育を前提として，その資格は習得される。公的な認定機関を必要とすることがある。医師は医学部を卒業しなければならない。国家試験に合格しなければならない。医師以外にも弁護士や公認会計士などが典型的なプロフェッションである。その特異性とは，習得に相当程度コストを払わなければならない，要は素人には真似ができない玄人になるということである。その高度の専門的な知識や技術を前提として，自律的で自立的である。営業所を自らの裁量で運営できるということである。医師であれば医院や病院を開設できる。弁護士であれば弁護士事務所を経営できる。被雇用がもの足りなければ自営できるというのも大きな利点である。

　しかし，最近に至るまで，プロフェッションも組織の中で，被雇用が多くなっている。組織人として行動しているということである。開業医よりも病院に勤務する医師が多くなっている。また，**イソ弁**ともいわれる（最近では**ノキ弁**という呼称もある）雇われ弁護士も増えている。人数としては被雇用のプロフェッションの方が多い。医師や弁護士は典型例であるが，多くの資格をもった被雇用プロフェッションが組織の中で働いている。定義をさらに広くすれば，技術者もその中に含まれる。

2　組織人と職業人

　このことは，職業人としての矜持をもった人を組織は多く雇用しているということで，組織への忠誠を調達できないこともありうるという前提で考えなければならないことがある。自らの職業については熱心にコミットメントできても上司の指示や命令には従わないこともありうるからである。労働市場が流動的であるほど，自らの技能に頼って少しでもよい待遇を求めて渡り鳥のように転職を繰り返すこともなくはない。次頁で紹介するコスモポリタンとなる。組織人とは本来相反する人間類型である。

　プロフェッションに関わるもう一つの問題は，プロフェッショナリゼーショ

▷イソ弁，ノキ弁
イソ弁とは，弁護士事務所に居候している弁護士のことで，ノキ弁とはその事務所の，いわば軒下を借りて営業している弁護士のことである。ともに自立自営とはいいながら，その要件に著しく欠ける場合である。

ンといわれる社会現象である。高度の専門的な知識や技術によって自立できる程度は，医師や弁護士を頂点としてヒエラルキーの構造になっている。その程度が上になるほど社会的な威信を多く得ることができる。その下にはケースワーカーや教師，看護師などの**セミプロフェッション**と称する職業が位置している。基本的には自立自営の可能性は低い。さらにその下には補助的な職業が続いている。**パラプロフェッション**ということがある（医療の分野ではコメディカルスタッフと総称されている）。自らの立場は補助的な支援に限定され，判断的な仕事はない。

　以上のような下位のプロフェッションが，より社会的な威信を得ようとする運動がプロフェッショナリゼーションである。例えば看護師は介護支援センターを経営できるようになるなど着々とその成果を得ている。福祉関連のサービス従事者も国家資格による就業の分野が増えたり専門の大学が設立されるなどで「セミ」の域を脱しつつある。

　プロフェッションやそれに準じる職業の人たちが組織の中に増えることは，一方で組織のインテリジェンスの向上に大きく貢献するが，他方では，組織の目標達成に，いわば一途に貢献しようとはしない人たちが増えるということである。自らの職業的なミッションにはコミットメントしても組織のメンバーにはなろうとしない。機会があれば転職の機会をうかがっているようでは，組織も職場集団もまとまることがない。しかし，彼らの貢献がなければ目標の達成が覚束ないということであれば，人的資源管理で彼らが組織に居つくような，そしてコミットメントできるような人事施策が欠かせない。

❸ ローカルとコスモポリタン

　会社員は通常，勤務を始めた会社に勤め続けることを前提としている。特に日本的経営のもとではそれが当然とされた。所属とは，その組織の一員であるということであり，その組織にいることによってその組織の規範や基準に従っていた。その組織に準拠していた。所属と準拠が重なっていたのが日本的経営のもとでの会社員であったのである。通常は，その組織に所属すれば，その組織の判断に従うようになる。これは社会化として捉えることができる。

　しかし，所属が準拠と重ならないことがある。会社に勤めながらも，会社について不満を抱くようなことはよくあることであるし，会社の対応について納得できないことも多くある。その重なり合いの少なさの程度に応じて，いわゆる会社人間的ではなくなる。職場で不正行為などを見てしまえば，所属はしていてもそれを疎ましく感じるようなことはよくあることである。**ホイッスル・ブロワー**（内部告発者）としてマスコミに訴えるようなこともある。重なり合わない，むしろ所属と準拠が並行的にあることもある。プロフェッションの場合がそれである。いわゆる**組織均衡**が成り立たないのである。　　　（田尾雅夫）

▷セミプロフェッション・パラプロフェッション
これらはすべてプロフェッションとしては医師や弁護士ほど要件を充たしてはいないが，組織に雇用された場合，彼らさえも，部分的には要件に欠けることも少なくなった。プロフェッショナリゼーションの高揚によって，階層間の仕切りは厳密ではなくなった。

▷ホイッスル・ブロワー
⇨ 2-Ⅰ-8 「ホイッスル・ブロワー（内部告発者）」
▷組織均衡
⇨ 1-Ⅰ-4 「組織均衡」

II キャリア

7 ピーターの無能の法則

1 キャリアの壁

　組織の中でキャリアは順調に発達を遂げることはむしろ少ない。障害，あるいは壁にぶつかることはよくあることである。組織が必要とした地位や役割は，いわば有限である。その数には限りがある。したがって，有能とみなされた人たちだけが，そこにたどりつくのである。いわゆる**トーナメントの勝利者**だけが，その美酒に酔うことができる。そのほかの，多数とでもいえる人たちは，能力的に限界に至ったとされる。

　組織の経営管理の論点からも，適材適所，そして昇進昇格の人事は組織にとって非常に重要である。少なくとも有為の人材を，組織の要所に配置しないような人事は，その将来を危うくすることは疑いない。職位と有能さは相関し合っていなければならない。しかし，相関しないこともまたしばしばであるといってよい。

　重要な職位に就けるためには，それを人材として評価しなければならない。人事考課や人事評価はそのためにある。そして評価や効果は，評価される人の，これまでの実績，意欲や適性，それに基づいた将来の可能性について厳密に考慮して，例えば課長や部長に引き上げるのである。無能な人を重職に配置すると，そしてそれが重なると組織そのものが立ち行かなくなる。さらに無能な人を経営者にさせると組織そのものが揺らぐことにもなる。

2 ピーターの法則

　しかし，有能といわれた人さえも，昇進昇格を重ねるうちに限界に至ったといわれることがある。人はそれぞれ，無能のレベルに達するために昇進を重ねるというのが，「ピーターの法則」，あるいは「無能の法則」といわれるものである。重大なポストを得て無能といわれるのは，よくあることではあるが，人的資源管理のためにはよろしくない。

　ある水準に達しても，次の水準で適性かどうか，有能さを発揮できるかどうかは明らかではない。しかし，そこで業績を上げた人材は，いっそうの意欲を引き出すために昇進昇格させなければならない。適材の人材でも，やはりそれをさらに活用するためには，仕事の幅を広げたり，よりいっそう重要な仕事に振り向けるための配置転換はありうることである。

▷**トーナメントの勝利者**
昇進昇格は通常，ライバルと目された人たちによってなされる。いわばトーナメントにも凝される競争である。

しかし，例えば，係長で業績を向上させたため課長に昇進させたからといって，部下を首尾よく管理できないこともある。望ましい役割行動が係長と課長とでは大いに相違するからである。係長では部下の先頭に立って行動していたが，課長になると，むしろ部下の後ろに控え，意思決定的な仕事に専念しなければならなくなるからである。係長では有能であっても，課長になれば仕事と役割行動のミスマッチを来たし無能といわれるようになることも少ないことではない。

3　無能とは

　この場合，無能とは組織に貢献できないことを意味している。しかし，組織の中で，限界を感じる人，感じさせられる人は，圧倒的に多数であるというべきである。誰も彼もが有能で熱心に働く組織は，理想的ではあるが，それだけにあり得ないといってもよい。ありうるとすれば，熱狂の組織で，その組織自体が問題をはらむようなことさえなくはない。

　通常は，指示を受けなくても，熱心に自ら主体的に働く有能な人，指示を受ければ相応の成果を出せる人，そして，指示を受けても働こうとしない，働けない，無能とされる人の，経験則として，例えば2対6対2の比に分化するのは止むを得ない。一方で有能な人がいれば，相対的に無能が生じるのが組織である。無能とされた人も，時宜を得れば有能な人になることもありうる。無能とは相対化されるべきである。

4　無能への対処

　しかし，本来的に無能とされる人たちも少数ながらいるという現実から目をそらすべきではない。適材適所という考え方が，その組織の中で適用するのが難しい人たちである。その組織の中では能力がない，適性がないとされる。したがって，将来の昇進昇格の可能性が乏しく，現在の業績も振るわない人たちである。枯れ木（deadwood）と称されることもある。この人たちをどのように処遇するかは，後述する人的資源管理の基本的な考え方に関わるというべきである。例えば，対人的な仕事に関心の向かない人に，医療や福祉に関わることを推奨すべきではない。自分本位で協調性に欠けるような場合にも，その組織の中では適所はないかもしれない。早い時期に**メンタリング**や**コーチング**などで，組織の外で可能性を見つけるように指導することも一策である。

　幹部候補生として育成されるような人材も，経営管理の重責を担うだけの能力を備えているかどうかを，入社の時点から評価する必要がある。目先にこだわって業績を向上させる資質と大所高所から状況判断できるそれとは，本来的に相違するものである。それらを適切に区分して，人事考課的に評価しなければならない。

（田尾雅夫）

▷メンタリング
⇨ 5-Ⅱ-6 「メンタリングとコーチング」参照。
▷コーチング
⇨ 5-Ⅱ-6 「メンタリングとコーチング」参照。

（参考文献）
Peter, L. & Hull, R. H., *The Peter Principle*, Morrow, 1969.（田中融二訳『ピーターの法則』ダイヤモンド社，1970年）

III ストレス

1 ストレスとは

① セリエの「適応症候群」（adaptation syndrome）

　ストレスという言葉は，今では，学術用語としてだけでなく，日常語としても定着した感がある。日頃，われわれは，「最近ストレスが多くて……」などと会話しているが，では，「ストレスとは？」とあらためて尋ねられると，今まで了解していたつもりが，急に怪しくなってくる。そこで，学術書の類に当たってみるが，ここでも，ストレスについての明確な定義が述べられているわけではない。つまり，学問の世界でも，「ストレスとは？」という問題は，いまだに解決されない問いなのである。

　1946年の論文（Selye, 1946）の中で，初めてストレスという言葉を使ったセリエ（Selye, H.）自身も，その後の研究の過程で，ストレスという言葉の意味を修正し続けてきた（クーパー＆デューイ，2006）。セリエは，ネズミに有害な刺激を加えると，副腎皮質や胃・十二指腸などに，ある一定の生理的反応が出現することに着目した。ある特定の刺激がある特定の症状，例えば，熱は火傷，寒冷は凍傷といった反応を引き起こすことが，それまでの医学の基本的な枠組みであったが，ネズミが示した反応は，有害刺激の種類（電気ショックや寒冷環境など）によらず同じであった。セリエは，この一群の反応を環境からの有害因子に対する生体の防衛反応であると考えた。そして，生体に作用する外からの力（有害因子）をストレスと表現したのである。

　後に，刺激と反応という図式から，ストレスを再定義したため，有害因子は「ストレッサ」と呼ばれ，それに対する生体の反応は「ストレス反応」と呼ばれるようになった。ただ，それぞれの定義をいえば，ストレス反応を引き起こす刺激がストレッサであり，ストレッサにより引き起こされる反応がストレス反応であるということになり，いわゆる**循環定義**となっている。

② ホームズとラーの「社会再適応尺度」（The Social Readjustment Rating Scale）

　ホームズとラー（Holmes & Rahe, 1967）は疾病の発症と関連する43項目のライフイベントを選び出し，それぞれのイベントがもたらす生活上の変化から再び普段通りの生活に戻るのに必要とされるエネルギーの大きさを得点化した。43のイベントの中で，最も得点が高いのは「配偶者の死」であり，最も得点が

▷1　セリエは，刺激と反応の特異的な関係である「局所適応症候群」に対して，刺激の種類に関わらず見られる非特異的な反応を「一般適応症候群」と名づけた。**図2-8参照。**

▷循環定義
定義すべき概念が，これとほぼ同義の語によって定義されるもので，定義の形式はとっているが，表現上の言い換えにすぎないもの（『広辞苑　第六版』より）。

▷2　社会再適応尺度の主な項目と得点は，「配偶者

低いのは「ちょっとした法律違反」である。これらのイベントには、ネガティブなイベント（例えば「失業」など）はもちろん、「結婚」、「休暇」などポジティブなイベントも含まれている。つまり、日常生活に変化をもたらすものがストレッサなのであり、その変化を克服し、日常生活に復帰する（「再適応」という名はここに由来する）ために要する心身の負担がストレスなのである。ホームズとラーは、経験したライフイベントの種類と疾病の発症との関連を調査、検討し、社会再適応尺度による得点が疾病発症の予測に有効であると報告している[42]。

ホームズとラーの研究は、ストレス研究の「古典」として、テキストなどに取り上げられることも多いが、後の研究では否定的な見解が示されている。まず、急性的なストレッサだけで、慢性的なストレッサを視野に入れていないため、その予測能力に限界のあることが指摘されている。変化をもたらす非日常的なイベントは、たしかにわれわれにとって負担になりうるが、ただ、日常の中にもストレッサは存在する。過重労働や満員電車に揺られる通勤時間など、日常的に経験するストレッサのほうが、ときとして大きな心身への負荷となっていることは、われわれが経験するところである。

また、ホームズとラーの提示している枠組みが、イベントとその結果としての疾病、つまり、入口と出口だけの機械的なモデルに過ぎないという点も問題とされている。例えば、ホームズとラーの尺度によれば、転居のスコアは20となっているが、転居経験の有無、単身者と家族連れの違いなどの個人差を考慮すれば、あまりに単純化された尺度であることがわかる。そこには、イベントを認知し、それによってもたらされた変化を克服しようとするストレス経験の主体である「人」の存在が全く無視されているのである。この点について、後にラザラス（Lazarus, R. S.）らの研究者から批判を浴びることになる。

③ よいストレスとわるいストレス

ストレスの定義は、研究の進展とともに変わっていったが、セリエの中で変わらなかったのは、ストレスとは生体の適応行動であるという考え方である。この意味で、ストレッサは、その強さや生体（われわれ）の状態によって、よいストレス（eustress）にもわるいストレス（distress）にもなりうると考えた。例えば、稽古事などの発表会は、課題の難易度、その人の技量やものの見方により、心労の種にもなり、モチベーションの源泉にもなりうる。「私たちがどのようにストレスとともに生き、いかにしてそれが自分にうまくはたらくようにできるか」（クーパー＆デューイ、2006からの引用）、このセリエの言葉に、彼のストレスに対する考え方が集約されている。

（久保真人）

の死」100、「離婚」73、「結婚」50、「失業」47、「上司とのもめ事」23、「クリスマス」12などである。社会再適応尺度は、後に数多くの研究者から批判されてきたが、尺度構成から30年以上を経て、スカリーら（Scully et al., 2000）により、項目得点の見直し（例えば、時代の変化に伴って「離婚」58点に減点されている）と尺度の妥当性が検証されている。

参考文献

Selye, H., "The general adaptation syndrome and the diseases of adaptation," *Journal of Clinical Endocrinology*, 6, 1946, pp. 117-231.

クーパー, C. L. & デューイ, P. ／大塚泰正他訳『ストレスの心理学：その歴史と展望』北大路書房、2006年。

Holmes, T. H. & Rahe, R. H., "The social readjustment rating scale," *Journal of Psychosomatic Research*, 11, 1967, pp. 213-218.

Scully, J. A., Tosi, H. & Banning, K., "Life events checklists: Revisiting the Social Readjustment Rating Scale after 30 years," *Educational and Psychological Measurement*, 60 (6), 2000, pp. 864-876.

図2-8　非特異的反応（一般応症候群）

[左枠]消化性潰瘍／精神疾患／心臓疾患／など　←　ストレス　←　[右枠]上司との葛藤／家族内のトラブル／転居・結婚／など

出所：河野友信・田中正敏編『ストレスの科学と健康』朝倉書店、1986年、9頁、図3を参考にして筆者が作成。

Ⅲ ストレス

2 心理学的アプローチ

1 要求と資源のバランス

　単純な刺激と反応の関係として捉えられていたストレスに，認知過程という心理学的な要因を持ち込み，その後の研究に大きな影響を及ぼしたのがラザラス（Lazarus, R. S.）である。ラザラスとフォークマンは，個人と環境の相互作用のプロセスこそがストレスの本質であると考え，環境からの要求が「自分のもっている資源（resources）に負荷をかけるか，あるいはそれを越え，心身の健康（well-being）を危うくするものと評価された」ときに，人はストレスを経験すると考えた（Lazarus & Folkman, 1984, p. 19）。

　ラザラスとフォークマンの定義の特徴は，ストレスは人と環境との関係性により生じるもので，両者のバランスが重要であるとした点にある。これは，過大な要求（例えば困難な仕事を任されるなど）があったとしても，その要求を十分こなすだけの資質がその人に備わっていれば，それはストレスにはなり得ないことを意味している。逆に，まわりから見て重荷とは思えない要求であっても，その人の資質を越えるものであれば，ストレスとして経験されるのである。また，この人と環境とのバランスは，あくまで，それを評価する個人の認知の問題であって，客観的なバランスは問題とされていない点に注意する必要がある。つまり，ストレスは「主観的世界」で起こる出来事なのである。

2 認知的評価 (congnitive appraisal)

　ラザラスとフォークマンのストレスモデルは，先行条件，それに続く，認知的過程，短期的変化，そして長期にわたる影響の四つの段階から構成されている（図2-9参照）。ストレッサ等の先行条件と短期的あるいは長期的ストレス反応との間に個人の認知的評価を仮定している点が特徴である。この認知的評価には，1次評価と2次評価の二つの段階がある。

　1次評価とは，環境からの要求の性質や程度を評価する段階である。環境からの要求は，この段階で，自分にとって「無関係」なものか，歓迎すべき（「肯定的」）ものか，そして，ストレッサ（「脅威」あるいは「挑戦」）となるものか，いずれに当たるのかが判断される。同じ環境からの要求であっても，それがストレッサとなるかどうかは，個人の立場や価値観，信念によって異なる。

　例えば，会社の人事制度が成果重視型に刷新された場合を考えてみよう。定

▷1　外部の有害因子（ストレッサ）によって引き起こされる生体の"ゆがみ"への適応反応としてストレスを捉えたセリエの説を「ストレス─反応説」と呼ぶのに対し，人と環境との関係性を強調したラザラスの説を「ストレス─関係説」と呼ぶ。

年を間近に控えた人にとっては，この変化は自分には関係ないものと写るであろう。また，社内でもトップクラスの業績をあげながら，昇給，昇進に結びつかないと不満を感じていた人にとっては，待ち望んでいた朗報に違いない。ただ，おそらく今までの人事制度に慣れてきた多くの社員にとっては，この変化は，今後のキャリアに不安を感じさせる出来事に違いない。ただ，不安を覚えた人たちの中にも，この変化を「自分が成長するためのよいきっかけ」だと考える人もいれば，「うまく業績をあげられなかったらどうしよう」とひたすら悩む人もいるだろう。前者は，この要求を「挑戦」と評価したのであり，後者は「脅威」と評価したのである。この「挑戦」あるいは「脅威」と感じた人たちにとって，人事制度の変化はストレッサとして認知されたことになる。

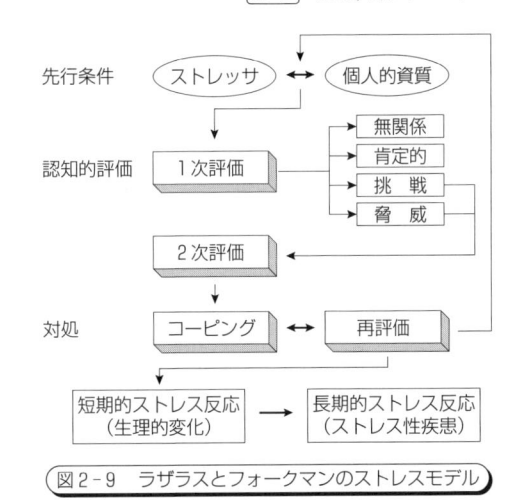

図2-9 ラザラスとフォークマンのストレスモデル

出所：仁木鋭雄編『ストレスの科学と健康』共立出版，2008年，83頁，図2を参考にして筆者が作成。

3 コーピング（coping）

2次評価とは，1次評価で，環境からの要求がストレッサと認知されたときに，その要求を満たすあるいは回避するために，自分に何ができるかを考える段階である。このストレッサに対処するための努力を，「コーピング（coping）」と呼ぶ。つまり，2次評価は，どのようなコーピングが有効かを検討する段階である。人事制度の変化を「挑戦」と認知した人たちの中には，本を読んだり，ビジネススクールに学んだりして，知識，技能を高め，この変化を乗り切ろうとする人が出てくるかもしれない。他方，「脅威」と認知した人たちの中には，転職のための情報を集めたり，趣味などに没頭して，悪いことはできるだけ考えないようにしたりするなどの対処を選択する人もいるだろう。

1次評価の結果が2次評価に影響することはもちろんだが，同じく「挑戦」あるいは「脅威」と認知した人の中でも，それぞれが有する知識，技量，経験，まわりの人との関係，金銭的・時間的余裕などにより，選択されるコーピングは異なる。コーピングの選択に影響を与えるこれらの要因を，特に「コーピング資源（coping resources）」と呼ぶ。

ストレッサを認知し，それへのコーピングが選択，実行されたあと，その効果についての再評価が行われる。その結果，必要であれば，さらなるコーピングが検討，実行され，また再評価に至る。この段階は，環境からの要求が満たされるか回避されるか，あるいは要求そのものが消失するまで続けられる。

1次評価に始まる認知的評価とコーピングの過程こそが，ラザラスとフォークマンのモデルの根幹であり，またその成否が，短期的な反応を規定し，疾病などの長期的な心身の健康を左右するのである。

（久保真人）

▷2 その後，ラザラスらは評価とコーピングから成る過程を，ストレスよりも広範な概念である情動（emotion）のモデルに拡張している（Folkman, S. & Lazarus, R. S., "Coping as a mediator of emotion," *Journal of Personality and Social Psychology*, 54, 1988, pp. 466-475 参照）。

参考文献

Lazarus, R. S. & Folkman, S., *Stress, appraisal, and coping*, Springer, 1984.

III ストレス

3 組織ストレス

1 組織ストレス研究の枠組み

　組織ストレス（organizational stress）は，直接的には組織に起因するストレスを指すが，組織＝働く（広義には活動の）場でのストレスということから，職務ストレス（job stress）とほぼ同義に使われている。組織ストレスないしは職務ストレス研究の基本的な枠組みとして広く認められているのが，クーパーとマーシャル（Cooper & Marshall, 1976）のモデルである（図2-10参照）。

2 クーパーとマーシャルの職場（組織）ストレスモデル

　クーパーとマーシャルのモデルでは，職場（組織）の**ストレッサ**と性格や行動傾向などの個人特性との兼ね合いで職業性健康障害の徴候があらわれ，それが長期的な形で固定されると疾病に至るという因果の図式が示されている。また，家族の問題など組織外のストレッサも，付加的な形でモデルに加えられている。

　クーパーとマーシャルのモデルは，環境と個人の"マッチング"によりストレス経験，ストレス反応が生じるという点では，ラザラスらの心理学的ストレスモデルの考え方を踏襲している。しかし，ラザラスらのモデルの焦点が個人の認知過程にあったのに対し，クーパーらのモデルでは，個人要因は簡素化され，組織内のストレッサの記述に多くが費やされている。

　ストレスは，ラザラスのいうように主観的な経験である。同じ環境からの要求であっても，それをストレスとして感じる人もいれば，そうでない人もいる。しかし，個人差を強調する立場には，「ストレスを感じるのは，あなたが弱いからだ」といった見解を助長する懸念が常につきまとう。このような見解は，強いストレッサが存在する環境，改善の必要が大いにある職場で働いている人たちに，さらなる負担を強いることにもつながりかねない。この意味では，環境内のストレッサに着目し，その改善の道を模索することこそ，ストレス研究がまず目指すべき方向であるといえよう。後の多くの研究が，クーパーらのモデルを研究の枠組みとして採用している理由は，この点にもある。

3 職場（組織）のストレッサ

　クーパーとマーシャルは，そのモデルの中で，職場（組織）のストレッサを

▷ストレッサ
クーパーとマーシャルの原著では，ストレスの原因（sources of stress）であるが，これまでの節の記述との整合性を保つため，ここではストレッサという言葉を用いた。

▷1　米国国立職業安全保健研究所作成のブックレット（NIOSH, "Stress at work," NIOSH Publication, 1999, No. 99-101）では，職務ストレスを考える上で，個人要因が果たす役割は無視できないものの，職場の労働条件が第一義的な原因であることが強調されている。

以下の五つに分類している。

①職務に内在するストレッサ（intrinsic to job）

過重労働，タイムプレッシャーなど仕事上の負荷や職場環境の不備，あるいは危険を伴う仕事など，職務遂行上のストレッサ。五つのストレッサの中で最も見えやすく，客観的に測定可能なものも多い。

②組織での役割（role in organization）

役割の曖昧さ，役割葛藤，他のメンバーへの責任など，組織内の役割に伴うストレッサ。職場内で，人は，フォーマル，インフォーマルな規範にそって，その役割を遂行する。役割が曖昧な状況とは，仕事の目的が明確でない，責任の範囲がはっきりしないなど，何が期待されているのかがはっきりとしない状況を指す。役割葛藤とは，二つ以上の両立し得ない役割の間で悩まざるを得ない場合で，俗にいう"板ばさみ"と呼ばれている状態は，これに当たる。

③キャリア発達（career development）

昇進や安定雇用など，組織内での処遇に関わるストレッサ。近年社会問題化している「非正規雇用」に伴うストレスも，この視点に含まれる。

④職場の人間関係（relationships at work）

上司や同僚，部下など職場内の人間関係に関わるストレッサ。われわれ皆が経験するストレッサであり，厚生労働省が5年ごとに行っている「労働者健康状況調査」（厚生労働省，2003）でも，ストレッサ12項目中，職場の人間関係にストレスを感じていると回答した人が最も多かった。

⑤組織の構造と風土（organizational structure and climate）

意思決定に関与できない，行動に制約を受ける，ポリシーが合わないなど，組織デザインや運営の方法，そしていわゆる"社風"などに関わるストレッサ。五つのストレッサの中で，（特に社風などは）最も見えにくいストレッサかもしれない。

（久保真人）

▷2　役割の曖昧さや役割葛藤は，役割ストレスと総称される。役割ストレスについては，カーンら（Kahn, R., Wolfe, D. M., Quinn, R. P., Snoek, J. D. & Rosenthal, R. A., *Organizational Stress : Studies in Role Conflict and Ambiguity,* Wiley, 1964）の議論以来，数多くの研究で取り上げられ，組織ストレスの典型的なストレス因と考えられている。

▷社風
⇨ 4-Ⅱ-1 「コーポレート・カルチャー」

参考文献

Cooper, C. L. & Marshall, J., "Occupational sources of stress: A review of the literature relating to coronary heart disease and mental ill health," *Journal of Occupational Psychology,* 49, 1976, pp. 11-28.
厚生労働省「平成14年労働者健康状況調査の概況」(2003年8月) http://www-bm.mhlw.go.jp/toukei/itiran/roudou/saigai/anzen/kenkou02/index.html

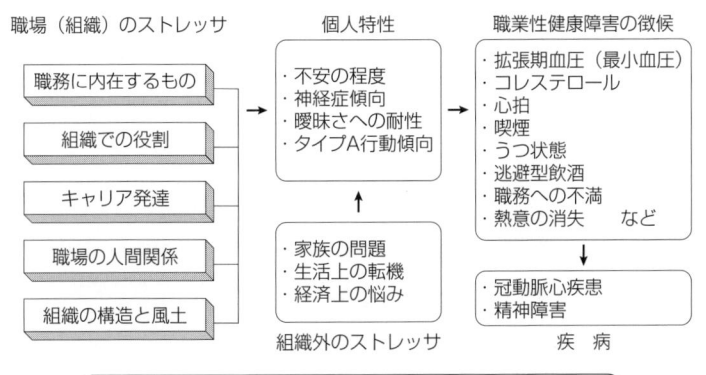

図2-10　クーパーとマーシャルの職場（組織）ストレスモデル

出所：Cooper, C. L. & Marshall, J., "Occupational sources of stress: A review of the literature relating to coronary heart disease and mental ill health," *Journal of Occupational Psychology,* 49, 1976, p. 12の図を基にして筆者作成。

Ⅲ ストレス

4 よい組織，悪い組織

1 ストレスの多い職場

職務上の負担や自由裁量権は，それぞれがストレス経験の大小を左右する要因と考えられているが，カラセクとシオレル（Karasek & Theorell, 1990）は，仕事の負担度が高く，裁量の自由度が低い職場環境では，ストレスに起因する疾患のリスクが高くなることを指摘している。彼らの提議したモデルは，「仕事要求度—コントロールモデル」（Job Demands-Control model：以下，JD-C モデル）と呼ばれている。このモデルでは，仕事の量や時間配分（締め切り），仕事の際に要求される緊張の度合いなどの仕事要求度と，職務遂行上認められている個人の裁量権，職場の意思決定への関与の度合いなど，自分の能力や技術，知識を発揮できる機会の有無（コントロール）という二つの要素の組み合わせにより，職場のストレス関連リスクが決まるとされている。

2 JD-C モデル

JD-C モデルを図2-11に示した。横軸に仕事要求度，縦軸にコントロールの程度をとれば，職場環境を四つの象限に分類することができる。

仕事要求度が高く，コントロールの程度も高い環境（アクティブ象限）では，仕事はきついけれども個人の創意工夫に委ねられている部分も多く，やり方によっては能力の向上や技術・知識の習得などにつながる職場環境であると考えられている。また，仕事要求度が低く，コントロールの程度が高い環境（低ストレン象限）では，求められている仕事は質・量とも低いレベルに設定されており，個人の自由裁量の余地も大きく，マイペースで仕事をこなしていくことができる。先のアクティブ象限と比べると向上はあまり期待できないが，四つの象限の中で最もストレス関連リスクの低い職場環境となっている。

仕事要求度もコントロールの程度もともに低い環境（パッシブ象限）では，刺激も少なく単調な職場に特徴的な環境で，能力を発揮する機会が与えられないまま，作業者の仕事への動機づけが低下していく傾向が認められる。最後の，仕事要求度は高いが，コントロールの程度は低い環境（高ストレン象限）は，四つの象限の中で最もストレス関連リスクの高い環境とされている。自らの意思に関わりなく日々過重な負担を強制される環境は，作業者にとって有害な環境に他ならず，職場環境のすみやかな改善が図られなければならない。カラセク

▷1 裁量権や職務を進める上での自由度といった要因は，自律性（autonomy）と総称されることが多い。個人の仕事への動機づけを促す職務設計のあり方を示したモデルとして有名なハックマンとオールダム（Hackman, J. R. & Oldham, G. R., *Work Redesign. Reading,* Addison-Wesley, 1980）の職務設計モデルでも，望ましい職務要件を構成する五つの要因の一つとして，自律性が取り上げられている。

▷ストレン
ストレスの結果生じるストレス反応を，ここではストレン（strain）と呼んでいる。

らによる報告（Karasek, Baker, Marxer, Ahlbom & Theorell, 1981）では，このような職場環境では心疾患などのストレス性疾患の発症率が極めて高いことが示されている。その後，カラセクらは，JD-Cモデルを，ソーシャルサポートの軸を加えた3次元のモデル（Job Demand-Control-Support model）に拡張している（Karasek & Theorell, 1990）。

3 最適な職場環境とは

　負担が過重すぎても，逆に過少すぎても問題がある。緊張感のない定型的な作業を，人から命じられるままに繰り返していくことが求められる職務（パッシブ象限に分類される職務）は，人の行動の源泉である「動機づけ」そのものを損なってしまうことにつながる。この意味で，負担が重く自律性が低い職場だけが，最悪の組み合わせとはいえない。

　また，今，組織では，現場の自主性を高め，やる気と生産性を引き出すために，従業員に大きな権限を付与する，いわゆるエンパワーメント（empowerment）の考え方が注目されている。しかし，反面，個人に大きな裁量権が与えられることは，仕事の結果への個人的責任が問われることであり，また，学習の機会が与えられることは，向上への絶え間ない努力が求められる環境，メンバー間での激しい競争が前提とされる環境を創り出すものでもある。このような視点から，個人重視の新しいマネジメントスタイルが，労働強化につながり，あらたなストレス源となっていることを指摘する研究もある（NIOSH, 2002）。

　JD-Cモデルでも，仕事要求度，コントロールともに高い環境が，運用次第では理想的な環境になりえるとされているが，"諸刃の刃"的危険性も指摘されている。流行に乗った，安易な改革が，逆に現場のストレスを高めてしまうこともある。

（久保真人）

図2-11　仕事要求度―コントロールモデル

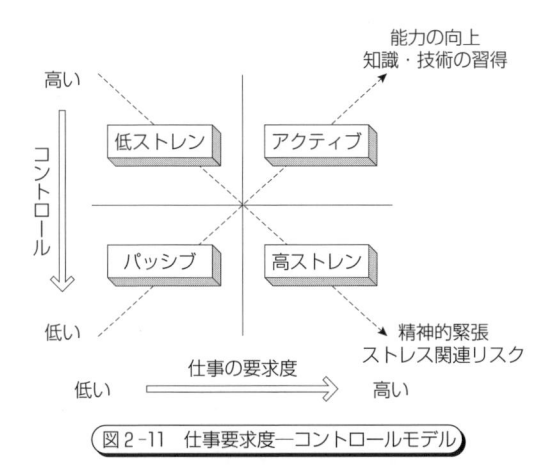

出所：Karasek, R. A., Baker, D., Marxer, F., Ahlbom, A. & Theorell, T., "Job decision latitude, job demands, and cardiovascular disease: A prospective study among Swedish men," *American Journal of Public Health*, 71, 1981, p. 695の図を基に筆者作成。

参考文献

Karasek, R. A. & Theorell, T., *Healthy work: Stress, productivity, and the reconstruction of working life*, Basic Books, 1990.

Karasek, R. A., Baker, D., Marxer, F., Ahlbom, A. & Theorell, T., "Job decision latitude, job demands, and cardiovascular disease: A prospective study among Swedish men," *American Journal of Public Health*, 71, 1981, pp. 694-705.

NIOSH, "The changing organization of work and the safety and health of working people: Knowledge gaps and research directions," *NIOSH Publication*, No. 2002-116, 2002.

III ストレス

5 コーピング（対処行動）

1 コーピングの種類

　環境からの要求が"重荷"だと感じたとき，人はストレスを経験するが，同時に，状況を打開するためのプランを実行したり，また，直接，問題解決につながるわけではないが，緊張をほぐしたり，気分転換をしたりすることでストレス経験を抑えることができる。このような努力をコーピング（coping）と呼ぶが，その形は多様である。そのために，対処行動の類型化が試みられている。
　ラザラスとフォークマン（Lazarus & Folkman, 1984）は，コーピングを，問題焦点型（problem-focused）コーピングと情動焦点型（emotion-focused）コーピングに分類している。前者は，ストレスを感じている源，つまり，ストレッサそのものを取り除こうとする努力である。例えば，問題を分析し，その解決策を見出したり，必要であれば，解決に必要な知識や技能の習得を目指したりする，問題そのものを直視しようとする方略である。それに対して，後者は，ストレス経験に伴う不快な感情を解消することを目的とした努力である。例えば，問題を深刻に考えないようにするとか，趣味で気を紛らわすなど，意図的に見方を変えたり，問題となっている状況から気をそらしたりする方略である。[41]

2 ラタックとハブロビックによる分類

　ラタックとハブロビック（Latack & Havlovic, 1992）は，焦点による分類をベースにして，それに方法による分類を付け加えている。**表2-2**のように，方法の視点から，対処行動は，内的なもの（認知）か，顕在的なもの（行動）かに分けられる。認知的対処行動では，考えをコントロールしようとするか逃避的な発想をとるかの二つに分類される。また，行動的対処行動では，認知同様，行動をコントロールしようとするか逃避的な行動をとるかの分類に加えて，周りの人を巻き込んだ行動（社会）か，人の助けを借りず独力で行動する（孤立）かの四つに分類される。したがって，認知で2分類，行動で4分類の計六つの方法があり，それぞれに焦点による2分類を組み合わせることで，多様なコーピングを体系的に整理することができる。
　しかし，ここで注意すべきは，あらゆるコーピングが必ずいずれかのカテゴリーに分類できるわけではないという点である。例えば，問題について友人と話すのは，解決策に関わる助言を得るとともに，話すことで不安を低減し，気

▷1　問題焦点型対処行動と情動焦点型対処行動のどちらを選択するかは，当事者が，状況を自分の力で改善できると感じているのかいないのか，個人のコントロール感の程度と関係している。フォークマン（Folkman, 1984）は，45歳から64歳までの100人の男女が日常生活の様々な出来事にどのように対処しているかの調査を行い，状況に対するコントロール感と対処行動の選択との間には密接な関連があったことを報告している。つまり，ストレッサとなっている状況が改善できそうであると判断したときには，問題に前向きに対処しようとするが，逆に改善の見込みがないと判断したときには，対処行動の目的は情緒の調整が中心となり，問題を回避する姿勢をとらざるを得なくなる。

分を和らげる効果もあるだろう。あるコーピングが，人や状況により異なる機能をもつ場合もあるし，二つの機能を併せもつことも少なくない。

3 コーピングの選択とその有効性

　喫煙，アルコール，薬物乱用，暴飲暴食などは，ストレスの一時しのぎとして習慣化すると，将来健康を害する可能性の高い方略であるが，運動をしたり，**ソーシャルサポート**を得たり，仕事の時間配分を見直したりする方略は，結果としてストレスの低減や高血圧を抑えることにつながる（Lindquist & Cooper, 1999）。このように，一般的な意味でのコーピング方略の優劣を示すデータは存在する。ただし，コーピングの選択とその有効性は，採用する人により，適用される状況により異なるのが普通である。

　一般に問題焦点型コーピングの方が情動焦点型コーピングよりも有効であると思われがちだが，両者は二者択一ではなく，むしろ，両者を組み合わせてストレスに対処するほうが一般的だといえる。例えば，ソーネンタッグ（Sonnentag, 2003）は，仕事を終えたいわゆる"アフター5"での休息や余暇活動が，翌日の仕事，とりわけ，現状を改善し，新しい状況を作り出そうとする行動にプラスの影響のあること，逆に，仕事に拘束され十分な"アフター5"がとれなかった人は，翌日の仕事への意欲が高まらないことを報告している。

　したがって，ストレスの高い困難な状況を改善する努力（問題焦点型コーピング）のためには，まず，心身をリラックスさせ，改善のための"エネルギー"を高めておく必要がある。そのためには，仕事を離れ，趣味など気分転換する時間（情動焦点型コーピング）が有効に機能するのである。　　　　（久保真人）

▷ソーシャルサポート
⇨ 2-Ⅲ-6 「社会的関係」

参考文献

Lazarus, R. S. & Folkman, S., *Stress, appraisal, and coping,* Springer, 1984.
Folkman, S., "Personal control, stress and coping processes: A theoretical analysis," *Journal of Personality and Social Psychology,* 46（4），1984, pp. 839-852.
Latack, J. C. & Havlovic, S. J., "Coping with job stress: A conceptual evaluation framework for coping measures," *Journal of Organizational Behavior,* 13, 1992, pp. 479-508.
Lindquist, T. L. & Cooper, C. L., "Using lifestyle and coping to reduce job stress and improve health in "at risk" office workers," *Stress Medicine,* 15, 1999, pp. 143-153.
Sonnentag, S., "Recovery, work engagement, and proactive behavior: A new look at the interface between nonwork and work," *Journal of Applied Psychology,* 88, 2003, pp. 518-528.

表2-2　焦点と方法によるコーピングの分類

方　法	焦　点	
	問題焦点型	情動焦点型
認知―コントロール	計画を立てたり，物事を整理したり，優先順位を割り振ったりする	（難局をいつも切り抜けてきた）勝利者だと自分に言い聞かせる
認知―逃避	自分の役目のみに関心を向け，仕事上の困難を見過ごしてしまおうとする	帰宅したら仕事のことは忘れ，頭を切り替える
行動―社会	腰をおろし，徹底的に話し合う	仕事の同僚に愚痴を言い，うっぷんを晴らす
行動―孤立	やるべきことを一歩ずつ積み上げていく	趣味に時間を費やす
行動―コントロール	（問題に取り組むため）通常業務の一部をやめたり，遅らすよう段取りする	感情を荒立てることはせず，誰にも苦痛を訴えようとしない
行動―逃避	雑事にかまけて，問題を考えないようにする	仕事以外の活動に目を向けたり，薬や煙草などを服用する

出所：Latack, J. C. & Havlovic, S. J., "Coping with job stress: A conceptual evaluation framework for coping measures," *Journal of Organizational Behavior,* 13, 1992, p. 497の表を基に筆者作成。

III ストレス

6 社会的関係

1 コーピング資源

コーピング方略の選択やその効果などに影響を与える要因をコーピング資源と呼ぶことが多い。コーピング資源には，社会的スキルや経験，パーソナリティ（自己効力感など）などの個人的資源と，社会的関係や地位などの個人の外にある社会的資源に分けられる。その中でも，近年，注目されているのが社会的関係である。

2 ソーシャルサポート

何か問題が起こると，それを誰かに相談するのが「社会的動物」であるわれわれの常である。誰に何を相談するか，誰からどのような助言や手助けが得られるかは，その人が今まで築いてきた人間関係の質と量に依存する。つまり，人間関係"資源"を有している人ほど，多様で豊かなソーシャルサポート（social support）を受けることができる。

ソーシャルサポートは，その機能から情緒的サポート（共感，信頼，感情的な"はけ口"を与えるなど），道具的サポート（金銭的援助，仕事を手伝うなど），情報的サポート（問題解決のための助言や情報提供など），そして，評価的サポート（行動の評価基準を示すなど）に分けられる（House, 1981）。

ソーシャルサポートにはストレス緩衝（buffering）効果のあることが，多くの研究で報告されている（コーエン，アンダーウッド＆ゴッドリーブ，2005）。例えば，ロー

▷1 ソーシャルサポートには，経験するストレスの程度を軽減する緩衝効果があるとされる。その効果には，実際にサポートを受けることで，気分が落ち着く，解決の助言を得るといった顕在的なものだけでなく，その気になれば必要なサポートを受けられると考えることで，当面する状況にそれほど強いストレスを感じることなく，冷静な対処行動を選択できるなど，潜在的な効果もある。

▷2 社会的統合は，ストレスの有無に関わらず，健康や精神的な安らぎと直接結びつくとされている（コーエン，アンダーウッド＆ゴッドリーブ，2005）。トーイッツ（1983）によれば，社会的な関係は，人に役割を付与し，人は役割を積み重ねていくことで，自分は意味のある存在であり，他人から必要とされる存在であることを強く意識するようになる。この意識が，人生に意味を与え，心理的な安らぎを与えてくれるのである。

参考文献

House, J. S., "Work stress and social support: Reading," Massachusetts: Addison Wesley, 1981.

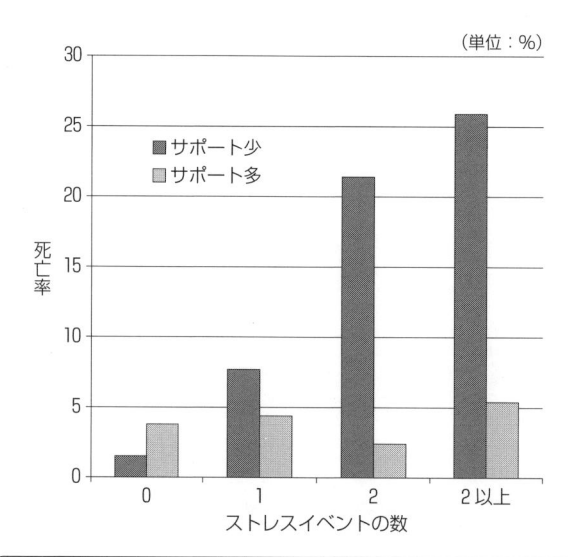

図2-12 ソーシャルサポート（情緒的サポート）のストレス緩衝効果

出所：Rosengren, A., Orth-Gomer, K., Wedel, H. & Wilhelmsen, L., "Stressful life events, social support, and morality in men born in 1933," *British Medical Journal,* 307, 1993, p. 1104の表を基に筆者作成。

ゼングレンら（Rosengren, Orth-Gomer, Wedel & Wilhelmsen, 1993）は，スウェーデンのイエテボリ在住の50歳の男性（752人）を対象とした7年間の追跡調査の結果を報告している。

彼らは，調査前年に経験したストレスにつながりやすいライフイベントの数，情緒的サポートの程度，そして，7年後の死亡率との関係を分析している（**図2-12**参照）。情緒的サポートを受ける機会が少ないと回答した人たちでは，ストレスにつながりやすいライフイベントを数多く経験した人ほど，その後の7年間のうちに死亡する確率が高くなっている。しかし，情緒的サポートを受ける機会が多いと回答した人たちの間では，ライフイベントの数と死亡率との間の関係は認められない。このデータは，情緒的サポートにはストレスを低減する効果のあることを示唆している。

③ 社会的統合

社会的関係のストレスへの影響を検討する上でのもう一つの観点が，社会的統合（social integration）である。社会的統合とは，社会的関係への幅広い関わりの度合いを示す概念である。行動面では，様々な社会的活動への参加の頻度，認知的な側面では，社会的役割の認識や社会への所属意識の強さなどで，その程度を知ることができる。実際には，先に述べたソーシャルサポートと重なる部分も多いが，ソーシャルサポートは，社会的関係を通じて提供されるサポートの内容に焦点があるのに対し，社会的統合では，社会的関係の広さなど関係の構造そのものに焦点が当てられる。

社会的統合と健康との結びつきについて，数多くのデータが報告されている（コーエン，アンダーウッド＆ゴッドリーブ，2005）。例えば，バークマンとシン（Berkman & Syme, 1979）は，この分野の先駆的な研究として知られている。バークマンらは，カリフォルニア州に居住する33歳から69歳までの男女（男性：2229人，女性：2496人）を対象に，婚姻の有無，親密な親族や友人の存在，社会的，宗教的グループへの参加を構成要素とする社会的統合の程度と調査後9年間のうちに死亡する確率との関係を分析している（**図2-13**参照）。図から，男女とも，社会的統合の程度が高いほど，死亡率が低くなる傾向を明確に読み取ることができる。

（久保真人）

コーエン, S., アンダーウッド, L. G., & ゴッドリーブ, B. H.／小杉正太郎他訳『ソーシャルサポートの測定と介入』川島書店, 2005年。

Rosengren, A., Orth-Gomer, K., Wedel, H. & Wilhelmsen, L., "Stressful life events, social support, and morality in men born in 1933," *British Medical Journal*, 307, 1993, pp. 1102-1105.

Thoits, P. A., "Multiple identities and psychological well-being: A reformation of the social isolation hypothesis," *American Sociological Review*, 1983, pp. 174-187.

Berkman, L. F. & Syme, S. L., "Social networks, host resistance, and mortality: A nine-year follow-up study of Alameda county residents," *American Journal of Epidemiology*, 109, 1979, pp. 186-203.

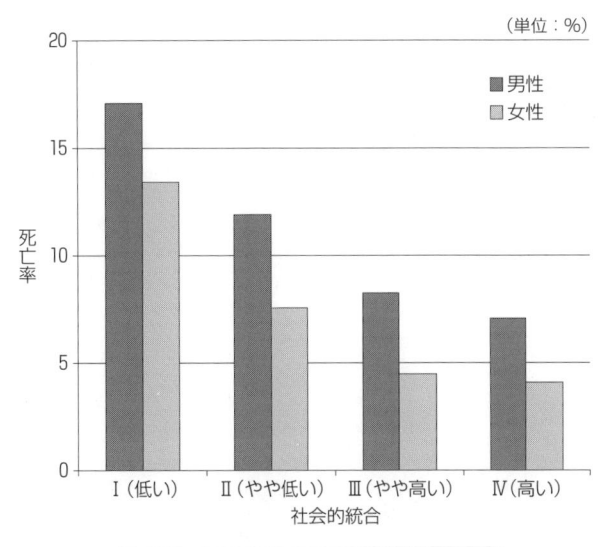

図2-13 社会的統合の程度と死亡率との関係

出所：Berkman, L. F. & Syme, S. L., "Social networks, host resistance, and mortality: A nine-year follow-up study of Alameda county residents," *American Journal of Epidemiology*, 109, 1979, p. 193の表を基に筆者作成。

Ⅲ ストレス

7 組織的介入

1 個人的対処の限界

　効果的なコーピング方略を知り，実践することが，ストレスを低減し，心身の健康維持につながるのはいうまでもない。しかし，組織ストレスに対処するには，個人的な学習や経験の蓄積だけでは限界がある。**米国国立職業安全保健研究所**（National Institute for Occupational Safety and Health：NIOSH）は，従来の個人重視のストレス対策を批判して，個人的対処行動の大部分が一時的な効果しかなく，個人的対処行動にのみ焦点を当てたストレス対策ないしは職場教育が，その職場の本質的なストレス因を見失わせてしまうことにつながりかねないことを警告している（NIOSH, 1999）。つまり，組織ストレスの原因は，本来，個人に帰せられるものではなく，その解決には，組織の積極的な介入が必要なのである。

　しかし，組織的介入の重要性は広く認知されているが，その手法や有効性についての研究報告は，個人的対処に比べてはるかに少ない。ここでは，パークスとスパークス（Parkes & Sparkes, 1998）をもとに組織的介入の手法について，その方法と効果について論じる。

2 社会技術的介入法

　社会技術的介入法とは，「職場状況の客観的，構造的側面を変えることに主眼をおく」（Parkes & Sparkes, 1998, p. 3）手法である。社会技術的介入によりストレス低減効果の期待できる方策として，以下の五つが指摘されている（Hurrell & Murphy, 1996）。

①職務の内容（job description）を明確にすることで，役割葛藤や役割の曖昧さの出現を抑える。
②人間工学の原理（**筋骨格系への負担**を軽減したり，ユーザーインターフェースを工夫したりすることなど）に従って，物理的な労働環境の改善を行う。
③労使協働の委員会を組織し，意思決定への従業員の関与と参加を促す。
④職場に子どもや高齢者のためのケア施設を作る（結果として，時間的な制約を解消できる）。
⑤合理化や新技術によって仕事がなくなったり，仕事の内容が変わったりした従業員のために研修を提供する。

▷米国国立職業安全保健研究所（NIOSH）
職業性の障害や疾患の予防に向けた研究，情報提供，教育，研修を行う政府機関である。詳細は，ホームページ（http://www.cdc.gov/niosh/）を参照。

▷筋骨格系への負担
産業現場における筋骨格系の障害は包括的に作業関連筋骨格系障害（Work-related musculoskeletal disorders）と呼ばれている（日本産業衛生学会頸肩腕障害研究会，2007）。特に，パソコンや端末などを使って長時間作業を行う人たち（VDT作業者と総称される）に特徴的な，首，肩，腕へのしびれ，痛み，こわばりなどの症状を頸肩腕（けいけんわん）症候群と呼び，急速に業務のIT化が進行している職場で，その改善策が危急の課題となっている。

3 心理社会的介入法

心理社会的介入法とは,「従業員の労働環境の認知を変えることによりストレスを低減しようとする」(Parkes & Sparkes, 1998, p. 3) 手法である。具体的には,従業員の組織への参加意識を高めたり,コミュニケーションを活性化したり,ソーシャルサポートが受けられる関係作りを手助けしたりするなどの方法で,従業員の職場に対する意識そのものを変えることを目指す。結果として,先に述べた社会技術的介入同様,組織改革につながる手法が選択されることもあるが,あくまで,物理的な環境ではなく,従業員の意識,つまり,心理社会的な環境を変えることに主眼がある場合,心理社会的介入に分類される。

介入の対象となるストレス源に,過重労働,不公平な人事管理,曖昧な経営方針,役割ストレス,あるいは,組織文化など様々なものが考えられる。そのため,インタビューや調査票などを用いた従業員の意識調査によるストレス源の特定が介入の第一段階となる。この意味で,何にどのように介入するかの決定は慎重に行うべきであり,効果的な介入のためには,重要なストレス源に焦点を絞り込む必要がある。

例えば,経営者側と従業員の対話を密にすることが,他社との合併に際して従業員が感じるストレスなどを低減する上で有効かどうかを検討した研究 (Schweiger & Denisi, 1991) では,合併の事実が従業員に伝えられた後,定期的に配布されるニュースレター,24時間体制の電話ホットライン,上司との毎週の定例会を通じて,経営者側と従業員のコミュニケーションが図られた部署と,合併の事実を伝えただけで,特別な方策は講じなかった部署との比較が行われた。3カ月にわたる従業員の不安感や会社などに対する意識調査の結果,合併を知らされた直後は,ストレスが増加し,職務満足感や会社への信頼感などが低下したが,コミュニケーションを密にした部署では,従業員の意識は徐々に上向き,3カ月後には,合併告知前のレベルにまで回復した。それに対して,何の方策も実施しなかった部署では,3カ月後には,従業員の意識は,告知直後よりもさらに低下する結果となった。

4 組織的介入の効果

組織的介入に関わる研究を丹念に検討したパークスらは,「組織的介入が職務ストレスを低減する上で有効であることをはっきりと示すことができなかった」という結論で論文を結んでいる。もちろん,これは,組織的介入にストレス低減効果がないことを意味しているのではなく,介入の効果を研究上で実証することの困難さを述べているのである。これまでの組織的介入に関わる研究結果は,組織という現実の複雑な存在を対象とする研究の困難さを示している。

(久保真人)

参考文献

NIOSH, "Stress at work," *NIOSH Publication,* No. 99-101, 1999.
Parkes, K. R. & Sparkes, T. J., "Organizational interventions to reduce work stress: Are they effective? A review of the literature (Contact Report No. 193/198)," *Health and Safety Executive,* Oxford University Press, 1998.
Hurrell, J. J. Jr. & Murphy, L. R., "Occupational stress intervention," *American Journal of Industrial Medicine,* 29, 1996, pp. 338-341.
日本産業衛生学会頸肩腕障害研究会「頸肩腕障害の定義・診断基準・病像等に関する提案について」,産業衛生学雑誌別冊,49(2), 2007年,13-14頁。
Schweiger, D. M. & Denisi, A. S., "Communications with employees following a merger: A longitudinal field experiment," *Academy of Management Journal,* 34, 1991, pp. 110-135.

第2部　個人レベル

Ⅲ　ストレス

8 バーンアウト（燃え尽き症候群）

1 ストレスの心身への影響

　ストレスは，環境からの要求（ストレッサ）に対する心身の防衛反応である。この意味で，短期で解消されるストレスについて，そのリスクを議論する必要はない。ストレスが心身へのリスク因として問題となるのは，ストレッサが解決されないままに，強いストレスを長期にわたり繰り返し経験した場合である。

　睡眠障害，食欲不振，頭痛などは，累積するストレスの初期症状として知られている。この状態を経て，なお事態が改善されない場合は，より深刻な疾患のリスクが高まってくる。

▷1　代表的なストレス性疾患としては，本態性高血圧，虚血性疾患（狭心症，心筋梗塞），消化性潰瘍，過敏性腸症候群，不安障害，うつ病などがある。詳しくは，専門書（例えば，河野友信・吾郷晋浩・石川俊男・永田頌史編『ストレス診療ハンドブック〔第2版〕』メディカル・サイエンス・インターナショナル，2003年）を参照。

2 バーンアウトの症状

　看護師，教員，ソーシャル・ワーカー，彼らは人に対してサービスを提供することで報酬を得ている人たちであり，ヒューマンサービス従事者と総称される。近年，このヒューマンサービスの現場で，バーンアウトという言葉が注目を集めるようになってきた。燃え尽き症候群と訳されることもある。今まで熱心に仕事をしていた人が，急に，あたかも「燃え尽きたように」意欲を失い，働かなくなる。そのまま離職，転職してしまう人も少なくない。その症状は以下の三つにまとめられる。

　a）情緒的消耗感（emotional exhaustion）

　バーンアウトの基調をなす症状は情緒的消耗感である。消耗感はストレスの一般的な自覚症状であるが，単なる消耗感ではなく，「情緒的」という限定がついているのは，バーンアウトの結果生じる消耗感の主たる源が「情緒的な資源の枯渇」にあるからである。ヒューマンサービスの現場では，サービスの受け手（以下，クライエントと総称）の気持ちを思いやり，その振る舞いを受け入れ，私的な問題にまで分け入って問題を解決していくことが求められる場合も少なくない。相手への共感性が高く，誠実な人ほど，この関係に巻き込まれ，疲弊し，消耗していく。この消耗が繰り返されると，やがて情緒的な資源が枯渇し，喜び，怒り，感動など，感情経験そのものを失ってしまう。この過程こそが「燃え尽きる」過程だと考えられている。

　b）脱人格化（depersonalization）

　情緒的資源の枯渇は，さらなる症状への引き金となる。脱人格化と呼ばれる，

クライエントの人格を無視した，思いやりのない紋切り型の行動傾向が見られるようになる。例えば，クライエントに症状名など没個性的なラベルをつけ，個人名で呼ばなくなるなどの行動は，その典型とされている（また，事務的な仕事に熱心になったり，理解できないような専門用語を振りかざしたりするのも，クライエントとの接触を避けるためだとすれば，脱人格化の現れといえる）。バーンアウトがクライエントとの接触に伴う情緒的資源の枯渇であるとすれば，クライエントとの間に距離をとる，これらの行動は，資源の枯渇を防ぐ防衛反応だと考えられている。

c）個人的達成感（personal accomplishment）の低下

情緒的消耗感，脱人格といった症状は，ヒューマンサービス従事者が提供するサービスの質そのものに影響を与える。バーンアウトに至る人は，それまで高いレベルのサービスを提供し続けてきただけに，前後の落差は大きく，誰の目にもとりわけ本人にとって，サービスの質の低下は明白である。成果の急激な落ち込みと，それに伴う有能感，達成感の低下は，離職や強い自己否定などの行動と結びつくことも少なくない。

3 日本版バーンアウト尺度

なお，日本では，これらの症状を項目にまとめた**日本版バーンアウト尺度**が，研究やストレスへの気づきを促すなどの目的で広く用いられている（**表 2-3 参照**）。

(久保真人)

▷**日本版バーンアウト尺度**
マスラック・バーンアウト・インベントリー（Maslach Burnout Inventory: MBI, Maslach, C., Jackson, S. E. & Leiter, M. P., "The Maslach Burnout Inventory〔3rd ed.〕," Palo Alto, CA: Consulting Psychologists Press, 1996）を参考に，わが国のヒューマンサービスの現場に適合するように尺度構成されたものである。MBIの項目と意味的に似たものはあるが，全く同じ（そのまま翻訳した）項目はない（久保真人『バーンアウトの心理学』サイエンス社，2004年参照）。

表 2-3 日本版バーンアウト尺度

問：あなたは最近 6 カ月ぐらいのあいだに，次のようなことをどの程度経験しましたか。右欄の当てはまると思う番号に○印をつけてください。

		いつもある	しばしばある	時々ある	まれにある	ない
1	こんな仕事，もうやめたいと思うことがある。	5	4	3	2	1
2	われを忘れるほど仕事に熱中することがある。	5	4	3	2	1
3	こまごまと気くばりすることが面倒に感じることがある。	5	4	3	2	1
4	この仕事は私の性分に合っていると思うことがある。	5	4	3	2	1
5	同僚や患者の顔を見るのも嫌になることがある。	5	4	3	2	1
6	自分の仕事がつまらなく思えてしかたのないことがある。	5	4	3	2	1
7	1日の仕事が終わると「やっと終わった」と感じることがある。	5	4	3	2	1
8	出勤前，職場に出るのが嫌になって，家にいたいと思うことがある。	5	4	3	2	1
9	仕事を終えて，今日は気持ちのよい日だったと思うことがある。	5	4	3	2	1
10	同僚や患者と，何も話したくなくなることがある。	5	4	3	2	1
11	仕事の結果はどうでもよいと思うことがある。	5	4	3	2	1
12	仕事のために心にゆとりがなくなったと感じることがある。	5	4	3	2	1
13	今の仕事に，心から喜びを感じることがある。	5	4	3	2	1
14	今の仕事は，私にとってあまり意味がないと思うことがある。	5	4	3	2	1
15	仕事が楽しくて，知らないうちに時間がすぎることがある。	5	4	3	2	1
16	体も気持ちも疲れはてたと思うことがある。	5	4	3	2	1
17	われながら，仕事をうまくやり終えたと思うことがある。	5	4	3	2	1

採点方法：以下の手順にしたがって，「情緒的消耗感」，「脱人格化」，「個人的達成感の低下」の三つの下位尺度の得点を算出する。各項目の得点は，「いつもある」＝5点，「しばしばある」＝4点，「時々ある」＝3点，「まれにある」＝2点，「ない」＝1点とする。

　「情緒的消耗感」：項目番号 1，7，8，12，16 の得点を合計して 5 で割る。

　「脱人格化」：項目番号 3，5，6，10，11，14 の得点を合計して 6 で割る。

　「個人的達成感の低下」：項目番号 2，4，9，13，15，17 の得点の合計して 6 で割り 6 から引く。

第3部

集団レベル

I　グループ・ダイナミックス

1 集団凝集性

▷**単純接触効果**（mere exposure effect）
ニュートラルな対象に繰り返し接触し続けることで，その対象に対する魅力が高まるという現象で，ザイアンスによって提唱された（Zajonc, 1968）。対象は言語的刺激，視覚的刺激，聴覚刺激などが考えられるが，もちろん人間に対しても当てはまる。近接性によって対人魅力が高まるという現象は，この効果で説明可能である。選挙運動の際の候補者名の連呼は，この効果を狙っているのかもしれない。

▷**態度の類似性**
対人魅力を規定する要因の一つで，バーンによって指摘された（Byrne, 1962）。態度が類似していれば，相手から同意されたり，賛成されたりと，正のフィードバックを受ける確率が高まるため，これが対人魅力につながると考えられる。また，態度の類似性が近接性に結びつくという場合も考えられる。

▷**在宅勤務**
厚生労働省が2004年に発表した調査結果によると，在宅勤務を希望する（「希望する」＋「どちらかといえば希望する」）割合は30代女性において高くなっている。これには育児世代に当たることが関係しているも

1 集団凝集性とは何か

われわれはよく，「あのチームはまとまりがある」とか，「あのチームはバラバラだ」といった言い方をする。このまとまりのよさを表す概念が，集団凝集性（group cohesiveness）である。集団凝集性については，フェスティンガー，シャクターとバックが「メンバーが集団にとどまるように働きかける力の総体（total field of forces）」と定義している（Festinger, Schacter & Back, 1950, p. 164）。その先行要因，結果についての研究が数多く行われてきた。

ロットとロットは，1950年から62年の間の研究について，凝集性の先行要因と結果についてレビューを行っている（Lott & Lott, 1965）。それによれば，先行要因として，相互作用・近接性，他者による受容，成員の態度の類似性などが指摘されている。社会心理学領域で著名な，ザイアンス（Zajonc, 1968）の**単純接触効果**や，バーン（Byrne, 1962）の**態度の類似性**が想起される。この中で近接性については，近年多様化する働き方の中で**在宅勤務**の導入が進められる場合もあり，それがマイナスに作用するのではないかと懸念されている。

他に，先行要因として**認知的不協和**の低減が指摘されている。集団に参入する際に不快な儀式や手続きをさせられることで，集団や成員への魅力が高まるというものである（Aronson & Milles, 1959）。楽に入った集団よりも苦労して入った集団の方が魅力的に感じられることもあるということである。入ろうとする人に対して，わざわざ高いハードルを設定するような集団は，この効果を狙っているのかもしれない。

2 凝集性と生産性（task performance）

凝集性が注目される理由は，それが生産性と結びついていると考えられることである。素朴に考えると，高い凝集性は高い生産性をもたらしそうである。そして，たしかにそのような結果を得ている研究もある。一方で，凝集性と生産性との関係についての研究を振り返ると，両者の間に必ずしも正の関係が見出されないことを示している研究もある。先のロットとロットのレビューでも，凝集性と生産性との関連について検討した34の研究のうち，両者に正の関連を報告しているものが20，無関連とするものが5，負の関連を報告しているものが9という結果であった。凝集性と生産性との間には一貫した関連は見出しに

くい。その理由はサンプルの違い，測定法の違い等さまざま考えられるが，第三の変数が介在している可能性も指摘されている。

シャクター，エラートソン，マクブライドとグレゴリーは，集団凝集性と生産性との関係について実験的研究を行い，集団内に生産性を低くするような方向づけがある場合，凝集性の高いことが逆にマイナスの影響をもつことを明らかにしている（Schacter, Ellertson, McBride & Gregory, 1951）。足を引っ張るような人間がいる場合，凝集性の高いことが集団全体をそのような人間の方向へ走らせてしまい，逆に生産性を低下させてしまうのである。

仲良くなれば，一つにまとまって高い生産性を示すだろうという予測は，あまりにも人間という存在を単純，好意的に見過ぎている。人間とは，人間関係を通して様々に変貌し，行動しうる存在である。一致団結している人々は，上昇するスピードも速いが，下降していくスピードも速いのである。人間の集まりである集団，組織を扱う難しさがこのあたりにある。

③ 生産性の結果としての凝集性

ミューレンとコッパーは，凝集性と生産性との関連についてメタ分析的な検討を行い，両者の関連は有意ではあるが，さほど強くはないとしている（Mullen & Copper, 1994）。また，実験研究よりも相関研究において，大きなグループよりも小さなグループで，実験等で形成される人工的なグループよりも現実のグループにおいて強い関連が見出されることを示している。

そして，彼らの報告の中で興味深いのは，時間間隔をおいたデータに基づいたメタ分析的な検討によれば，凝集性が次の時点の生産性に及ぼす影響よりも，逆に生産性が次の時点の凝集性に及ぼす影響の方が強いことが示唆されている点である。凝集性の高さがよりよいパフォーマンスをもたらすという面はたしかにあるのだが，それ以上に，よいパフォーマンスによって高い凝集性がもたらされるという影響の方が強力であるということを示している。つまり，生産性を凝集性の結果ではなくむしろ先行要因に位置づけた方がよいということを示唆しているのである。ロットとロットでは，凝集性の先行要因として，成功経験の共有が挙げられているが，内容的に生産性と近いと考えたほうがいいかもしれない。また，無理に因果関係の特定にこだわるよりも，その関連について理解しておくことが重要である。

このように，凝集性と生産性の関連については，一貫した結果は見出されていないが，少なくとも，凝集性の高いことがすなわち高い生産性をもたらすといった予測をすることは，単純に過ぎるということは確かなようである。集団や組織を運営する上で，いかにして凝集性を高めるか，だけでは不十分であり，いかにして集団内，組織内にプラス方向のベクトルを生み出すか，が同時に検討されなければならない。

　　　　　　　　　　　　　　　　　　　　　　　　　　（髙木浩人）

のと考えられる。このように在宅勤務には，人材を確保できること，コストの削減等のメリットがある一方で，過程が評価されにくい，疎外感を感じやすい，仕事とそれ以外のメリハリをつけにくい等のデメリットもあるといわれている。

▷ **認知的不協和（cognitive dissonance）**

人は関連する二つの認知間に整合性が保てないとき，不協和を生じる。不協和は不快であるので，人はこれを低減したり回避しようと試みる。フェスティンガーは，このような一連の心理的機制を記述する認知的不協和理論を提唱した（Festinger, L., 1957）。集団に入るのに苦労したという認知と，集団が魅力的でないという認知は不整合であり，不協和が生じる。したがって，集団は魅力的であるという認知を行うことで不協和を回避，低減させることが予想されるのである。

参考文献

Festinger, L., *A theory of cognitive dissonance*, Palo Alto, CA: Stanford University Press, 1957.（末永俊郎監訳『認知的不協和の理論：社会心理学序説』誠信書房，1965年）

Zajonc, R. B., "Attitudinal effects of mere exposure," *Journal of Personality and Social Psychology*, 9, 1968, pp. 1-27.

I グループ・ダイナミックス

2 人間関係

1 伝統的管理論の限界

　フォード・システムに代表される伝統的管理論によって，大量生産，大量販売，大量消費というシステムが確立された。20世紀は，このシステムによって経済発展の基盤がつくられたのである。しかしながら，これを支える伝統的管理論による労働の細分化や専門化は，同時に人間を単純な機械のように扱い，人間性の疎外ということが問題視されるようになった。また，科学的管理法では，人間は経済的条件や物理的な環境によって労働意欲が上下すると考えられていたが，ホーソン実験をきっかけとして，経済的・物理的条件以上に，職場の人間関係がモチベーションや組織の業績，能率といったものに影響を与えていることが明らかにされるようになった。それが，メイヨー（Mayo, E.）やレスリスバーガー（Roethlisberger, J.）らに代表される人間関係論の始まりとなったのである。

2 ホーソン実験

　メイヨーを中心としたハーバード大学の研究者たちが，1924年から1932年にかけて（本格的には1927年から），ウェスタン・エレクトリック社のホーソン工場で実験を行った。この実験は，照明の明るさや休憩時間，賃金などの作業条件を変化させ，作業能率にどのような影響が出るかを観察するものであった。結果，作業条件を変化させても，作業能率は上昇し続けた。つまり，作業条件と作業能率の間に直接的な関係は発見されなかったのである。そこで，従業員約2万人を対象とした面接調査と職種の異なる14人の作業者観察を行ったところ，インフォーマル集団の存在が発見された。インフォーマル集団とは，組織（公式な組織）の意図とは関係なく，自然発生的に形成される非公式の集団のことである。例えば，同じ都道府県出身仲間や同期入社仲間，仲良しグループなどがそれに当たり，上下関係を超えて形成されることもしばしば見られる。ホーソン実験は，そのようなインフォーマル集団が，公式組織の業績や能率に影響を与えることを明らかにしたのである。

3 グループ・ダイナミックス

　グループ・ダイナミックスとは，集団の性質，集団発達，集団と個人の関係，

集団間の関係，集団とより大きな諸制度との関係などをテーマに集団を対象として研究する社会科学領域のことを指す。実験や調査など実証的方法を使用して集団行動を明らかにし，集団行動を変化させる方法を開発し，それを適用して集団の変化を観察する。主な基礎研究領域としては，集団凝集性（group cohensiveness），集団圧力と集団規範（group pressure and group norm），集団目標（group goal），リーダーシップ（leadership），集団の構造的特性があり，主な応用研究領域としては，組織開発，Tグループ，チーム・マネジメントなどがある。

集団の中には，やがて独自の集団規範が形成され，メンバーはそれに同調することが求められるようになる。メンバーが互いに好ましく思うほど，その集団の凝集性が高まり，規範への同調が強くなる。その場合，メンバーに対して逸脱しにくくさせるような集団圧力が強制的に作用するようになり，同調しないメンバーは説得や制裁を受けるようになる。このような集団圧力や集団規範は，ときに組織（公式組織）の公的な権威をしのぐほど強力になること，またそれによって組織目標まで影響を受けるような場合があることが指摘されている。

❹ 人間関係のマネジメント

ホーソン実験で明らかにされたようなインフォーマル集団のもつ影響を，公式組織にとっても好ましい方向に向けるため，人間関係論では主にコミュニケーションの改善が強調される。施策としては，懇談会や監督者教育，人事相談制度やカウンセリング，会議マネジメントなどが挙げられる。最近では，ブリーフィングやディブリーフィング，コーチングなども，円滑なコミュニケーションの鍵として有用性が強調されるようになっている。

メイヨーやレスリスバーガーらによる人間関係論は，このように職場の人間関係と組織の相互関係に着目するものである。すなわち，職場の人間関係を改善することによって，労働者の社会的欲求が満足し，そのことが，組織の生産性を向上させると考えられた。これら人間関係論は，のちに「新人間関係学派」に受け継がれ，個人と組織の統合が強調されるようになり，やがて労働の人間化や目標による管理などが議論されるようになった。「新人間関係学派」の代表的な研究としては，人間を管理する方法として，X理論（アメとムチで働かせる）とY理論（権限を委譲し仕事を任せてみる）の二つを提唱し，従業員の態度が改まらないのは管理者に問題があるとしてY理論を強調したマグレガー（McGregor, D.）や，参加の心理学を組織論に応用し，グループのリーダーを上部と下部をつなぐ「連結ピン」と説明したリッカート（Likert, R.）などがある。

（深見真希）

▷1　80年代の認知革命を経て，欧米では認知科学的アプローチによる研究が盛んに行われている（チーム・マネジメント）⇨ 3-Ⅰ-6「チーム・ビルディング」。しかしながら，介入調査手法を使用することが必要になるため，わが国においては欧米と比べて，それほど多くの実証研究は展開されていない。⇨ 5-Ⅲ-4「組織開発」

I　グループ・ダイナミックス

3　帰属と所属

1　帰属と所属

　通常人は様々な組織のメンバーである。この，組織のメンバーであるという状態は，帰属という言葉でも，所属という言葉でも表現できる。例えば会社のメンバーであるとき，「会社に帰属している」という場合もあるだろうし，「会社に所属している」という場合もある。似たような表現であるが，両者には相違があり，その相違が個人と組織の関係について考える際に重要な意味をもつ。では，帰属と所属はどのように異なるのであろうか。

2　帰属と所属の違い

　端的にいえば，所属は0か1であり，帰属は程度で表現されうる。所属は，しているかいないかのどちらかであり，中間は存在しない。大学に入学すれば大学に所属している状態になり，卒業すれば所属していない状態になる。それに対して帰属は程度で表現できる。大学に対して強い思い入れがあれば，それは強く帰属しているということになるだろうし，さして思い入れがなければ，強く帰属してはいないということになるだろう。

　別の観点から区別すれば，組織への帰属には個人の心理的な要素が入り込むが，所属にはそのような要素は関わらない。所属は客観的に表現できる。誰がどこに所属しているかいないかは，他の誰から見ても一義的である。帰属についてはそれは難しい。見る人によって評価は変わるであろうし，本人自身も，どの程度把握できているか疑わしい。

　では，このような違いがいかなる意味をもつのだろうか。例えば組織への貢献度を予測する場合，所属という概念は用をなさない。組織のメンバーであれば誰でも所属しているわけであるから，所属という変数には変動がない。それによって貢献度を予測することはできない。一方，帰属はその程度によってある程度貢献が予測可能である。単純に考えて，強く帰属している人には，そうでない人よりも，相応の貢献が期待できるであろう。

　会社の場合，所属している人々のうち，どれだけの人が強く帰属してくれるのかが重要になってくる。これまで会社は，年功賃金，長期雇用といった処遇で従業員の強い帰属を引き出してきたという面がある。それが難しくなってきた昨今，「いかにして従業員から強い帰属を引き出すのか」が多くの会社にと

って重要な課題になっている。

3 ローカルとコスモポリタン

　組織内で何を志向し，何を拠り所として働くかは，その後その人がいかなるキャリアを形成していくのかに直接つながる問題である。組織内でのアイデンティティの二つのタイプとしてローカル（local）とコスモポリタン（cosmopolitan）を提唱したのがグールドナーであった（Gouldner, 1957）。この二つのタイプは，以下の三つの変数によって区別される。それは，①組織に対する忠誠心，②**プロフェッショナル**としての技能や価値へのコミットメント，③**準拠集団**の志向性，である。ここで志向性とは，準拠集団が組織の内にあるのか，外にあるのかということを意味している。

　ローカルとは，組織に対する忠誠心が強く，プロフェッショナルとしての技能や価値にはあまりコミットせず，準拠集団が組織内にあるような人々のことである。組織内で認められ，組織内でしかるべき地位につくことを目指す。このような人々にとっては，上司から評価を得ること，同僚から評価を得ることが非常に重要になる。組織に所属し，かつ帰属の程度が強い人々である。

　コスモポリタンとは，組織に対する忠誠心は強くなく，プロフェッショナルとしての技能や価値に強くコミットし，準拠集団は組織の外にある人々のことである。組織内で認められることより，組織横断的な，自らが所属するプロフェッショナルの集団で認められることを重視し，自らの専門的な知識や技能に磨きをかけることに専心する人々である。組織内で評価を得ることや，組織内の出来事にはあまり関心がない。組織に所属し，かつ帰属の程度が強くない人々である。

4 組織で働く

　昨今のように組織の不安定さが強調されるようになると，ローカルとして，いわば組織に入れ込んで生きていくことに対して多くの人は不安を感じることになる。それならば，組織に所属しながら，強くは帰属せず，企業特殊的技能よりも，組織外でも通用する一般的技能を磨いて，他の組織でも十分働ける実力を培いながら仕事をしていくという生き方を目指そうということになる。これ自体決して問題視すべきことではないし，会社が安定感に欠ける状況ではむしろ当然の自己防衛といえるだろう。しかし，一方で，ローカルがいなければ組織は稼動しない。組織内でしかるべき地位にいる人たちは，ローカルでなければならない。

　組織とどのように対峙し，そこでどのように働くのか，何にアイデンティティを求めて働くのか，個人個人がしっかりと選び取っていかなければならないということになる。

（髙木浩人）

▷**プロフェッショナル**
高い専門的知識・技術を保有していることによって成り立つ職業。

▷**準拠集団**（reference group）
意見，態度，行動などの基準となる拠り所を提供する集団のことである。多くの人の場合，最初の準拠集団は家族である。人は，準拠集団との関係において，意見，態度，行動などを形成していくことになる。必ずしも所属している集団である必要はなく，「できればメンバーになりたい」と思っている集団が準拠集団になることもある。

参考文献
Gouldner, A. W., "Cosmopolitans and locals: Toward an analysis of latent social roles-I," *Administrative Science Quarterly*, 2, 1957, pp. 281-306.

第3部　集団レベル

I　グループ・ダイナミックス

4 斉一性への圧力（同調と逸脱）

1　規範とは何か

　多くの組織や集団には，「〜すべきである」「〜すべきではない」といった共有された信念が存在する。明文化はされていなくても，メンバー間では共有されている。このような信念のことを一般に規範（norm）と呼ぶ。規範は，その組織や集団における望ましい行動，望ましくない行動の拠り所となる。明文化された法律ではないから，通常これを破っても公式の罰則が与えられることはない。しかし，その代わりにいわゆる社会的制裁，例えば仲間はずれにされるといった罰が与えられることになる。つまり，組織なり集団には，メンバーを規範に従わせようとする斉一性への圧力が存在する。メンバー側からいえば，規範に同調するように圧力をかけられることになる。組織に所属するということは，その圧力を受けることを覚悟し，承諾することでもある。承諾しなければメンバーになれない。

2　斉一性への圧力と逸脱

　ではなぜこのような斉一性への圧力が存在するのだろうか。それは，効率を目指すからである。各人が思い思いのままに振る舞っていたのでは，目標の達成は覚束ない。特に目標の達成が優先される組織では，斉一性への圧力が強まることになる。

　ただ，必ずしも効率性の追求が求められない状況であっても，人には同調傾向の見られることを多くの研究が明らかにしている。線分の長さを判断させる**アッシュの実験**はその代表的なものである。明らかに間違った答えでも，自分以外の周囲の全員がそれを主張すれば，逆らうことは難しくなる。この際，周囲にいる人々とは何らかの目標を共有しているわけではないし，効率性が求められているわけでもない。したがって，人には本来同調的な傾向があり，組織に入ればそれがより強く求められるようになるということである。

　組織には斉一性への圧力が存在するが，すべての人が等しくそれに従うわけではない。なかにはそこから外れる人，逆らう人が出てくる。逸脱者である。通常逸脱者が出ると，周囲のメンバーから，規範に従うように説得が行われる。特に凝集性の高い集団において，それが熱心に行われることが知られている（Schacter, 1951）。しかし，ある程度説得が行われても効果がなければ，逸脱者

▷アッシュ（Asch）の実験
1人の被験者と7人のサクラに正解が明白な線分の長さ判断をさせる実験であり，7人が一致して誤った回答をすると，被験者の約3分の1の回答が誤った回答と同じ誤りか，長さにおいて同一方向への誤りをしていた。集団圧力がいかに強力なものであるかを示した実験である（Asch, 1956）。

への働きかけは低下していく。その後，逸脱者に対して前述のような社会的制裁が与えられることになる。

③ 少数者の影響（minority influence）

組織にとって，逸脱者をどのように扱うかは難しい問題である。規範に背くものとして排除するのか，何かをもたらしてくれる可能性を信じるのか判断しなければならない。この点については，社会心理学領域の少数者の影響の研究が参考になる。モスコヴィッチ，レイジとナフレショーは，色判断を課題とした実験を行い，たとえ少数者でも，自信をもって一貫して主張を続ければ，多数派に影響を及ぼす可能性のあることを見出した（Moscovicci, Lage & Naffrechoux, 1969）。この際，少しでも自信や一貫性がゆらぐと，その影響は急激に低下することが明らかとなった。モスコヴィッチらの実験では，青いスライドを少数者が一貫して「緑」と言うことで，多数派から8.42％の「緑」という回答を引き出した。さらに，少数者は思考のレベルで様々な影響を及ぼしていることが，その後のネメス（Nemeth, C.）らの研究で明らかとなった。少数者の影響も無視できるものではない。

④ 収束的思考（convergent thinking）と拡散的思考（divergent thinking）

ネメスとクワンは，文字列からできるだけたくさんの単語を見つけさせるという課題を用いた実験で，多数派が少し変わった方略を用いた，とフィードバックされた被験者（多数派条件）よりも，少数派が少し変わった方略を用いた，とフィードバックされた被験者（少数派条件）の方が，以降の課題でより多くの単語を見つけたという結果を報告している（Nemeth & Kwan, 1985）。この際，多数派条件の被験者は多数派が用いたという，少し変わったやり方にこだわったのに対して，少数派条件の被験者は，少数派が用いた，少し変わったやり方にこだわらず，あらゆるストラテジーを駆使していたのである。

つまり，人は多数者の意見を与えられると，そのやり方はまねるが，そこで思考はストップしてしまう（＝収束的思考）。一方，少数者の意見を与えられると，思考はそこでストップせず，他の可能性を探るような思考へと至るのである（＝拡散的思考）。これが新たな発想，優れた意思決定，創造性へとつながる場合もあるのではないかと考えられる。このように，少数者は，思考レベルで様々な影響を及ぼしうるのである。

以上のような研究から，逸脱者を，例外なく直ちに排除するのは得策ではないことがうかがわれる。もちろん逸脱の程度にもよるが，可能な限り許容し，受け入れるような姿勢が求められるといえるだろう。

（髙木浩人）

参考文献

Nemeth, C. & Kwan, J., *Minority influence, divergent thinking and dectin of correct solutions*, Department of Psychology, University of California, Berkley, 1985 (cited from Nemeth, C. & Kwan, J., "Originality of word associations as a function of majority vs. minority influence," *Social Psychology Quarterly*, 48, 3, 1985, pp. 277-282).

I　グループ・ダイナミックス

5　アイヒマン実験

▷ミルグラム（Milgram, S.：1933-1984）
ユダヤ系の心理学者，『服従の心理―アイヒマン実験』の著者として知られている。

1　アイヒマン実験とは

　実験者の名前をとってミルグラム実験ということもある。アイヒマンとは，第二次世界大戦中，ヨーロッパでユダヤ人が多く虐殺されたが，それが行われた強制収容所の責任者の1人である。戦後，南米で逮捕され，イスラエルで裁判を受け，死刑の判決，そして執行された。上官に命令され，それに従っただけであると終始一貫して主張したが，それを実験的に再現したのが，アメリカの心理学者ミルグラムである。

　実験の意図を知らされずに集められた被験者たち，いわばアイヒマンのような市井の市民である。彼らに対して，実験協力者は，間違っていれば制裁を加えてもよいという教師の役割を演じるよう指示を受けた。この場合は電気ショックである。結果的には彼らは，実験者の指示に応えて，生徒役である実験協力者が，演技ではあるが，苦痛に耐え切れずもうやめてほしいと訴えているにもかかわらず，被験者は指示に従ってショックを与え続けたのである。何人かの教師役の被験者は，生徒の絶叫を聞きながらも平然と実験を続行したということである。

　普通の市民でも，権威のある命令者から，たとえ不当であると思えるような指示を受けても，合理的な判断を自ら放棄して，それに服従してしまうということを明らかにした。だれでもアイヒマンになる可能性があるということである。組織の中では，少なくない人たちが，組織のために，という名目で残虐な行為に及ぶことが示された。善良な市民も組織の中では，メンバーであるということだけで，最少限の常識を平気で捨て去ることもあるというのである。普通の市民が命令されると平気で他人を殺すことさえあるということである。

2　組織の非情

　1人だけではできないことが少なからずある。2人，3人と集まって，互いに助け合って，できないことをできるようにする。それでもできなければ，さらに多くの人たちに声をかけて，できるようにする。2人の仲間が，やがて3人になり4人になる。小さな集まりが次第に大きくなり，そのうちに，それぞれの立場や役割が定まった集団になる。きまりがつくられ，成文化され，誰もがこれを遵守しなければならなくなる。これが組織である。

組織では，各自は自身のためではなく全体のために，それぞれの持ち場で働かなければならない。全体の目標を達成するために，個々の小さな幸せを犠牲にしてまでも，全体のために働かなければならないことがある。この場合，組織とは必ずしも住み心地のよいところではない。自分の気持ちに合わないことをさせられることもある。自らの信念に背いて，嫌なことを無理強いされることもある。それだけでない。先に述べたアイヒマン実験のように，他人を不幸にすることさえなくはない。現代史の中でまだごく新しい経験として，生々しい記憶の中にあるだけではなく，今なお経験しつつあることかもしれない。

　そこまで極端ではないとしても，いわゆる会社人間はそれに近い。会社のためには滅私奉公，法律を破っても平気な人である。彼らが戯画的に描かれる背景には，会社のために，自分を失い，誇りを捨てた人への嘲笑がある。しかし，対岸の火事と笑いながらも，もしかしたら，わが身を鏡に写した姿ではないかとふと思い当たる人も少なくはないはずである。

　組織が硬直に向かい，いわゆる病理現象を来すこと，それが人間にとって好ましくないことは，これまでに幾度となくいわれてきたことである。しかし，それでもまだ，言い足りないことが残されているのではないかと感じるほど，組織と人間の危うい関係は，多くの人々の皮膚感覚の一部になっている。多くの人たちにとって，組織は両面価値の存在である。**ヒューマン・オーガニゼーション**と**ワーク・オーガニゼーション**はそれほど折り合いが難しいといわなければならない。組織のメンバーであること自体が苦痛である人もいる。それから逃れたいと思う人もいるに違いない。

3　全体主義への近似

　全体を調和させ，それを維持するためには，部分，そして，個々は犠牲を強いられる。目標を達成するためには，命令に対するスムーズな応諾がなければ，組織は統合されたシステムを成り立たせることができない。とすれば，全体主義は，組織を支えるイデオロギーでもある。全体主義は政治社会のことだけではない。教科書の中だけでお目にかかる言葉でもない。日頃の組織の中の，何気ない生活の中に深く巣喰っていて，機会があれば，いつでも頭をもたげてくるような身近なものである。アージリスによれば，人間性と組織は本来折り合わないものである。

　組織は人間のためにあるとは，必ずしもいえないところに，現代社会における組織論や管理論の危うさがあり，恐さがある。その危うさや恐さから目を逸さないためにも，組織が，現代社会のために不可欠な制度であることを認めつつ，組織におけるこの二律背反を注視しなければならない。組織とは，この社会のために，役に立つものであるが，危険なものでもある。人間的であると同時に非人間的でもある。

（田尾雅夫）

▷**ヒューマン・オーガニゼーション**
人の集合として捉えた場合の組織。

▷**ワーク・オーガニゼーション**
目標を達成するための仕組みとして捉えた場合の組織。これらは二つの折り合いが難しいが，車の両輪として組織を支えている。

参考文献

Milgram, S., Obedience to Authority, Harper & Row, 1974.（岸田秀訳『服従の心理―アイヒマン実験』河出書房新社，1975年）

Argyris, C., *Personality and Organization*, Harper & Row, 1957.（伊吹山太郎・中村実訳『組織とパーソナリティ』日本能率協会，1970年）

Ⅰ　グループ・ダイナミックス

6　チーム・ビルディング

1　チーム・ビルディングの必要性

　そもそもチームとは何か，なぜ個人ではなくチームを多用するのか，それを理解することで，チーム・ビルディングの重要性を知ることができる。

　チームとは**集団（グループ）**の一形態であり，「協働を通じてプラスのシナジー効果を生む。個々の努力は，個々の投入量の総和よりも高い業績水準をもたらす」（Robbins, 2005）ものであるとされる。組織が注視しているのは，チームのもつ業績向上をもたらすシナジー効果にある。チームは，共通のゴールをもった2人以上の個人で構成される。チームの中で，個人は様々な役割や責任をもち，ゴールの達成に向けて社会的な相互作用と職務の相互依存関係をもちながら，仕事を進めていく。昨今の組織は技術や知識の進展，多様化する市場の要請にさらされ，それらに柔軟に対応しなければならない。チームは，組織内の必要な人材を一時的に集めて職務を遂行できる柔軟な組織編成の一形態である。チームは組織内の既存の人材を集めて編成されることで，人材採用等の余分なコストをかけることなく，シナジー効果から組織の業績を向上させることを可能にするツールと考えられている。

　しかしながら，チームを形成すれば，人々が効果的・効率的に働くとはかぎらない。チームを編成しても，シナジー効果が得られないことがしばしば問題となる。高いシナジー効果を発揮するにはそれなりの組織による介入が必要である。そのような組織的介入の一つとして，チームを効果的・効率的に変化させるチーム・ビルディングが注目されているのである。

2　チーム・ビルディングとは

　チーム・ビルディングとは，効果的に職務を遂行するために，メンバーのニーズを満足させることを支援することで，チーム活動の改善に焦点をあてる**組織開発**施策の一つである。活動を妨げる問題は常に起こりうる。障害や問題が生じたときに，それを確認し，問題を解決して効果的なチームに変えることが必要となる。そのための手法として，コンサルタントなどの第三者の力を借りながら，**アクション・リサーチ**を使う。その過程で，目標設定と優先順位を明確にして，チーム・メンバーに各自の役割や責任を理解させ，メンバー間で信頼を構築する環境を設定し，対人関係を発展させていく。

▷集団（グループ）
「特定の目的を達成するために集まったお互いに影響を与え合い依存しあう複数の人々」（Robbins, 2005）と定義される。

▷組織開発
⇨ 5-Ⅲ-4 「組織開発」

▷アクション・リサーチ
情報の収集とその分析に基づいて，目標設定モデル，コミュニケーションを改善する対人関係モデル，役割モデル，チームのタスク関連のプロセスを明確にする問題解決アプローチを組み合わせ措置を講じて，チームを改善する。

③ チーム・ビルディングのプロセス

　チームがどのように発展するかをその経緯を示すものに，チームの発展段階といわれるモデルがある。このモデルではリーダーとメンバーがチームを改善するために各段階で取り組むべき課題，チームの特性，リーダーやメンバーの役割が明らかにされている。チーム・ビルディングではそのモデルに従って，チームを変革していくことが求められる。タックマン（Tuckman, B. W.）によれば，以下のような四つの段階からなる。

【形成期】　チームを形成し，チーム・ゴールを明確にする初期段階である。メンバーは，お互いの経験やタスク，役割などの情報を収集するが，関係性が希薄であったり皆無であったりすることから，収集する情報は制限される。チームのビジョンやゴールを明確に表明するため，リーダーは指示的になり，メンバーもリーダーに従順な傾向が強い。

【騒乱期】　チームに競争や緊張関係が生じる段階である。メンバー間で各自の役割や責任，専制的なチーム・プロセスを行うリーダーシップと対立する時期である。リーダーは，メンバー間の議論を促し対立の解決に積極的に取り組まねばならない。そのために，メンバーの気持ちを慮り，快適な環境をつくり出そうとする支持的な行動をとることが望ましい。

【規範期】　メンバー間に行動規範が確立される時期である。積極的かつ協力的に取り組み，凝集性とチーム・アイデンティティが発展し，チームが形成されたといえる段階である。リーダーは，メンバーとの相談によって物事を決めようとする参加的な行動に変化する。

【実行期】　チームとしての意思決定や協力を通して，リーダーとメンバーがチーム・パフォーマンスに集中する時期である。リーダーとメンバーは，協働タスクを重視し，協働関係が最も調和している状態になる。リーダーは，メンバーの能力を信用し，メンバーの一員となりながら，よりいっそうの改善・革新，そして目標達成指向的な行動に向かうのである。

④ プロジェクト・チームとチーム・ビルディング

　プロジェクト・チームは，各部門から構成されるため，仕事に対するアプローチやゴール，価値観が異なっていたり，お互いの役割や認識が異なるなど，対立を起こしやすい要素を多く含んでいる。プロジェクト・チームを多用する組織では，チームを有効に機能させるために，積極的にゲーム・ビルディングを取り入れている。また，一般的なチームよりも多様性が増すため，チームの形成段階を重視したチーム・ビルディング・ミーティグ（キックオフ・ミーティング）を実践したり，コミュニケーション・マネジメントを取り入れたチーム・ビルディング・スキルを開発し実践している。

（草野千秋）

▷1　モデルの段階は一時的なチームか継続的なチームなのかで異なる。一時的なチームあるいはチームが継続できない場合は，解散期を加えた5段階となる。

▷2　対立が集団の崩壊や一部メンバーの離散の可能性を高める一方で，対立の表面化が開放性をもたらし，メンバーが多様な見解を共有し相互理解が深まってチームの凝集性が高まることもある。

▷プロジェクト・チーム
独自の製品・サービスを創造するという特定の目的を遂行するために，それらに関する知識・スキルをもつ人材を各部門から選抜して編成したチームであり，プロジェクトの終了時に解散する。

参考文献
Robbins, S. P., *Essentials of Organizational Behavior, 8th Edition,* Pearson Education, Inc., Prentice-Hall, 2005.（高木晴夫訳『(新版) 組織行動のマネジメント』ダイヤモンド社，2009年）

Ⅱ　リーダーシップ

1　リーダーシップ

1　定　義

「リーダーシップ」は，ありふれた単語として多くの場面で使われている。しかしながら「リーダーシップ」に関する明確な定義はなく，様々な見方がされ，様々な用いられ方がされている。一般的には，「リーダーシップの発揮」とは上司があれこれ部下に命令を与えて，指導者としての役割を果たすことと想定して用いられることが多い。例えば，社長のリーダーシップへの期待，あるいは首相のリーダーシップへの期待等々，これはよく耳にする用いられ方だろう。しかしながら，"リーダーシップの発揮"とは，地位のある人間が役割を果たす，ということのみを意味するわけではない。たとえ部下をもっていない立場であったとしても，リーダーシップは発揮することができる。また，バダラッコのいう「静かなリーダー」は，ヒーロー型ではなく慎重に，目立たずに望ましいと思われることを実践して，現実的な解決を図っていく。

リーダーシップは様々な見方がされるが，それぞれの見方や用いられ方で一貫しているのは，対人的に他者になんらかの影響を及ぼすということである。この考え方の延長線上に，リーダーシップとは変革を起こす能力，という見方もある。

▷1　これまでのリーダーシップ研究の多くは，リーダーシップのスタイルに焦点が当てられてきた。そのスタイルについては，次項で説明する。

▷2　Badaracco, J. L., "Leading Quietly," Harvard Business School Press, 2002.（高木晴夫監修・夏里尚子訳『静かなリーダーシップ』翔泳社，2002年）

2　リーダーに期待される役割

リーダーに期待される役割としては，目標に向かって人を導くことや，他者の貢献を喚起させることがある。まず，貢献意欲を喚起させるということは，部下を意のままに動かすということではなく，自然にモチベーションづけるということである。これは，部下が自主的に行動することにつながる。

他者に与える影響力の源泉としては，職階が一般的な形として想定される。企業だと一般社員よりも社長の方が，サークルだと一般部員よりも部長の方がリーダーシップの源泉をもっているということになる。組織における階層がより高い方が，部下に影響を与えやすいからである。役職に付随する役割とリーダーの役割は一致する部分もある。

また，これは役職と同様でもあるが，必ずしもリーダーに専門性は求められない。最も専門性に優れた人間がリーダーにふさわしいというわけではなく，目標達成のための体制づくりや，他者の貢献を喚起させることの方が，リーダ

ーに期待される役割だからである。よい選手がよい監督になるとは限らないことを想定して、例えば野球選手と監督の関係を思い浮かべてもいいだろう。

次のリーダーをつくるということも、組織にとっては重要である。よって組織のリーダーは、常にリーダーシップを発揮するわけではなく、逆に**フォロワー**に回るべきときもあるだろう。

さらに、リーダーには全体を見渡して組織の状態を把握しておくことも期待される。例えば団体で登山する場合では、先頭はサブリーダーが配置され、2番目からは体力のないもの順に並び、リーダーは最後尾に配置される。リーダーは最後尾にいることで全体を見渡すことができるので、体力のない人にも目を向けることができ、組織の正確な認識が容易となる。こうした状況判断も含めて、組織のリーダーに期待される役割は大きい。

③ リーダーとフォロワー

組織の目標達成を考える上では、リーダーの役割のみを検討するだけはなく、フォロワーの役割にも着目することが必要である。フォロワーが組織の目標達成にも関係しているとの認識は、近年では広がっている。リーダーのみが、組織の目標達成を規定するわけではなく、フォロワーも十分に組織の目標達成に作用するからである。

フォロワーの役割としては、リーダーに率先してついてゆく、すなわち命令を進んで受け入れる役割と、必要に応じてリーダーに対して批判的に不服従をする役割がともに期待される。例えばリーダーが命令する内容よりも最適な方法があるならば、それを指摘することや、あるいはリーダーの誤りを指摘することなどが想定される。ここで、リーダーとフォロワーの**パワー（権力）**について見てみよう。パワー（権力）もリーダーシップと同じく、他者に対して影響力をもつことを意味する言葉である。この二つの言葉は、相互に入り組んで関係しているが、最も大きな違いは目標の設定にある。リーダーはパワー（権力）を用いて他者に影響を与えることになるが、フォロワーに目標を受け入れさせることが必要となる。一方で、パワー（権力）は必ずしも、パワーの所有者と受け手が同じ目標をもつわけではない。相手の依存性を高めて、強制的な支配を志向するパワー（権力）とは、この点でリーダーシップは異なっている。

以上に述べたことの関連でいえば、リーダーとマネジャー（管理者）は区別すべきである。マネジャーは公的にパワーを有するとされるが、リーダーは対人的に、非公式的に影響を及ぼすことになる。マネジャーの場合、パワーの受け手は部下である。フォロワーではない。しかし、マネジャーがリーダーと重なる場合、より強力に影響を及ぼすことになる。

（本間利通）

▷フォロワー
リーダーシップは他者に影響を与えることとしたが、フォロワーは逆に影響を受ける側として定義することができる。リーダーとフォロワーはお互いに影響し合う関係ではあるが、リーダーは1人であるのに対し、フォロワーは多数いることが想定される。リーダーシップと比べると、フォロワーシップは一般的な用語としてはあまり用いられていないが、フォロワーシップがもつ影響力は非常に大きい。リーダーが影響を発揮しやすいかどうかは、フォロワーがいるかどうかということになる。

▷パワー（権力）
その源泉には、強制力、報酬力、正当権力、専門力、準拠力がある。

Ⅱ　リーダーシップ

2　特性説

1　特性説とは

　リーダーシップの特性説は，リーダーになれる人とリーダーになれない人との差を，身体的特徴や性格特性の違いに見出す説である。リーダーシップに関する研究で，最も古くからあるアプローチである。研究の出発点は1930年代の米国であり，リーダーにふさわしい身体的特徴は何か，あるいはリーダーにふさわしい性格特性は何かを探るべく，様々なリーダーにおける共通の特性を探し出す試みが行われた。そこでは，リーダーになれる人はリーダーになれない人とは違う特殊な特性をもっていることが想定されていたのである。このような想定の下で，外見，身長，性別などの身体的特徴から，社交性や熱意，知能等の性格特性などの心理的側面が調査された。調査対象はすでにリーダーとなっている人であり，特性説はリーダーとリーダーシップを同じものとみなしていた。

2　特性説の限界

　しかしながら，上記のような特性説によるアプローチは一貫した結果を得ることができず，すべてのリーダーに共通した特性を見出すことは，リーダーシップの有効な解明にはなり得ないとする見方が強くなった。どのような場面・状況でも発揮できるリーダーシップを探る，という普遍的なアプローチでは，矛盾した結果が出ると特定が難しくなるからである。例えば，リーダーの性格特性として，「きびしさ」が必要なときもあれば「やさしさ」が必要なときもあるだろう。二つの属性が両立しにくいときに，こうした普遍的なアプローチの説明力は限られたものとなる。

　特性説の強みとしては，リーダーの特性として測定された項目の「わかりやすさ」がある。「身長」，「性別」などの物理的に測定可能な指標を用いることの「わかりやすさ」は，特性説の大きな強みであった。さらに，リーダーシップを生まれつきの器としてみることは，リーダーは偉人だけがなれるものという視点につながる受け入れやすいものであった。しかしながら，このことが問題を引き起こすことになる。特性説で調べられた指標は，変化しにくいものが多かった。上記の身長や性別をはじめとした身体的特徴もそうであるが，知能や性格などの特性も変えることは難しい。特性説は，**リーダーの育成**のため，

▷リーダーの育成
普遍的・効果的なリーダーの行動を明らかにすることができれば，それを学ぶことはリーダーの育成につながる。この想定で，リーダーの行動に焦点を当てた学説もある。⇨ 3-Ⅱ-3 「役割分化」のオハイオ研究，ミシガン研究を参照。

というよりもリーダーを探すことにつながる説であったが，この立場を取ることは，差別につながりかねないリスクを含んでいたのである。

　さらに，特性説によるアプローチは，測定方法に問題があるとされた。リーダーがもつと想定された特性には，主観的な判断に委ねられる項目が多い。例えば，身体的特徴について「外見」などは測定が難しい項目である。さらに，性格特性を調べる際も，社交性・社会的スキルを正確に測定しているのかどうかについての尺度の妥当性は低かったのである。身長や性別などとは違って，性格特性の測定方法は特性アプローチによる調査それぞれでも異なっていた。信頼性も乏しいといわざるを得ない。

　これらの限界があるものの，特性説は実務的な領域では有力なリーダー観とされることが多く，理論とのギャップが見られる。たしかにリーダーとなる，あるいはリーダーシップを発揮するということにおいて，個人的特性を全面的に否定することはできない。実務的な場面で必要とされるリーダーとなるためには，行動的なアプローチでの解決は困難であるからだろう。

3 特性説の課題

　特性説は，その後の実証的な研究によっては一貫した結果を得ることはなかったが，身体的特徴や性格特性がリーダーシップの発揮の際に意味をもたない，という否定的な見解はされなかった。リーダーシップを理解する上で，リーダーとしての特性は全く無視できるものではない，ということは一般的な見解としても受け入れられている。

　行動的なアプローチの限界からも，特性説は再検討されるようにもなっている。例えば，**カリスマ**や**アントレプルナー**についての議論はリーダーの特性にも着目をする，いわば特性説への回帰とも読み取れる。特性説は，リーダーシップを解明する効果的なアプローチではないとする評価もあるが，「個性」が重視される文脈で，特性アプローチによって読み解けるところは多いであろう。したがって，その限界を承知した上で特性を捉える視点を工夫したり，個性の再概念化を試みることで，新特性説とでもいうべき議論が生まれることになった。前述のカリスマはその延長線上での再検討である。

　成功した経営者やユニークな経営者を論じる際にも，特性説によるアプローチが取られることが多い。エキセントリックな個性や，行動が注目され，それがやがてリーダーを探すための採用活動や，昇進など人事考課にも影響を及ぼすことがある。たしかに，成功したリーダーにとって効果をもっていた特性であることは，疑いの余地なく受け入れられる。しかしながら，そのようなエキセントリックな特性がリーダーの条件ということは，それほど自明のことではないことが，特性アプローチの限界である。

（本間利通）

▷カリスマ
⇨ 3-Ⅱ-7「カリスマ」
▷アントレプルナー
⇨ 3-Ⅱ-8「アントレプルナー」

Ⅱ　リーダーシップ

3　役割分化

1　リーダーにおける役割分化

　組織論において，「役割（role）」とは，ヒトが社会的に学習し獲得したもので，適切な状況で自覚的に遂行することが求められるような役回りのことをいう。この「役割」は必ずしも一つであるとは限らず，例えば病院長が「医師（の長）」という役割のほかに当該病院の「経営者」という役割をもつように，実際には複数の役割を担うことがある。そして，「医師」として求められる態度や意思決定と「経営者」としてのそれらが対立するような場合を，役割葛藤（role conflict）が生じるという。役割葛藤が生じると，やがて，この二つの役割は，2名の人物によってそれぞれ担われるようになる。例えば，病院長が「経営者」としての役割を，副院長が「医師（の長）」としての役割を，それぞれ担うようになるのである。このように役割が分担されることを，「役割分化（role differentiation）」という。

2　リーダーシップの二次元構造

　リーダーシップは，二つの次元に分けることができる。ベールズとスレーター（Bales and Slater, 1955）によれば，リーダーの役割は，課題領域の専門家と社会情緒領域の専門家の二つに分けられる。すなわち，前者は仕事中心のリーダーシップであり，後者は人間関係中心のリーダーシップである。田尾（1999）は，この点に着目して，「やり手のボスとなだめ役の二人三脚で職場集団をまとめること」，つまり，仕事のできるリーダーが部下に人気があるとは限らず，仕事のできるリーダーと人間関係をまとめるリーダーが一つの集団の中に共存することを指摘している。

　これまで行われてきたリーダーシップ研究では，いずれもこのような二分法で議論されている。オハイオ研究では，配慮（集団メンバー間で生じる緊張やストレスを和らげ，人間関係を友好的に保つような働きかけ行動）と体制づくり（集団目標の達成に向けてメンバーを動員し効果的に統合する行動）の二次元で議論された。ミシガン研究では，従業員の福利を重視する従業員指向（employee oriented）と職場集団の効率性と生産性を重視する生産性指向（production oriented）の二つの行動次元が提示された。有名な PM 理論も，業績達成（performance: P）と人間関係の維持（maintenance: M）の二次元モデルである。このように，集

▷1　田尾雅夫『組織の心理学（新版）』有斐閣，1999年。

▷2　オハイオ研究，ミシガン研究は，ともに1950年代に研究された。PM 理論は，三隅二不二（1978；1984）によるモデル。

図3-1 リーダーシップの二次元構造

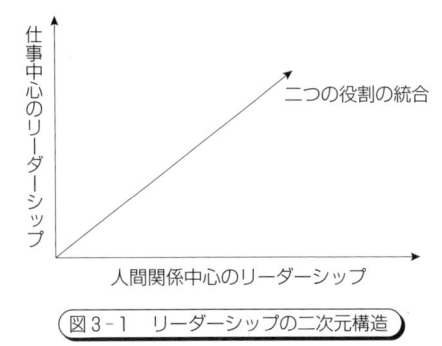

出所：田尾雅夫『組織の心理学（新版）』有斐閣，1999年，172頁。

団作業においては，集団目標を効率的効果的に達成することと，人間関係を良好に保つことの2種類のリーダーシップが求められるのである。

もちろん，仕事のできるリーダーが人間関係をまとめることも得意で，部下からリーダーとしてふさわしいと認識されているような場合，すなわち1名のリーダーが2種類のリーダーシップの両方を有するような場合においては，役割分化は生じない。

3 専制的リーダーシップと民主的リーダーシップ

リーダーシップの二次元構造は，専制的リーダーシップと民主的リーダーシップというような捉え方もできる。そこに放任的リーダーシップも加えて3種類のリーダーシップで議論されるような場合もある。リーダーシップは，集団形成（group formation）に影響を与える諸要因（タスク，境界，規範，権威のダイナミクス）を中心に議論されることが多いが，特に権威との関係でいえば，集団作業は，一元化された権威に基づく命令に迅速に反応することが求められるような状況でよく機能するとされている。しかしまた，リーダーの過剰な独立心が，結果として意思決定に必要なフォロワーからの進言を妨げるような場合があることも指摘されている。例えば，航空機機長の権威に関する研究から，集団作業で高い効果をあげていた機長は，民主的権威から専制的権威までの範囲で状況に応じて自身の権威を変えていたことや，反対に放任的権威の機長は集団作業の効果が低かったことなどが示されている。

（深見真希）

▷3 レヴィン（Lewin, K.）率いるアイオワ研究として知られており，後続の研究に大きな影響を与えている。

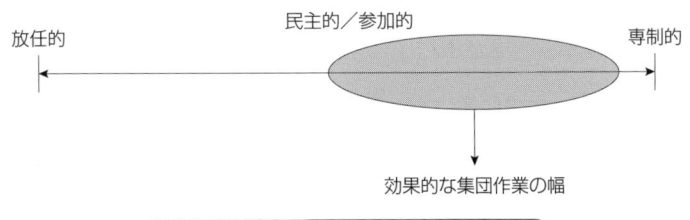

図3-2 集団作業における権威のダイナミクス

出所：Wiener, E. L., Helmreich, R. L. & Kanki, B. G (eds.) *Cockpit Resource Management*, Academic Press, 1993, p. 89 より筆者作成。

Ⅱ　リーダーシップ

4　状況適合モデル

1　状況適合的なリーダーとは

　リーダーシップ研究は，個人的な資質や能力に関する議論から，やがて，状況に応じて求められるリーダーシップが異なるという，状況適合に関する議論へと焦点が移されるようになる。以下では，状況適合に関する主なリーダーシップ研究を紹介する。

2　フィードラーのコンティンジェンシー・モデル

　状況適合に関するリーダーシップ研究の代表的な理論は，フィードラー（Fiedler, F. E.）のコンティンジェンシー・モデル（contingency model，状況適合モデル，あるいは条件即応モデルともいわれる）である。これは，LPC（least preferred coworker）という尺度を用いてリーダーシップの有効性を測定するものである。least preferred coworker とは，直訳すれば「一緒に仕事をしたくない人」という意味であるが，要はそのリーダーが対人関係に示す寛容さの程度を示す概念である。18の形容詞で構成されるLPC尺度を用いてリーダーに評定してもらい，それを得点に換算する。LPC得点が高ければ人間関係を重視するタイプ（高LPC），逆にLPC得点が低ければ業績を重視するタイプ（低LPC）というように識別される。高LPCのリーダーは人間関係を重視するため苦手な仕事仲間に対して受容的であるが，低LPCのリーダーは人間関係を重視しないので苦手な仕事仲間に対して否定的である。

　このLPC得点と状況条件を合わせて，効果的なリーダーシップを導き出すのが，コンティンジェンシー・モデルである。このモデルによれば，リーダーの状況統制力が高い場合と低い場合は，低LPCのリーダーが効果的であり，状況統制力が中程度の場合は高LPCのリーダーが効果的であるとされている。

3　パス・ゴール・モデル

　リーダーのとるリーダーシップ行動が有効であるかどうかは，フォロワー（部下）の目標（ゴール）達成への通路（パス）になっているかどうかによる，という考え方が，パス・ゴール・モデルである。すなわち，リーダーシップ行動とメンバーの満足度は，職務遂行の自律性の度合いなどの要因によって決まってくる，という理論である。

▷1　ハウスとミッチェル（House & Mitchell, 1974）によって提示されたモデル。フィードラーよりも説明が適切であるとして，エバンス（Evans, 1974）やシジラジィとシムズ（Szilagyi & Sims, 1974）らに支持されている。

このモデルでは，リーダーシップのタイプが，①命令型，②支援型，③参加型，④達成指向型の大きく4種類に分けられる。命令型とは，フォロワーの意向に関係なく規則を押しつけ，それに従わせるだけのリーダーである。支援的なリーダーは，フォロワーの気持ちを考慮して彼らに快適な状況をつくりだそうとし，どのようなことでもフォロワーに相談して決めるのが参加型のリーダーである。フォロワーの能力を信用して目標の達成に向かおうとするのが，達成指向型リーダーである。

これら四つのリーダーシップのうち，どれがフォロワーに受け入れられるかということは，フォロワーやタスクの特性などの状況要因が関係してくる。例えば，職務遂行の過程，すなわち目標に向かう通路が明確に示されているような状況や，フォロワーが当該タスクに不満をもっているような状況では，命令型のリーダーは疎まれやすい。なぜならば，目標に向かう通路が明確にわかっているのに，そのうえ指示までされると，たいていのフォロワーは鬱陶しく思うであろう。また，もともとタスクに不満をもっているのをしぶしぶ遂行しているところに，さらに命令されるとフォロワーのモチベーションやモラールはさらに低下することになるだろう。他方，目標に向かう通路が明確でないような場合には，それを明らかに示してくれる命令型のリーダーはフォロワーに受け入れられる。

このように，状況条件によってフォロワーに受け入れられるリーダーシップが異なってくるというのが，パス・ゴール・モデルの特徴である。

(深見真希)

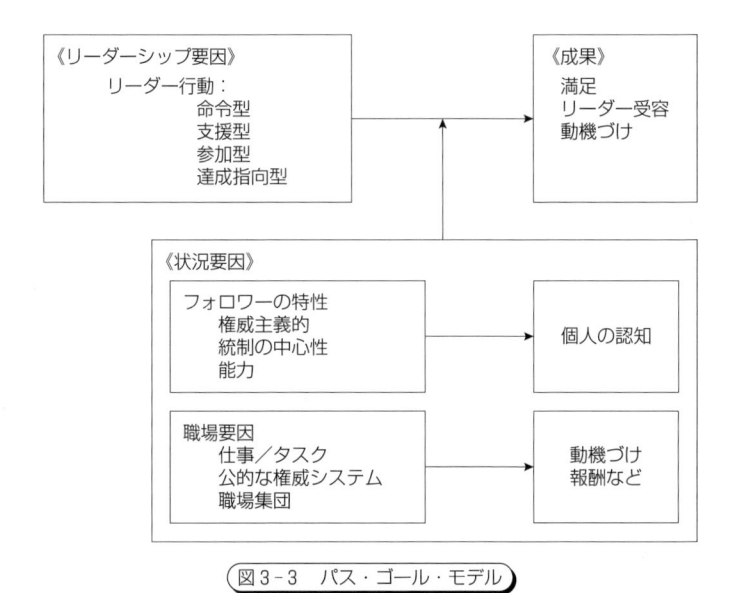

▷2 パス・ゴール・モデルの特徴はフォロワーの特性を考慮している点にあるが，リーダーシップとフォロワーの関係については 3-II-6 「ライフサイクル・モデル」に詳しい。

図3-3 パス・ゴール・モデル

出所：田尾雅夫『組織の心理学（新版）』有斐閣，1999年，177頁。

II リーダーシップ

5 代替モデル

① 代替アプローチ

　リーダーシップは常に発揮できるとも限らず，リーダーの行動が部下になんら影響を与えることができないときがあるかもしれない。あるいはリーダーを必要としないような状況があるかもしれない。例えば面倒見の良いリーダーであっても，部下の特性や仕事の内容次第で，その面倒見の良さが活かされないときがあるかもしれないのである。部下のプロフェッショナル志向が高い場合や，業務の公式化の度合いが高い場合などは，その面倒見のよさが活かされないときもある。面倒見が良くなくとも，部下のパフォーマンスは高いはずである。

　このように，リーダーの行動のみがフォロワーのパフォーマンスに影響を与えるものではないときもあろう。これが代替アプローチのリーダーシップの観点であり，部下のパフォーマンスを決定するのは，リーダーによる影響力（リーダーシップ）のみではなく，特定の状況などもリーダーシップの代替物として機能すると想定しているのである。

表3-1　リーダーシップの代替物

代替物の次元	構造づくり	配　慮
個　人		
能力，経験	×	
独立への欲求	×	×
プロフェッショナリズム	×	×
経済的報酬への無関心	×	×
タスク		
曖昧性のなさ	×	
タスクの処理方法の不変性	×	
達成についてのフィードバック	×	
内発的満足		×
組　織		
公式化	×	
非柔軟性	×	
集団の凝集性	×	×
リーダーの統制下にない組織的報酬	×	×
リーダーと部下の間の空間的距離	×	×

出所：Kerr & Jermier（1978）より作成。訳語は，金井（1991），高尾（2004）を参考にした。

2 リーダーシップの代替,無効化

　ここでいう代替物は,①代替物（substitutes）と,②障害物（neutralizers）とに区別される。①代替物（substitutes）は,リーダーシップの効果を著しく落とし,さらに不必要とするようなリーダーが置かれた状況とされる。②障害物（neutralizers）は,単にリーダーシップの効果を落とすものとされる。すなわち,代替物と障害物の間で,完全に代替できるものかどうかという点で違いがあると定義されている。表3-1では代替・障害物のどちらかの機能をもつものを×とした。

　表3-1によれば,代替物の次元には大きく分けて,個人・タスク・組織の三つの特性がある。その三つの特性についてそれぞれ要素があり,構造づくり・配慮への,代替物・障害物となるのかが示されている。例えば,部下の特性のうちで,「能力・経験」は構造づくり機能を代替・阻害することになる。「独立への欲求」,「プロフェッショナル志向」や「経済的報酬への無関心」などは,リーダーシップの構造づくり機能と配慮機能の両方を代替・阻害することになる。個人に「能力・経験」がある集団の場合はリーダーシップの構造づくり機能は,その属性自体がリーダーシップを必要とせず,代替物として機能することを示している。同様に,タスクの「曖昧性のなさ」は,構造づくりを代替・阻害するが,配慮機能に関しては影響を与えない。組織特性の「公式化」も,構造づくり機能を代替・阻害することになるが,配慮機能には影響を与えないことを示している。

　このアプローチでは,リーダーシップを構造づくりと配慮との二つに分けているが,表3-1は,リーダーは単に構造づくりと配慮を適切に執行できるリーダーが常時最適ではないということを意味している。部下の個人的な特性や,タスクの特性,組織の特性などの状況に応じて,最適なリーダーのスタイルがあることを示唆している。

3 代替アプローチの貢献

　リーダーシップの代替アプローチは,リーダーはフォロワーに対して常に影響力をもつわけではない,との立場にあるものだった。リーダーが与える影響に影響を与える要因を表3-1にまとめたが,要因の特定に関して,実証研究の蓄積が重ねられている。しかしながら,それぞれの要因を測定する尺度も開発されてきてはいるが一貫した結果は多くなく,一定の限界がある。さらに,概念としては示されているが,どのように代替できるかについては要因間の関係が複雑であるためにまだ議論の余地が多く残されているモデルである。同時に,状況要因に関する示唆が豊富なことが予期される実用的価値に期待が寄せられる。

（本間利通）

参考文献

Kerr, S. & Jermier, J. M., "Substitutes for Leadership: Their Meaning and Measurement," *Organizational Behavior and Human Performance,* Vol. 22, 1978, pp. 375-403.
高尾義明「組織のリーダーシップ」二村敏子編『ミクロ組織論』有斐閣,2004年。
金井壽宏『変革型ミドルの探求』白桃書房,1991年。

第3部　集団レベル

Ⅱ　リーダーシップ

6 ライフサイクル・モデル

▷状況適合モデル
⇨ 3-Ⅱ-4 「状況適合モデル」

1 ライフサイクル・モデルとは

　リーダーは状況によって，その役割を変えなければならない。いわゆる**状況適合モデル**である。しかし，そのモデルは一般的に，組織の外部状況の変化を想定している。状況変化は内部にも生じる。リーダーはフォロワーがあっての存在である。どのようなフォロワーがいるかによってリーダーシップは大いに相違する。リーダーとフォロワーの相性を問題にする議論もある。

　ハーシーとブランチャードは，リーダーシップは，フォロワーの成熟の度合いに応じて変化するものであると考え，フォロワー（部下）がまだ成熟していない，意欲も能力もまだ低いところでは（他律的，R1）仕事中心のリーダーシップが望ましく，彼らの成熟（自律的，R4）に伴って，仕事中心と人間関係中心を合わせ，やがて，成熟の域に達し，任せてもよいようになれば，人間関係中心のみのリーダーシップになればよいと考えた。任せても大丈夫になれば，リーダーシップそのものが不要になると考えてもよい。**図3-4**に図示したよ

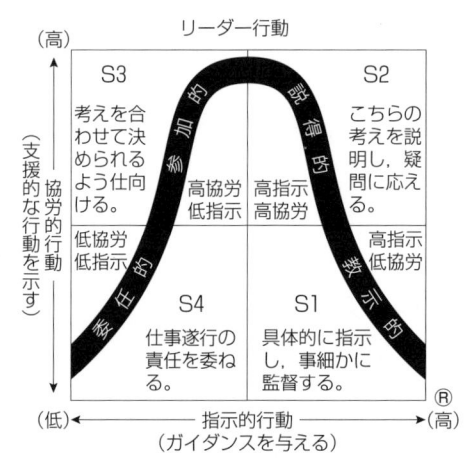

図3-4　ライフサイクル・モデル

うな，S1からS4に至るライフサイクル・モデルであるSL（Situational Leadership）理論といわれることもある。

2 規範的意思決定モデル

集団内部の要因によってリーダーの働きが相違することについては他にもいくつかの議論がある。その一つとして，ブルームらの唱える規範的意思決定モデルがある。決定を部下，つまりフォロワーが受け入れるか，受け入れるに足るだけの能力があるか，そして目標を共有できているかなどの条件の組み合わせによってリーダーのスタイルが相違するとしている。部下の合意や情報の共有が欠かせなくなるほど参加的，または人間関係中心のリーダーシップスタイルが適合的で，その逆は専制的，それには至らないが仕事中心のリーダーシップが望ましくなるということである。部下の質も含めた状況に応じて，規範的に対応すべきスタイルが相違するのである。その状況の変化をリーダーが的確に読み取ることができるかどうかである。

3 部下の育成

以上で指摘できることは，どのようなフォロワーであるかが，リーダーシップのスタイルを決定するということである。ということは部下を，リーダーシップのスタイルに合わせてどのように育成するかという議論に発展する。リーダーに合うようなフォロワーを採用するか，合うように再教育する，研修を施すなどの工夫が要る。依存するだけの部下では，手とり足とりで教えなければならないので，当然管理のコストが膨らむ。部下が自発的に，積極的に何かに向かうという状況であるほど，リーダーの出番は少ない。その代わり，余分なことはしなくて済む。極端をいえば，リーダーシップが必要でなくなるような状況が最も好ましい状況であるといえる。セルフガバナンスの議論と通じるところもある。リーダーもフォロワーもいない自分たちだけで解決できるような集団である。

4 リーダーの成熟

しかし，その場合でも，何か議論をして決定しなければならない場合，意見をまとめ，一つの方向に向かうようにするリーダーの存在は欠かせない。むしろライフサイクルが一巡して成熟した段階に至れば，さらにいっそうの成熟したリーダーシップが必要になる。そのリーダーシップとはどのようなものか，むしろ仕事そのものに向けた上質のリーダーシップにならなければならない。フォロワーが成熟するほど，リーダーシップの内容が深化する，あるいは高度化するのである。

（田尾雅夫）

参考文献

Hersey, P. & Blanchard, K. H., *Management of Organizational Behavior*, 6th, Prentice-Hall, 1993.（山本成二他訳「行動科学の展開」日本生産性本部, 1978年）

II リーダーシップ

7 カリスマ

1 カリスマとは？

そもそも，カリスマ（charisma）とは，「恵み（kharis）」を意味するギリシャ語から派生した言葉である。それが，新約聖書の中では「神の恵み」を表す語として使用され，宗教用語となった。

この言葉が社会学用語として使用されたのは，20世紀に入ってから**ウェーバー**によってである。彼は，著書 *The theory of social and economic organization*（Oxford University Press, 1947）の中で，「支配」を正当化させる根拠として，伝統性，合法性に加え，カリスマ性を提示した。カリスマ的支配とは，超自然的，超人間的，非日常的な個人の資質が，部下に主観的に評価されることによって成立するとされる。

2 カリスマ的リーダーシップ

ここでは，カリスマをリーダーシップの一つの類型として捉え，その定義，特徴，発揮の機会を解説する。

カリスマ的リーダーシップとは，リーダー個人の力によって，フォロワーに対して重大で，並はずれた影響を与えることができるリーダーシップである。カリスマ的リーダーシップの下では，フォロワーはリーダーの超人間的資質を認識し，リーダーのミッション，行動の指示を受け入れる。そして，カリスマ的リーダーは，革新的な社会勢力を象徴し，社会変革の責任を担う存在とみなされる。

例えば，カリスマ的リーダーたる者として，宗教団体における教祖が挙げられる。彼らはフォロワーである信者に対して絶対的な影響力を有し，信者の行動を左右できる。新しい価値観，世界観を切り開く存在にもなりうる。

カリスマ的リーダーの特徴としては，①既存の秩序を超越するビジョンやイデオロギーを有すること，②自信にみなぎること，③**リスク**志向的であること，④英雄的な行動を取ること，⑤環境変化に敏感であること，⑥フォロワーの欲求を理解するセンスに長けること，⑦彼らの自信を鼓舞する能力に優れること，⑧革新的で，しばしば危険な理想を主張すること，⑨言葉巧みなこと，⑩強力なオーラをまとうこと，などが挙げられる。

また，カリスマ的リーダーシップが発揮されるのは，現状の不備が解消され

▷ウェーバー（Weber, Max：1864-1920）
プロイセン（現ドイツ）に生まれ，ベルリン大学などで学び，ハイデルベルグ大学などでの教授職を務めた。その後，社会学や経済学の分野において，『プロテスタンティズムの倫理と資本主義の精神』（1904）などの歴史的な大著を多数執筆した。

▷リスク
一般的には「危険性」を意味し，危険に遭遇する確率の高さを表すが，経済学では「不確実性」を意味し，利得か損失かの意味を含まず，変数の変動幅が大きいことを表す。経営学においては，どちらの意味でも用いられるので，その都度，検討を要する。

なければならないという期待が強い機会である。このような場合に、カリスマ的リーダーが誕生し、理想と現実のギャップを縮める。ここで、カリスマ的リーダーシップはその影響がフォロワーによって受容されなければ意味をなさないので、カリスマ的リーダーはフォロワーが受け入れ可能な構想を提示することが必要である。

3 カリスマ的リーダーと非カリスマ的リーダーの相違

ここでは、コンガー（Conger, J. A.）とカヌンゴ（Kanungo, R. N.）が提示した、カリスマ的リーダーとカリスマ性がないリーダーとの特徴を比較する。

①現状の体制との関係において、前者は現状に反対し、それを変化させるよう努力するが、後者は現状に賛同し、それを維持するように努める。②将来の目標との関係において、前者は現状と全く異なる理想化された将来像を求めるが、後者は現状と余り変わらない将来像を求める。③リーダーの魅力に関して、前者がフォロワーと共有したものの見方や理想的な将来像は前者の魅力を高め、彼を英雄視させるが、後者がフォロワーと共有したものの見方は後者の魅力を高めるに留まる。④リーダーの専門性に関して、前者は既存の価値枠組みを越える**制度化**されていない手法を用いることを専門とし、後者は既存の価値枠組みの中で目標に到達できる入手可能な方法を用いることを専門とする。⑤リーダーの行動に関して、前者は制度化されていない、規範に対立する行動を取り、後者は制度化された、既存の規範に一致する行動をとる。⑥リーダーの環境に対する反応に関して、前者は現状を変えるために、環境に対する高い反応性が必要であるが、後者は現状を維持すればよいので、環境に対する高い反応性は必要ない。⑦リーダーのパワー基盤に関して、前者はフォロワーからの尊敬の念や英雄に対する敬服を基盤とした個人的なパワーを有するが、後者は地位と報酬を基盤とするパワーを有する。⑧リーダーとフォロワーの関係について、前者は革新的な変化を共有するようにフォロワーを転換させるが、後者は彼の将来像とフォロワーの将来像の一致を追求する。

▷制度化
社会的な価値やルールなどによって、ある現象が一定の秩序に基づいて繰り返されるようになること。

4 カリスマの日常化

カリスマをカリスマたらしめているものは、個人の超人間的な資質であった。そして、カリスマは、現状に不備がある非日常において、その誕生が期待される者だった。しかし、人々の中には、そのような非日常が終わっても、カリスマの存在を求める者がいる。彼らにとっては、カリスマがそのリーダーたる役割から退くときに、それを継承する新たなカリスマが必要となる。そこで、家柄や伝統、制度によって、個人の資質とは切り離し、カリスマを誕生させるのである。変容したカリスマであり、カリスマの日常化と言われる。

（秋山高志）

II　リーダーシップ

8　アントレプルナー

1　企業家から起業家へ

　アントレプルナー（entrepreneur）という単語に相当する日本語は二つある。「企業家」と「起業家」である。ここでは，このうちの「企業家」に関する解説を主に行う。

　「企業家」の役割を最初に明確に規定したのは，**シュンペーター**である。彼は，著書『経済発展の理論（上）（下）』（塩野谷祐一・東畑精一・中山伊知郎訳，岩波書店，1977年）の中で，企業家をルーティン（規定業務）だけを実施する経営管理者と区別し，種々の生産要素の革新的な**新結合**を遂行する者と定義した。この新結合とは，経済循環にいったん不均衡を生じさせ，経済を新たな均衡点へと進展させる，すなわち，「創造的破壊」をもたらすと考えられた。具体的な新結合の類型は，①新しい財貨の生産，②新しい生産方法の導入，③新しい販売先の開拓，④新しい仕入れ先の獲得，⑤新しい組織の実現（独占的な地位の形成やその打破），という五つが挙げられる。

　また，近年では，種々の生産要素の新結合を新たなビジネスの創造と捉え，「企業家」は「起業家」と呼ばれることが多くなっている。

2　起業家の役割

　ここでは，前述の「起業家」に関する解説を行う。

　「起業家」とは，自ら事業を興し，それに伴うすべての結果責任を負う者である。主に，ベンチャー企業の設立者を指す場合が多い。彼らは，市場の機会に対して極めて敏感であり，そのような機会に恵まれるならば，たとえリスクがあろうともそれを承知で，必要な資源，つまり，人，モノ，金，知識，創造性などを従来にはない新しい方法で組織化し，効果的ならびに効率的に使用する。そして，そのことに成功するならば，長期的には必ず企業を大きく育て，成功者となりうるのである。

　「起業家」が必要な資源を獲得し，組織化するに当たって欠かせない要件として，ビジョンの提示とネットワーク作りが挙げられる。通常，**ベンチャー企業**においては，従業員に報いるための資源に余裕があるところは多くない。そのようなところでは，「起業家」は，たとえすぐには報いられなくとも，将来的には期待できるという企業の魅力あるビジョンを明確に提示し，従業員を仕

▷シュンペーター
(Schumpeter, J. A.: 1883-1950)
オーストリアに生まれ，ウィーン大学で学び，オーストリア共和国の金融大臣に就任し，その後，ボン大学やハーバード大学で教授職を務めた。著名な経済学者であり，革新が経済を発展させるという理論を提唱した。

▷新結合
シュンペーターは新結合を後にイノベーション（innovation）と呼称した。イノベーションとは，新しい技術の発明だけではなく，社会的変化を引き起こす新たな価値観の創造なども含む。

▷ベンチャー企業
新技術や高度な知識を用いて，ハイリスクではあるがハイリターンを期待し，革新的な事業を営む創業後間もない中小企業を表す。

事へ動機づけなければならない。また，資源に余裕がないベンチャー企業においては，ときとして運営資金に困ることも考えられる。さらには，人的資源が乏しいところにおいては，状況に対する適切な判断に迷うこともあろう。そのような場合に備え，「起業家」は，普段からネットワークづくりに注意を払い，必要なベンチャー・キャピタルやエンジェル，アドバイザーを揃えておかなければならないのである。

3 起業家の特性

　企業の創業時に，乏しい経営資源においても従業員を企業へ惹きつけ，様々な人的ネットワークを外部で構築し，さらに，マネジメント全般を担う起業家のその並々ならぬ能力は，多くの場合，先天的な資質による部分が大きい。すなわち，1人で何役もこなせるような器用な能力を，学習や研修などによって身につけることは，可能であったとしてもかなり限定的となってしまうのである。起業家としての活動（entrepreneurship）が，カリスマ性と強く結びつく所以である。

　また，カリスマ性と結びつく起業家としての活動は，ワンマンプレーと表裏一体である。したがって，起業家の特性とは，即断即決の意思決定が求められる場合においては極めて重宝されるが，企業規模の拡大に伴い仕事が制度化されるに従って，不安定要因として疎んじられることもありうる。創業間もないような緊急時には，「起業家」個人に権限と責任を集中させてワンマン経営を行うことが組織の意思決定を早めるかもしれないが，平時には，権限と責任を分散させてチームワークで経営を行うほうが，組織の意思決定の精度を高めるのである。

4 社会的起業家

　近年になり，日本においても社会的起業家（social entrepreneur）についての議論が盛んになった。彼らは，社会に貢献する事業を起こす者たちであり，経営的手法を用いて，貧困，失業，少子高齢化，環境汚染，地域経済の低迷，過疎化などの社会問題に取り組む。市場や政府の失敗を補う者として期待がかかっている。

　社会的起業家は，通常の起業家と同様に，ビジョンを提示し，ネットワークを作り，人，モノ，金，情報を効率的・効果的に組織化しなければならない。しかし，彼らは，その事業の性質上，利得を目的としないため，組織の構成員や協力者に与える誘因としての金銭が，常に不足する傾向がある。このような状況において，彼らが組織構成員に与えることができるのは，事業の魅力と彼ら自身の人間的魅力である。つまり，社会的起業家の多くは，自ずからカリスマ性を帯びざるを得ないのである。

（秋山高志）

▷ベンチャー・キャピタル
成長期待の強いベンチャー企業へ投資することを専門とする金融機関であり，当該ベンチャー企業が株式公開をすることによって得られる上場益を主な収益源にする。したがって，資金を融資するのではなく，株式を取得する形で投資する。

▷エンジェル
ベンチャー企業に対して資金を供給する個人投資家を表す。代価として，株式や転換社債を受け取ることが多い。

III 意思決定

1 意思決定モデル

① 「合理的な意思決定」対「非合理的な意思決定」

合理的な意思決定モデルを前提とした上で，現実の意思決定がどれだけ逸脱しているかを知ることは意味がある。それによって，意思決定の特徴が明らかになるからである。他方，人間の意思決定がそもそも非合理なものであるということを前提としたモデルもいくつかつくられている。以下では，その代表的なモデルを紹介する。

② 合理的意思決定モデル

合理的な意思決定モデルによれば，意思決定のプロセスは，図3-5に示すような六つの段階を経る。第一に，どのような問題があるかを認識し，その問題がどのような問題であるかを明らかにする段階がある。第二の段階では，意思決定をするためには何を考えなければならないかという，その基準を挙げていく。第三の段階では，先に考えた基準のうち，どれが大事でどれが大事でないのか，それぞれ重みづけをしていく。第四段階では，その問題に対する解決の選択肢を挙げていく。第五段階では，前の段階で挙げた選択肢それぞれについて，評価を行う。最後の段階である第六段階では，評価された選択肢のうち，最適なものを選ぶ。

しかし，現実場面においては，このような段階を経た合理的な意思決定はほとんど行われない。その理由として，考えるべき情報が多すぎることと，時間がかかりすぎることが挙げられる。もっと現実的な理由として，存在する問題の多くが定義すらきちんとできないような曖昧なものであったり，また必要な情報すべてが手に入るとは限らなかったりするということが挙げられる。

③ ゴミ箱モデル

サイモン（Simon, 1947）は，人間の合理性には限界があると指摘し，これを「限定合理性（bounded rationality）」と表現している。ただし，合理性が「限定」されているからといって，人間の意思決定がすべて非合理的だといっているのではない。一定の限られた範囲内では，合理的に決定することができると考えている。

限定合理性を前提とする立場の組織の意思決定モデルとして，マーチが，コ

▷1 ⇨ 1-II-4 「限定合理性」

ーエンとオルソンとともに提案した（Cohen et al., 1972）「ゴミ箱モデル（garbage can model）」がある。このモデルで特徴的なのは，意思決定において，四つの「流れ」（stream）を仮定しているところである。すなわち，①選択機会（choice opportunities），②参加者（participants），③問題（problems），④解（solutions）である。組織においては，「問題」と「解」が，参加者によって勝手に作り出され，「選択機会」に投げ入れられている。モデルの名前である「ゴミ箱」にたとえられているのが，「選択機会」である。選択機会とは，組織が意思決定を行うことを期待されている機会のことである。例えば，経営判断や予算の執行などが挙げられる。

マーチらによれば，四つの流れは，いずれも独立に流れており，組織の意思決定は，これらの流れが偶然に合致したときに行われると考えるのである。合理的，論理的な必然として組織の意思決定が行われるのではなく，ゴミ箱にたとえられるような混沌とした状況の中で，組織の意思決定は行われていると考えられているのである。

❹ 政策の窓モデル

ゴミ箱モデルを行政組織における政策の意思決定に転用したのが「政策の窓（policy window）」モデル（Kingdon, 1984）である。このモデルでは，政策過程における意思決定には，「問題の流れ」「政策の流れ」「政治の流れ」の三つの流れがあると仮定している。

「政策の流れ」とは，複数の政策案が出されている様子を指す。政策案は，必ずしも行政組織だけが行うわけではなく，NGOやNPO，国会議員，利益団体などから提案されることもある。ただし，これらの複数の政策案は常に議論されているわけではなく，現在議論されていなくても，将来議論されることを期待して提案されることもある。

「政治の流れ」は，政治状況の変化を指す。例えば，政権交代や，世論の変化，行政組織における人事も政治に変化をもたらす。

これら三つの流れは，ゴミ箱モデルが仮定していたのと同様に，独立に展開しているのだが，ある特定の時期に「合流」すると考えられている。何かの理由でタイミングが合うということである。「合流」が起こるとき，「政策の窓」が開き，政策が選択されると考えている。　　　　　　　　（吉川肇子）

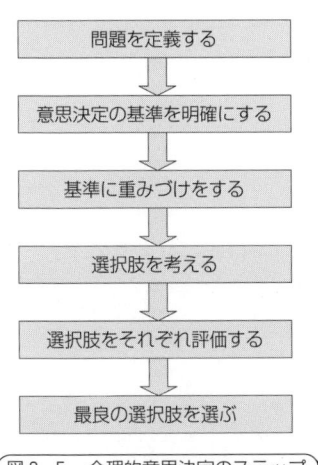

問題を定義する
↓
意思決定の基準を明確にする
↓
基準に重みづけをする
↓
選択肢を考える
↓
選択肢をそれぞれ評価する
↓
最良の選択肢を選ぶ

図3-5　合理的意思決定のステップ

参考文献

Simon, H. A., *Administrative Behavior*, Free Press, 1947.
Cohen, M. D., March, J. G. & Olsen, J. P., "A garbage can model of organizational choice," *Administrative Science Quarterly*, 17, 1972, pp. 1-25.

Ⅲ 意思決定

2 個人の意思決定

1 個人の意思決定の「非合理」性

個人の意思決定においては，合理的意思決定理論からの逸脱が指摘されている。すなわち，個人の意思決定の多くは非合理である。以下では，ヒューリスティック（heuristic）とフレーミング（framing）を取り上げて紹介する。

2 判断におけるヒューリスティック

個人が意思決定をする際に，たとえ多くの考慮すべき情報があったとしても，それらすべてを検討することはまずない。情報を処理する負荷が高すぎるからである。そこで，ある程度限られた情報をもとに，簡便な認知方略を用いることがしばしば行われる。これをヒューリスティックという。発見法と訳されることもある。これに対して，正しい解を得るために，手順を追って意思決定する方法をアルゴリズム（algorithm）という。

ヒューリスティックは，あくまで簡便な認知方略であるから，その結論が正しいという保証はない。以下に確率判断の誤りにつながるいくつかの例を挙げよう。

利用可能性（availability）ヒューリスティックは，自分が利用できる情報をもとに判断する方略である。基本的にはそのときに思い出せる記憶が判断のもとになる。そのため，最近起こった出来事や大々的に報道された出来事などの頻度が高く評価されがちになる。年間死亡者数の推定を行わせた研究によれば，白血病の死亡者数推定は実際よりも多く，糖尿病による死亡者数推定は実際よりも少なく見積もられていた。これは，白血病の方が，ドラマになったりニュースになったりして，人々の記憶に残りやすいためであると解釈されている。

代表性（representativeness）ヒューリスティックは，ある事象がそのカテゴリーに属しているかどうかの判断を，見かけ上それが代表しているという直感的判断に基づいて判断することである。このことを，ツベルスキーとカーネマンによる「リンダ問題」（Tversky & Kahneman, 1982）と呼ばれる次の問題で考えてみよう（図3-6）。

多くの人は，この問題で「A」を選択する。しかし，合理的に確率を計算するならば，単に「銀行の窓口係」である確率のほうが，「窓口係」かつ「フェミニスト運動家」である確率より高い。それにもかかわらず判断が誤ってしま

> リンダは31歳の独身，率直にものを言い，非常に聡明である。大学では哲学を専攻した。学生時代には差別問題や社会正義の問題に強い関心をもって，反核デモにも参加した。
> 　問　現在の彼女について，どちらの方がありそうだと思うか。
> 　A：彼女は銀行の窓口係である。
> 　B：彼女は銀行の窓口係であり，フェミニスト運動家である。

図3-6　リンダ問題

出所：Tversky & Kahneman, 1982 より一部改変。

うのは，将来いかにもフェミニスト運動家になりそうだというその経歴の典型性に引きずられてしまうからである。

3　意思決定におけるフレーミング

フレーミングとは，数理的には同一の選択肢であっても，その表現の違いだけで，判断が異なる現象を指す。代表的には，**アジア病問題**（Tversky & Kahneman, 1981）が知られている。彼らの研究では，問題1を読んだ被験者のうち，対策Aを選んだ人は72％であり，対策Bを選んだ人は，28％であった。一方，問題2を読んだ被験者のうち，対策Cを選んだ人は22％であり，対策Dを選んだ人は78％であった。期待値は，対策Aと対策C，対策Bと対策Dは，全く一緒であるのにもかかわらず，このように表現の仕方を変えるだけで，すなわちフレーム（問題の枠組み）が変わるだけで，その選択率は全く逆転してしまうのである。

対策Aのように肯定的な表現を，ポジティブ・フレーム（positive frame），対策Cのように否定的な表現を，ネガティブ・フレーム（negative frame）という。同じ内容の情報であっても，一般にポジティブ・フレームの選択肢が選好されることがわかっている。

現実場面においても，死亡率5％の治療法と，生存率95％の治療法とは，数理的には同じことだが，どちらかの表現で治療法を患者に選択させると，生存率（ポジティブ・フレーム）で表現した方が，その治療法の選択率が高まることが知られている。

4　「非合理」とはどういうことか

数少ない情報をもとに判断をしたり，情報の中から典型的な特徴を取り出して判断したりすることは，時間の節約や，情報処理の負荷の低減につながっている。日常生活においては，そうした意思決定方法でも，それほど間違った結論にはならない。この意味で非合理な意思決定方略は，個人にとっては適応的ともいえる。

しかし，個人にとっては適応的であったとしても，組織ではそれが重大な誤りにつながることもある。重要なことは，このように，ときに誤りを犯す個人の意思決定の特徴を理解しておくことといえる。

（吉川肇子）

▷**アジア病問題**

［問題1］　アメリカ合衆国が，特殊なアジアの病気の爆発的流行に備えている。この病気が流行すると600人の死者がでると予想されている。この病気に対して，二つの対策が提案されている。それぞれの対策の効果は，以下のように正確に科学的に推定されている。

　A：対策Aをとると，200人の生命が助かる。
　B：対策Bをとると，1/3の確率で600人の生命が助かるが，2/3の確率で1人も助からないかもしれない。

あなたならどちらの対策をとるだろうか？

［問題2］　アメリカ合衆国が，特殊なアジアの病気の爆発的流行に備えている。この病気が流行すると600人の死者がでると予想されている。この病気に対して，二つの対策が提案されている。それぞれの対策の効果は，以下のように正確に科学的に推定されている。

　A：対策Cをとると，400人が確実に死ぬ。
　B：対策Dをとると，1人も死なない確率は1/3であるが，600人の死者がでる可能性が2/3ある。

あなたならどちらの対策をとるだろうか？

参考文献

Tversky, A. & Kahneman, D., "Judgments of and by representativeness," D. Kahneman, P. Slovic & A. Tversky ed., *Judgment under uncertainty : Heuristics and biases,* Cambridge University Press, 1982.

III 意思決定

3 集団の意思決定

1 集団の意思決定の問題

　組織においては，多くの意思決定が，集団の意思決定として行われる。集団の意思決定については，「三人寄れば文殊の知恵」という言葉で代表されるように，1人で考えるよりも，集団で考えたほうがよりよい決定に至るであろうというわれわれの素朴な信念がある。しかし，心理学の多くの研究成果はこの信念に対して否定的である。

　まず，正解のある課題について，決定の質を検討した研究によれば，集団の意思決定の結果は，多くの場合最も優れた個人の決定に及ばないことが明らかになっている。

　では正解のない，独創的な解決方法が求められるような課題の場合はどうであろうか。こうした問題の解決手法として，**ブレーン・ストーミング**がよく利用される。しかし，ブレーン・ストーミングの場合と個人でアイデアを考える場合とを比較した研究によれば，アイデアの総数を見ても，そのうちの独創的なアイデアの数を見ても，個人の方が勝ることが明らかになっている。

　これらの研究の結果は，質のよい決定を求めるならば，集団の中から最優秀の個人を発見して，その人物に決定を委ねる方が，組織において「民主的に」決定するよりもよいということを示唆している。さらには，集団意思決定は，個人の意思決定よりも時間がかかることから，効率の視点からも，優れているとはみなされない。

▷ブレーン・ストーミング
⇨ 3-III-6 「会議法」

2 なぜ集団で意思決定するのか

　上記のように決定の質が最良でないのにもかかわらず，組織において集団で意思決定をするのはなぜだろうか。

　その理由の一つとして，集団で決めるという手続きを踏むことが民主的価値を反映しているということが挙げられる。ある会社の社長が，たとえ社員に比べても優秀であったとしても，その社長の独裁に任せることは，少なくとも現代の日本では正当な手続きとはみなされない。

　より現実的な理由としては，組織の中で誰が最優秀の人物かを，予め知ることが難しいということも挙げられる。心理学の実験的な状況であれば，正解を定めることができるから，誰が最も正解に近いかを判断できる。しかし，日常

的な状況では，実際に行われた意思決定が，本当のところ「正解」なのかどうかすら，判断することができないことの方が多い。例えば，会社が倒産に至るような場合であれば，それは明らかに意思決定の誤りと判断できる。しかし，実際にそれほど致命的な結果に至らないような場合には，その意思決定がよいものであったかどうかを真に知ることはできないだろう。

③ 集団意思決定の利点

集団の意思決定にはよい効果もある。それは，合意を調達できるので組織のメンバーの決定に対する満足度が増したり，決定の実行度が上がったりするということである。

手続き的公正といわれる一連の研究の結果によって，決定の手続きが，集団のメンバーの結果に対する満足度や公正感に影響を及ぼすことがわかっている。集団の意思決定の過程で自分の意見を言ったり情報を提出したりする機会（ボイス，voice）があると，決定に対する満足度や公正感が高まる。

この効果は自分の意見が決定に採用される場合はもちろんであるが，採用されない場合であっても存在することが明らかになっている。その理由は十分に明らかになっていないが，この研究結果は，民主的な手続きの正当性を支持する一つの根拠といえる。

また，社会心理学における古典的な説得の研究に，集団での議論をする場合と，専門家の講義を受ける場合と比較したものがある。その結果，前者の方が，その行動を実行される率が高く，またその行動が持続することが明らかになった。言い換えれば，「みんなで決めたことは守られる」のである。この結果は，手続き公正の研究結果とともに，集団の意思決定が，少なくとも集団のメンバーにとっては，肯定的な影響をもたらす可能性を示唆している。

④ よりよい集団意思決定を行うために

これまで概観してきたように，意思決定の質や効率のみを追求するのであれば，集団の意思決定は必ずしもよいものとはいえない。しかし，それが最良の決定でなくても，最悪の決定でもないことは重要である。過去の政策や経営上の意思決定の失敗は，その多くが独裁的な意思決定によって行われている。また，当初は優れていた独裁的意思決定であったとしても，時代や状況の変化に応じて優れたものであり続ける保証はない。創業時のワンマン社長の経営方針が時代の変化に適応できない事例は日本にもある。

重要なのは，集団で決めたという理由だけで，その決定に過大な信頼を寄せるのではなく，集団の意思決定の欠点を理解しつつも，それをできるだけ克服できるような会議や決定方法を考えることだといえるだろう。　　　（吉川肇子）

▷**手続き的公正（procedural justice）**
意思決定の結果に至る過程に関する公正さを指す。これに対して，意思決定の結果としての利益の配分や，その利益を得るための貢献についての公正さを，分配公正（distributive justice）という。手続き的公正の研究によれば，決定の手続きのあり方が，分配公正とは独立に，公正感の知覚に影響を及ぼすことが明らかになっている。

III 意思決定

4 意思決定における情報共有

1 隠れたプロフィール

1人で考えるよりも集団で考える方がより優れた決定になると素朴に考えられている理由の一つとして、多くの人々が話し合うことによって、より多くの情報や多様な意見が、意思決定の場に持ち出されると思われていることが挙げられよう。しかし、本当にそうだろうか。

これを、**図3-7**のような3人の討議のケースで考えてみる。仮に3人が実際の話し合いに入る前にもっている情報の分布が図のようであったとする。Aという情報とBという情報は、3人ともがもっているが、c, d, eという情報はそれぞれがもっていて、他の2人のメンバーはもっていない情報である。この情報分布のもと、3人が話し合い、そのときB, c, dの情報が持ち出され、議論されたとする。予想される結論としては、3人全員がもっているBという情報に基づいたものになりそうである。

ここで注意しなければならないことは、この例では、話し合いの場には持ち出されなかったものの、3人全員がもっている情報として、Aという情報があることである。この情報が、誰かによって、話し合いの場に持ち出されたら、結論はBにはならなかったかもしれない。

このように、メンバーで情報がそれぞれのメンバーに分散しており、別の情報が埋もれてしまっている状態を「隠れたプロフィール（hidden profile）」といっている。

上の例は人工的に情報の分布を仮定しているが、現実の議論の場面でも、同じようなことが起こっていると推測される。会議に参加するメンバーの数が多いと、自分が言わなくても誰かが話すだろうという、**社会的手抜き**が起こることもある。あるいは、話の途中で話そうと思っていたときに、他の人が話し始めたので意見を言えなかった経験や、議論の流れが変化してきたために、伝えるつもりだった情報を話しそびれたりした経験は、誰もがもっているのではないだろうか。

2 共有情報の優位性

ステイサーとタイタスは、議論する前にメンバーが共通にもっている情報（共有情報）ほど、議論の場で話題とされやすく、話し合われる時間も長いこと

▷社会的手抜き（social loafing）
単独で作業するときよりも、集団で作業するときのほうが、1人当たりの作業量が低下する現象。1人当たりの作業量は、人数が多ければ多いほど減少する。綱引き実験で測定したところ、8人で引っ張った場合には、1人当たりの引っ張る力は、1人で引っ張った場合の約2分の1であった。

佐藤さん：情報A, B, d

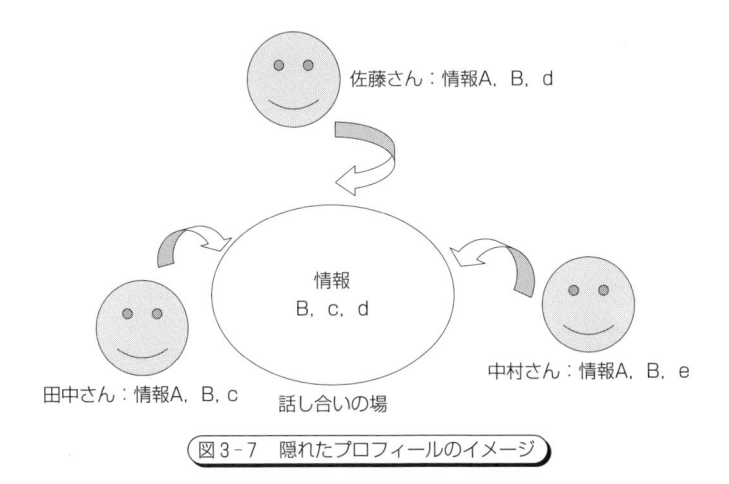

情報
B, c, d

田中さん：情報A, B, c　　話し合いの場　　中村さん：情報A, B, e

図3-7　隠れたプロフィールのイメージ

を明らかにしている（Stasser & Titus, 1985）。議論の場では，新しい情報が検討される可能性よりも，すでにメンバーがもっている情報が改めて確認される可能性のほうが高いのである。

このことは，もし議論の前に，多くのメンバーがもっている意見が何かを知ることができるなら，話し合いをしなくても，どういう結論になるのかは予測できることを意味する。すなわち，共有情報に基づく結論が出されるはずである。

3 集団極性化

このように見てくると，集団の意思決定は，メンバーがもともともっていた意見を強めるものであるともいえる。その一つの結果として，集団で話し合った結論が，個人が話し合いの前にもっていた意見の平均よりも極端になることが知られている。これを集団極性化（group polarization）という。

集団極性化のうち，個人の意見よりもより危険なほうへ決定が傾く場合をリスキー・シフト（risky shift），それとは逆に，より慎重なほうへ決定が傾く場合をコーシャス・シフト（cautious shift）といっている。命にかかわる手術を何パーセントの成功確率なら受けるかという判断を，最初に個人で行った後，集団で話し合って再度判断させると，個人で考えたときよりも，より低い確率で手術を受けるというように意見が変わる（危険な手術に挑戦する）のが，リスキー・シフトである。賭け事でどこにかけるのかという判断をさせた場合に，個人の意思決定よりも集団の意思決定のほうがより安全な選択肢を選ぶのは，コーシャス・シフトである。

ただし，実験的にコーシャス・シフトが確認された例は少なく，集団極性化について実験した結果のほとんどはリスキー・シフトが生じることを確認したものである。

（吉川肇子）

参考文献

Stasser, G. & Titus, W., "Pooling of unshared information in group decision making: Biased information sampling during discussion," *Journal of Personality and Social Psychology*, 48, 1985, pp. 1467-1478.

III 意思決定

5 集団浅慮

▷内集団（ingroup）
自らが所属して，そのメンバーであると認識している集団を指す。これに対して，所属していないと認識している集団と外集団と呼ぶ。一般的に，内集団に対しては好意的な態度を，外集団に対しては否定的な態度をもつことが知られている。

▷スペースシャトルチャレンジャー事故
スペースシャトルチャレンジャー号は，1986年1月28日の打ち上げ直後に突然爆発し，乗組員7人全員が死亡した。原因は，ロケットの1部品の不具合とされている。

▷凝集性
集団の凝集性（cohesiveness）とは，集団としてのまとまりのよさを示す。凝集性の高さとは，その集団がメンバーを引きつける力である。磁石のもつ磁力にたとえることができるだろう。凝集性が高いことは，集団に所属するメンバーから見ると，その集団に所属していることに魅力を感じており，その活動にも積極的に参加しようという気持ちになることを意味する。
⇨ 3-I-1「集団凝集性」

▷同調
同じ集団のメンバーが，似たような考え方や振る舞いをすることを指す。背景には，その集団で共有されている暗黙のルール（規範，

① 集団浅慮とは

　組織において重要な決定や，緊急事態での意思決定の場面では，組織の上位にいる者や科学者などの少数の専門家集団に意思決定を任せることが少なくない。しかし，一般には優秀であるとみなされているこれらの専門家集団が，ときとして愚かな意思決定をしてしまうことが歴史的に知られている。

　これを「集団浅慮（groupthink）」という。集団浅慮とは，「**内集団**の圧力によって，考えていることが現実場面に適切に当てはまるかどうかを検討する能力や，問題の道義的側面に対する判断力が損なわれる現象」を指す（池田，1993）。

　ジャニスは，アメリカ合衆国のキューバ侵攻（1961年）という政策上の失敗を分析した（Janis, 1972）。このキューバ侵攻は，当時のアメリカのCIAが，アメリカに亡命していたキューバ人を組織して，アメリカ軍とともにキューバのカストロ政権を倒すために行った軍事作戦である。上陸地点の選定の失敗や補給路が絶たれたことなどから，侵攻間もなく，部隊がほぼ壊滅するという結果になっている。

　ジャニスは，この愚かな意思決定の過程には特徴的な問題があったことを明らかにし，この現象を集団浅慮と命名したのである。なお，groupthinkとは，彼の造語であり，辞書に掲載されている一般的な英単語ではない。またこれを集団思考と訳すこともあるが，本節では，それが指すところの意味をとって，「集団浅慮」と訳している。

　こうした集団浅慮の現象は，その後も繰り返し見られていることが指摘されている。例えば，**スペースシャトルチャレンジャー号の爆発事故**前夜のNASAにおける会議では，シャトルの部品を製造する下請け会社の技術者から事故の危険が指摘されていた。打ち上げ当日の低い気温を考えると，部品が正常に機能しないかもしれないという指摘である。しかし，巨額な予算を使いつつも，顕著な成果をあげられなかった当時のNASAは，打ち上げを気温の上がる春まで延期するべきという進言を受け入れなかった。集団浅慮が起こるとき，意思決定の影響を受ける関係者が，会議の場にいないことも指摘されるところだが，この場合でもシャトルに搭乗予定の宇宙飛行士は会議に参加しておらず，問題の深刻さが意識されなかったと考えられる。

2 集団浅慮を起こす集団

ジャニスの分析によれば、集団浅慮が起こる主要な条件は、三つに大別される。第一は、その集団が**凝集性**の高い集団であることである。第二は、集団がもっている構造的な問題である。例として、多数決で決めたことは正しいことであると集団のメンバーが考えていることなどが挙げられる。第三に、集団を取り囲む状況的な要因がある。典型的には、決定までの時間が限られている（時間的圧力）ことが挙げられる。

集団浅慮状況では、自分たちの意見に対する批判的な分析が行われなくなり、集団内で反対意見を述べるメンバーに露骨な**同調**への圧力がかかったり、情報を自分たちに都合よく解釈したりする努力が行われたりする。その結果として、一般的には優秀だと思われている人々の集団ですらも、失敗につながる愚かな意思決定をすることになるのである。

3 集団浅慮を防ぐために

時間が切迫していて重要な決定であるほど、専門家の話し合いに任せるしかない場合が現実には多い。したがって、このような現象があることをまず知って、集団外の人々に意見を求めるなどの、集団浅慮に陥らないための対処法を講じることが重要である。

集団浅慮を防ぐために、以下のようにいくつかの対処法が提案されている。一つは、多数意見に反対する人（devil's advocate：悪魔の代弁人）を立てて、意見を再検討させる方法である。二つめは、集団を複数に分けて、別々に問題を検討させ、その結論を比較するという方法である。三つめは、意思決定の場で、リーダーが批判的な傍観者の立場を意識的にとるという方法も提案されている。四つめの方法として、意思決定のあり方そのものではないが、**内部告発者**（whistle-blower）が存在することも、集団浅慮を未然に防ぐ方法として考えられている。

集団浅慮があることがわかるのは、その当時の会議の議事録があるからでもある。日本においても過去に集団浅慮の結果と推定される事件が少なくないが、その多くは当時の議論の記録がないので、本当に集団浅慮に当てはまるものであったかどうかを判断することができない。集団浅慮であると判断するためには、意思決定の会議でどのような議論が行われたか、その記録があることが前提となる。近年日本でも**情報公開**や**透明性**が組織に求められているが、透明性の基本は記録をとることにある。記録がなければ、過去の意思決定の誤りに至る過程を検討したり、また、以前の決定の見直しをしたりすることができない。組織における集団意思決定の問題を検討するという視点からも、情報公開や透明性は重要であるということを指摘しておきたい。　　　　　　　　（吉川肇子）

---

norm という）が、個人個人の行動の基準となっていることが挙げられる。
⇨ 3-Ⅰ-4「斉一性への圧力（同調と逸脱）」

▷**内部告発者**
⇨ 5-Ⅰ-2「リスク・コミュニケーション」、2-Ⅰ-8「ホイッスル・ブロワー（内部告発者）」、3-Ⅰ-4「斉一性への圧力」

▷**情報公開**（disclosure of information, access to information）
狭義には、行政機関がもつ情報を国民に開示することを指す。日本においては、情報公開を公的に確保するための法律が、2001年に施行されている（「行政機関の保有する情報の公開に関する法律」）。より広義には、会社など私企業に対しても、組織がもつ情報を消費者に開示することを指す。

▷**透明性**（transparency）
文字通り、組織外のメンバーの目に見えるようにすることである。具体的には、手続きの明確化や意思決定過程の公開などを指す。記録をして文書化することは、透明性確保の代表的な方法である。透明性と情報公開は、公正な手続きや意思決定を確保するために、並列してあげられることが多い。情報公開があることで、意思決定や手続き過程が目に見えるように（透明に）なる。

参考文献
池田謙一『社会のイメージの心理学：僕らのリアリティはどう形成されるか』サイエンス社、1993年。
Janis, I. L., *Victims of Groupthink : A psychological study of foreign -policy decisions and fiascos*, Houghton Mifflin, 1972.

III 意思決定

6 会議法

1 会議の技法

会議をどのように進めるか，その技法は数多くある。そのうちのどれが活用できるのか，また実際に有効であるのかは，その会議が何を目指すものかによって異なってくる。例えば，新しいアイデア（新製品の開発や，問題の解決法の発見など）を生み出すための会議，あるいは何かを決定しなければならないときにするための会議では，会議の進行は全く異なってくる。会議の目的に応じて適切な手法を選択することが，その会議の決定の成否を決めるといってもよい。

2 ブレーン・ストーミングと関連技法

新しいアイデアが求められる会議において，しばしば使われる方法に，オズボーンが開発したブレーン・ストーミング（brain storming）がある（Osborn, 1957）。ブレーン・ストーミングは，次の四つのルールを守りつつ，比較的短時間で実施される。①アイデアの数を多く出す（「質より量」）。②自由奔放な意見を歓迎する。③他者の意見を批判しない。④他者の出したアイデアの便乗を奨励する。

ただし，ブレーン・ストーミングによって本当に創造的なアイデアが生まれるかどうかについては，十分な証拠がない。また，対面でブレーン・ストーミングを行う場合，**社会的手抜き**や**評価懸念**によって，アイデアの創出が抑制されるという問題が指摘されている。そこで，はじめから議論をするのではなく，まず個人でアイデアを考えた上で，次の段階として，対面の討議に入るというノミナル・グループ（nominal group，名義集団）法も使われている。

日本においては，ブレーン・ストーミングで出されたアイデアを整理してまとめるために，KJ法がよく利用されている（川喜田二郎，1967。KJ法という名前は考案者のイニシャルからとられた）。KJ法は，本来は，収集した情報の整理と集約のために開発された手法である。KJ法による一般的な整理の方法は，次のような段階を踏む。まず，アイデア一つ一つを要約して，それぞれ1枚のカードに書き写す。次に，そのカードの内容の類似性の高いもの同士をグループにまとめていき，それぞれのグループに見出しをつけていく。さらに，これらのデータをもとに，図解化したり，文章として記述したりする。

▷ **社会的手抜き**
⇨ 3-Ⅲ-4 「意思決定における情報共有」
▷ **評価懸念**（evaluation apprehension）
もとは，心理実験の場面において，被験者が実験者から評価されていることを気にして，実際とは異なる反応をしてしまう現象を指す。現在では，実験の場面に限らず，他者から見られているとか，評価されていると意識することで，通常とは異なる反応をする場合にも用いられている。
▷ **マインド・マップ**（mind map）
自由にアイデアを発想していくとき，それらを記録する方法の一つ。テーマを丸

ブレーン・ストーミングが新しい発想を生み出すために考えられた手法であるのに対して，KJ法は，収集した情報や，だされたアイデアを集約していくことによって，既存の情報に対する別の見方や，新しい発想を見いだそうとするところに違いがある。

③ ファシリテーションへの注目

ワークショップなどの，どちらかといえば非公式な会議や組織で活用されてきたファシリテーション（facilitation）の技法が，近年，公式な組織の会議運営でも注目されている。ファシリテーションとは，もとは「促進」という意味の英語であるが，ここでは会議の進行をすることを指す。また，その役割を果たす人をファシリテータ（facilitator）という。

とはいえ，ファシリテーションという用語を使うとき，それは単なる会議進行を意味するのではない。会議の参加者の発言を引き出し，彼らが自発的に考えることを促し，またときには適切な問いかけや，まとめを行う。あくまで参加者の主体的な活動が中心であって，それを支援するためにファシリテーションがある。したがって，ファシリテータは，いわゆる議長やリーダーではない。

ファシリテーションの技法は非常に数多くあり，代表的なものを挙げるのが難しいほどである。前述のブレーン・ストーミングやKJ法が用いられることもある。また，最近は，**マインド・マップ**，**SWOT分析**，**ワールドカフェ**などの技法もよく使われるようになってきた。従来からあるKJ法を使っていても，情報の集約のためだけに使われているだけではない。ファシリテーション型の会議でKJ法を使うときには，ファシリテータも，また参加者にも，お互いの意見を注意深く聞く傾聴（active listening）が求められることなどは，特徴の1つといえるだろう。

進行の手続きも一様ではないが，**アイス・ブレイク**，討議，ふりかえり（ディブリーフィング，debriefing）という三つの段階を経ることが一般的である。ふりかえりとは，どのような話し合いが行われたのか，そのときの参加者の感情はどうであったのか，などの，会議の過程がどうであったかを，ファシリテータも含めて参加者同士で見直すものである。たとえ合意をすることが目標である会議であっても，結果だけでなく会議の経過をふりかえる手続きがあるところは，従来の会議の技法とは異なる点の一つである。

さらに最近，ファシリテーションは，単に会議の一技法としてではなく，**リーダーシップ**のあり方の一つとしても議論されるようになってきた。すなわち，部下を指導し統率するというのではなく，部下の業務を支援し，その能力を引き出していく，ファシリテーション型（あるいは，ファシリテータ型）ともいうべきリーダーのあり方が注目されている。

（吉川肇子）

で囲み，それに関連するキーワードを放射状に図示しながらつなげていく。連想されていくキーワードは，ツリー状に配置されていく。箇条書きよりも，アイデアの広がりや関連性が直感的につかみやすいという特色がある。

▷ **SWOT分析**
⇨ 4-Ⅲ-3 「SWOT分析」

▷ **ワールドカフェ**
4～5人のグループごとにテーブルに広げた模造紙に，話題についてのキーワードを書いていく。一定時間が来たら，1人（そのテーブルのホスト役）を残して，テーブルのメンバーは他のテーブルに移動する。このように移動を繰り返し，模造紙に書き残されたキーワードをもとに，他のメンバーの考えを共有し，話し合いを深めていく。

▷ **アイス・ブレイク（ice break）**
アイス・ブレイキング（ice breaking）ともいう。英語の単語のもとの意味は「氷を溶かす」という意味である。会合冒頭で，参加者の緊張をほぐすために行う，短時間のグループ活動を指す。例えば，自己紹介であっても，それを抵抗なく始めることができるような様々な手法があり，会合の目的と参加者の特性に応じて使い分けられている。

▷ **リーダーシップ**
⇨ 3-Ⅱ-1 「リーダーシップ」

【参考文献】
Osborn, A. F., *Applied imagination*, Scribner's, 1957.
川喜田二郎『発想法』中公新書，1967年。

第4部
組織レベル

I　組織デザイン

1 ラインとスタッフ

1　ライン組織

　組織構造の最も単純な形態は，ライン組織（line organization）である。ライン組織とは，組織のトップから最下層の構成員に至るまで，職務に関わるすべての指揮・命令をたった1人の直属の上司から受ける組織をいう。この組織の長所は，指揮命令系統が完全に一元化されているため，指揮・命令に一切混乱が生じないことである。しかし，短所も挙げられる。組織の営む事業が単純であるならばライン組織でも済むが，それが高度化・複雑化するにつれて，1人の上司が部下の職務についてのすべてを指揮・命令することは，事実上不可能となる。特に，現代のような情報化社会において事業を営むには，様々な種類の専門的知識が必要とされ，それらをすべて1人の上司に求めることには限界がある。そこで考案されたのが，ライン組織にスタッフ部門を加えるという組織構造である。

2　ライン・アンド・スタッフ組織

　ライン組織の限界を克服するために考案された組織構造が，ライン・アンド・スタッフ組織（line and staff organization）である。これは，ライン部門（line function）を組織の骨格として中心に置き，それを補強する形でスタッフ部門（staff function）を配置する混合形態の組織構造である。元々は軍隊において開発された組織構造であり，軍隊ではスタッフのことを参謀と呼称する。

　ライン・アンド・スタッフ組織におけるライン部門の機能は，購買，生産，販売といったそれなしでは全く事業が成立し得ない職能の執行を担当することである。ライン部門は，階層化されたピラミッド型の組織構造をもち，一元的な指揮命令系統が成立する。

　一方，スタッフ部門の機能は，経営企画，マーケティング，研究開発，財務，労務，法務などの専門的事項について，ライン部門に助言・勧告を行い，ライン部門の職能執行の支援を担当することである。このとき，それはあくまで助言・勧告の域に留まり，指揮や命令を行う権限は有しない。したがって，ライン部門はスタッフ部門の助言や勧告を拒否することも可能である。この点，ライン・アンド・スタッフ組織は，ライン部門の上司の役割の過負担の軽減を図りつつ，ライン部門の**指揮命令系統の一元化**も確保している。

▷**指揮命令系統の一元化**
唯一の直属の上司のみから，指揮・命令を受ける組織形態の特徴を表す。重要な組織構造の設計原理の一つである。

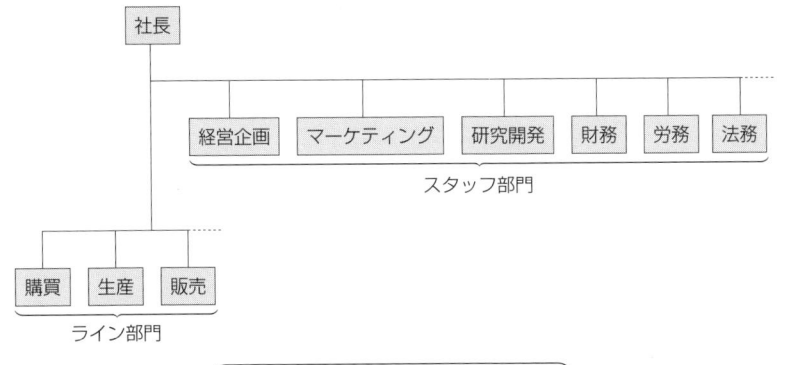

図4-1 ライン・アンド・スタッフ組織

出所：筆者作成。

また、スタッフ部門は、それが支援する対象によって、ゼネラル・スタッフ部門とスペシャル・スタッフ部門に分けられる。ゼネラル・スタッフ部門とは、経営幹部に対し「補佐役」として支援を行うスタッフ部門であり、具体的には、全社的な事業戦略・計画の立案などを、経営幹部に直属する部門として担当する。一方、スペシャル・スタッフ部門とは、中間管理職以下を対象に「専門家」として支援を行うスタッフ部門であり、具体的には、財務、労務、法務などにおける**ルーティン業務**を、専門的知識を背景に支援する部門である。

③ ライン・アンド・スタッフ組織の限界

では、ライン・アンド・スタッフ組織は万能な組織構造かと問われれば、そうともいえない。ライン部門とスタッフ部門が対立することがしばしば起こりうるからである。ここでは、それらの例を示す。

第一に、ライン部門およびスタッフ部門が、相互に成功や失敗の要因を自らの部門に好都合なように主張することである。成功すればその功績を互いに自らの部門のものと考え、失敗すればその非難の矛先を互いに相手の部門に向けるのである。

第二に、スタッフ部門はあくまでライン部門を支援する立場であるので、意思決定の権限をもたないが、そのことがスタッフ部門に不満を生じさせることである。分野の専門家であるにも拘らず意思決定の権限をもたないということは、彼らの自尊心を傷つけかねない。また、その結果、ライン部門の意思決定の内容にスタッフ部門が介入し、逆にライン部門の不満を買うこともなくはない。

第三に、職務の性質上、ライン部門とスタッフ部門の意見の対立が避けられないこともありうる。例えば、顧客の要望に応えたいとするラインの販売部門と、コストを抑えたいとするスタッフの財務部門では、自ずと対立が発生してしまう。

(秋山高志)

▷ルーティン業務
規定通りに行う業務を表す。組織の階層における構成員の位置づけが低ければ低いほど、その構成員の職務に含まれるルーティン業務の割合は高まる。

I　組織デザイン

2　事業部制

① 機能別組織

　大多数の中小企業が採用する組織構造は，機能別組織（functionally departmentalized organization）である。機能別組織とは，トップ・マネジメントのすぐ下位階層を，購買，生産，販売などの職能別に部門化させる組織構造である。この構造を採用することの長所は，**専門性の原則**に基づき，職能ごとに**規模の経済**（economies of scale）を享受できることである。一方，短所は，部門間の調整が困難であること，部門間の業績比較が困難であること，トップ・マネジメントに多大な負担がかかること，などが挙げられる。以上の短所より，外部環境が比較的に安定し，単一の製品を単一の市場で販売し，規模が小さい企業のような，部門間の調整，比較の必要が少ない組織に適する組織構造といえる。

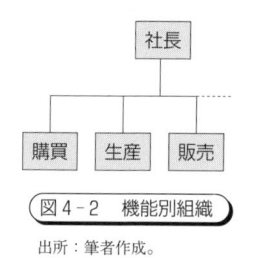

▷**専門性の原則**
職務遂行の能率をあげるためには，1人が行う職務の内容を分業により限定することが有効であるという命題である。学習効率が高まることがその根拠である。

▷**規模の経済**
事業規模の拡大に伴う購買力の強化や，単位当たりの固定費の減少により，利益率が高まるという命題である。

図4-2　機能別組織
出所：筆者作成。

② 事業部制組織

　大企業の多くが採用する組織構造は，事業部制組織（divisional organization）である。事業部制組織とは，トップ・マネジメントのすぐ下位階層を，製品別や市場別に事業部門化させ，それらの事業部門ごとに職能別の部門を内在する組織構造である。この構造を採用することの長所は，マネジメント・トップから事業部長に権限が移譲されることに伴い，現場に近い意思決定ができること，マネジメント・トップが現場の執行業務から解放されること，事業部長に任命することで次代のマネジメント・トップの育成が容易であること，事業部門間の業績比較が容易であること，事業部ごとの自律性の高まりが事業部門間での競争を生み，学習を促進させること，などが挙げられる。一方，短所は，事業部門ごとに職能部門を内在させるので，経営資源の重複が生じること，事業部門をまたぐような製品や技術への対応が困難であること，などが考えられる。

以上より，外部環境が比較的変動し，複数の製品を複数の市場で販売し，規模が大きいような企業の場合，機能別組織よりも事業部制組織を採用することが望ましいといえる。

また，このような事業部制組織が普及した背景には，経営史の巨匠，**チャンドラー**によれば，企業の多角化戦略があったからだとされる。

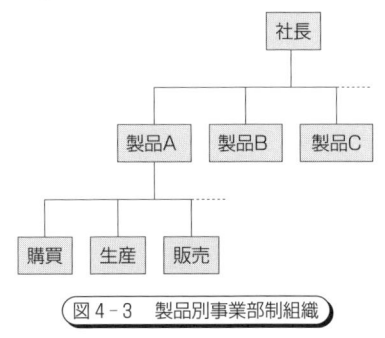

図4-3　製品別事業部制組織

出所：筆者作成。

3 マトリックス組織

　事業部門をまたぐような製品や技術への対応の難しさ，経営資源の重複，という事業部制組織の短所の改善を試みた組織構造が，マトリックス組織（matrix organization）である。マトリックス組織とは，数学の行列のように縦の軸と横の軸を組み合わせて，指揮命令系統を二元化した組織構造である。例えば，縦の軸に製品別の事業部門を配置し，横の軸に職能別の部門を配置するならば，製品事業部の直属の上司と職能部門の直属の上司という2人の上司から指揮・命令を受ける組織構造になる。指揮命令系統の一元化がなされていないため，指揮・命令に混乱が生じやすいこと，上司間でイニシアティブを握ろうとする**コンフリクト**が発生しやすいこと，などの短所が挙げられる。このような短所から，マトリックス組織は，現実には有効に機能し難い組織構造であるといえる。

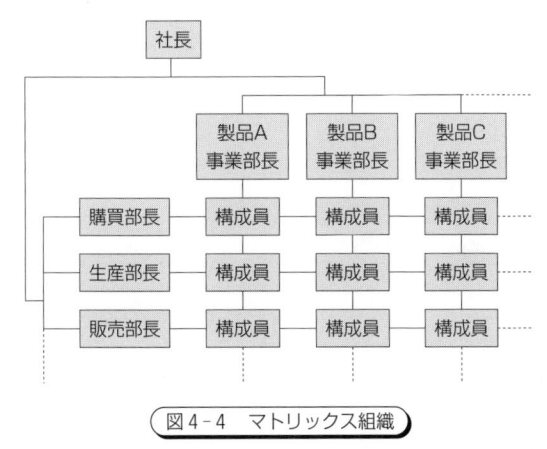

（秋山高志）

図4-4　マトリックス組織

出所：筆者作成。

▷チャンドラー（Chandler, A. D. Jr.：1918-2007)
アメリカのデラウェア州に生まれ，ハーバード大学で歴史学の博士号を取得し，MITやハーバード大学で教鞭を取った。経営史という研究分野を築き上げた大家である。彼の提示した著名な命題に，「組織は戦略に従う」というものがある。これは，アメリカの大企業を対象に歴史の比較分析を行い，機能別組織であった企業が，多角化戦略の結果として事業部制組織に移行したことから導出された命題である（有賀裕子訳『経営戦略と組織』ダイヤモンド社，2004年）。⇨ 4-Ⅲ-1「構造は戦略に従う」も参照。

▷コンフリクト
直訳すると「対立」「衝突」という意味であるが，互いに譲れない意見や要求がぶつかり合い，緊張状態が発生していること。心理的な不快感が発生したり，情報が正確に伝わらなくなるなどの負の要素が考えられるが，建設的に解決することで，新たな優れた解決策を生み出したり，既存の価値観に囚われない思考様式が醸成されるといった，正の要素も起こりうる。

I　組織デザイン

3　ビュロクラシーの問題点

1　ビュロクラシー（官僚制組織）のもつ弊害

　ウェーバー（Weber, M.）は，ビュロクラシー（官僚制組織）が合理的で効率的な組織運営の仕組みであると議論したものの，その後の実証研究において，状況に応じて実際には，非合理的で非効率的な働きをするとの批判が出てきた。もちろん，ウェーバー自身も，そもそも官僚制組織は，職務が細分化し，規則重視の管理をするので，人間的な働き方を疎外するという非人格的な傾向をもつことを指摘している。しかし，ウェーバー以降の実態的な研究では，官僚制組織は，非合理的・非効率的となるという問題点として，①自己肥大傾向，②逆機能現象を示すこと，③イノベーションをしづらい体質であることが批判されている。こうした傾向は，特に大企業の場合には，硬直化が進み柔軟性が失われて環境変化に適応できない「大企業病」として憂慮されている。

2　官僚制組織の自己肥大

　官僚制組織は，環境のニーズと関係なく自己肥大してしまう。パーキンソン（Parkinson, C. N.）は，1957年にこれをイギリス海軍の研究から「**パーキンソンの法則**」として定式化している。次節でも紹介するように，官僚は，自分の地位と権威を向上させるために，自分の部下をやたらに増やしたがるために，官僚の人員数が増大する傾向をもつことを指摘している。実際に，イギリス海軍では，1914〜28年の平和な戦間期において，全体の兵員が32％減少している一方で，管理職である士官は78％増加する皮肉な傾向があった。士官は軍隊の官僚である。つまり官僚は，業務量と無関連に自分の部下の官僚と仕事を増やしたがる。この傾向は現代の日本の政府や地方自治体でも，需要のない社会サービスについても，担当している官僚たちがひたすらに予算と組織を拡大したがる動きに見られる。

3　官僚制の逆機能

　そして，1940年代から1950年代にかけて，合理的とされた官僚制組織の実態研究が進むにつれて，実際はむしろ非合理的で，非効率的な働きをする状況もあることが明らかになってきた。アメリカの社会学者マートン（Merton R. K.）は，このような傾向を「**官僚制の逆機能**」と指摘した。組織は，大規模化が進

▷パーキンソンの法則
⇨ 4-I-4 「パーキンソンの法則」

▷官僚制の逆機能
官僚制組織は，潜在的には，非合理的で，非効率的な働きをする傾向があること（マートン，R. K.／森東吾他訳『社会理論と社会構造』みすず書房，1961年）。

み，仕事の細分化が進み規則中心の管理体制が発達すると，硬直的になる。彼は典型的な逆機能現象として，「訓練された無能力」，「目標の転移」，「同調過剰」，「人間関係の非人格化」というマイナスの機能が見られることを指摘している。

まず，「訓練された無能力」とは，組織の内向きな考え方にとらわれて，今やニーズの少なくなった業務のための能力の訓練が行われる傾向である。例えば，ソロバン好きの高齢社長に合わせてパソコンの時代に，ソロバンの能力を社内で評価して，ソロバンのうまい従業員を優遇することである。「目標の転移」とは，組織全体の目標を，それぞれの集団や個人にとって都合のよい目標に読み替えて，自分たちの部分的な利益を最大化することに努めて，組織全体の利益をむしろ減少させる行動である。例えば，隣り合う支店同士がよい成績を上げようとして，同じ優良なお客さんを取り合うために内部で激しい競争をしてしまい，会社全体としては，他のお客さんを逃してしまうことである。「同調過剰」とは，会社内部の価値観や信念に合わせることを追求しすぎてしまい，外部環境の変化に適応できない傾向である。このために，違う意見をいう者を徹底的に排除してしまい，考え方が単純になり，環境の変化に合わせられなくなる。そして「人間関係の非人格化」とは，官僚制組織では，規則をつくりそれに基づく管理を徹底するので，人間関係が弱くなってしまい，組織がバラバラになったり，融通が利かなくなったりする傾向である。

このように官僚制組織は，ウェーバーが主張したような規則による管理で合理的・効率的な組織経営を行っているという表の顔をもっているだけではない。むしろ組織内部にある陰の部分を見ると，実は，仕事の細分化，規則万能主義，表面的なつきあい，形式的な訓練などを通じて，組織経営が非合理的で，非効率になり，硬直化し，組織がバラバラになる傾向をもつ。マートンは，この陰の問題現象を「潜在的逆機能」と呼んだ。

④ イノベーションしにくい官僚制組織

官僚制組織は，さらに，急激に変化する環境に柔軟に適応するために，新たな製品・サービス，仕組みをつくり出すイノベーションや改革が行いづらいという体質問題も抱えている。バーンズとストーカーは，官僚制組織を「**機械的組織**」と捉えて，タテの命令系統で規則に基づき大規模で定型的な業務を遂行することには向いているが，イノベーションを起こすには向いていないと指摘する。つまり官僚制組織は，トップのいうことを下に徹底させて，規則で縛った集団行動を統制するのには長けているが，下の自由な発想が生まれづらく，ヨコの自由な協力も生まれづらい。イノベーションを起こすためには，官僚制組織を改革して，水平的なネットワークをもつ「**有機的組織**」を作るとよいとされる。

（若林直樹）

▷「機械的組織」と「有機的組織」
機械的組織は，官僚制組織特有のトップ主導の縦の上下関係と規則主義による組織管理の形態であり，大規模な定型的業務には向いている。けれども，イノベーションには，横の水平的なネットワークと自由な情報交換を行う「有機的組織」という組織管理が向く（Burns, T. & Stalker, G. M., *The Management of Innovation*, 1961）。

Ⅰ　組織デザイン

4 パーキンソンの法則

1　ビュロクラシーの病理

　スケールメリット（規模の経済）という議論があって，これは，大きくなるほど，資源調達に都合がよいとか単位コストの減少など，評価すべきところがある。大きくなることが組織としての成功，あるいは経営として前向きの評価を受けることになる。大きくなれば，組織としての仕組みが整備され，合理的に経営されるようになることはすでに多くの研究によって周知されている。小規模の不安定な経営から**ビュロクラシー**（官僚制と訳されることもある）が貫徹されるようになる。しかし，これが過剰になると特有の病理現象を招来する。ビュロクラシーの病理といわれるもので，多くの論者がこれについて論じている。組織は成功を重ねるほど大きく膨らむ。しかし，膨らむことで，他方で様々な病理現象を招来する。次項で論じるが，ビュロクラシーには問題点が多くある。ビュロクラシーのパラドックスといってよい。

　このパラドックスを事前に察知して対応することも組織デザインが必要とされる所以である。組織規模が大きくなると次第に内部のコミュニケーションが停滞して，互いの情報が齟齬をきたしてしまうのである。フットワークのよい組織にしなければならない。脱官僚制への変革が欠かせなくなる。**柔構造化**の項で詳細を論じるが，ビュロクラシーにおける問題の多くは，組織規模の肥大化に由来する。

　その肥大化は**大企業病**といわれることがある。それの弊害を少なくするためには，たえず組織の規模を小さく，あるいは適正規模にする必要がある。前項の事業部制もそのための試みであるし，組織改革には必ず規模に関する施策が盛り込まれる。

2　適正規模

　ビュロクラシーのパラドックスの弊害を少なくするためには，組織デザインとしては，たえずそれを縮小することに関心を向けることになる。ダウンサイジングとは，本来コンピュータ関連の用語であり，技術の進歩によって，小型化，軽量化を意味しているが，これが組織論に転用されると，人員の整理，あるいは縮小を意味するようになった。リストラやレイオフなどと併用して使われることも多い。したがって，ネガティブな意味合いを有することもあるが，

▷スケールメリット
⇨ 1-Ⅰ-8 「ポスト・モダンの組織論」

▷ビュロクラシー
⇨ 1-Ⅰ-2 「ビュロクラシー」

▷柔構造化
⇨ 4-Ⅰ-9 「柔構造化」

▷大企業病
組織が大きくなると，内部での意思疎通に不都合が生じたり，外部的に環境変化への対応が遅れてしまうことをいう。特に従業員を数万人も抱えると，このような事態は避けがたいとされる。この病理を避けるために，カンパニー制や分社化，事業部制が採用される。

膨張した組織規模を適正規模に戻すという意味に使えば，ダウンサイジングもやむを得ない。

さらに加えていえば，一つの議論は作業単位では，**スパンオブコントロール**（管理統制の限界）がある。1人の上長が管理できる統制の範囲である。係や班などのような作業現場における適正規模である。部下が単純な仕事をしている場合では，それが広がるが，つまり多くの部下を抱えることができるが，精密な仕事になるほど，あるいは意思決定的な仕事になるほど，部下の数は少なくならざるを得ない。仕事の中身を絶えず吟味しなければならないからである。意思決定に関わることが多くなる部長では10課以上を従えることはまずあり得ない。したがって，その組織が，単純労働から成り立つようであれば，管理者の員数が少なくて済むのでフラットな，横に広がる組織になりやすい。逆に，綿密な技術を用いたり，創造的な仕事に関わるような場合は，縦長のシャープな組織になる傾向がある。組織にとっての様々の与件と相反的なデザインの採用は必ずといってよいほど行き詰る。

③ パーキンソンの法則

組織には本来，大きくなろうという内部的な衝動に突き動かされる。パーキンソン（Parkinson, N. C.）による英国政府の観察によれば，上司にとって部下は多いほどよいと考え，そのための仕事，あるいはタスクを増やそうとする。業績が多いほど有能と評価される。仕事量は，その仕事を達成するために膨張を続ける。それに関わるコストはその結果として達成のギリギリ限度まで膨張し，さらにそれを超えようとする。ということは，ある資源に対する需要は，それが入手可能と考えるまで膨張を続けることを意味する。当然，部下という人的資源は増える。そしてその部下もまた部下を増やそうとする。組織は大きくなるばかりである。規模が縮小するなどはあり得ない。

この結果としては絶えざる**行政改革**ということである。政府という組織はたえず大きくなろうとし，それをたえず小さくしなければならないというイタチごっこが続くというのである。これはビュロクラシー一般に適用できる。組織は合理的に目標達成に見合った範囲で資源を使おうとするのではなく，いわば目一杯，そしてそれを超えようとして，むしろ余分に仕事を増やすように，特に経営管理者たちは考え行動するのである。その結果として，適正規模を超え，大企業病といわれるフットワークのよくない組織にやがて立ち至るのである。

なお，規模の経済に対して範囲の経済ということがある。規模と同様に，いくつもの部門を擁することで，管理コストなどが減少する。不必要な多様化などにもパーキンソンの法則を適用できる。大きくなりすぎると（潰せないとはいうが）規模も範囲も不経済に至ることはいうまでもない。　　　　　（田尾雅夫）

▷**スパンオブコントロール (span of control)**
管理統制できる範囲のことである。上司は部下を大人数管理できることはない。管理できる人数のことである。単純な作業では多く，複雑な作業では少なくなる傾向が見られる。

▷**行政改革**
お役所仕事などといわれるが，政府組織は効率的ではないといわれることがある。それを見直し改善することを一般的に行政改革という。財政を同時に見直すことが多いので行財政改革といわれることもある。それらを徹底したのが，イギリスにはじまるNPM (new public management) 改革である。

参考文献
田尾雅夫『公共経営論』木鐸社，2010年。

Ⅰ 組織デザイン

5 ミンツバーグの組織論

▷ミンツバーグ（Minzberg, H.：1939-）
マックギル大学教授。カナダ生まれ。マサチューセッツ工科大学大学院卒業。実践的な観点から戦略論と組織論そしてマネジャー論を展開した（前田東岐「ミンツバーグの創発的戦略論」渡辺峻他編『やさしく学ぶマネジメントの学説と思想』ミネルヴァ書房，2003年，204-215頁；ピュー，D. S. 他／北野利信訳『現代組織学説の偉人たち』有斐閣，2003年）。

▷マネジャーの役割
①対人的役割，②情報関係役割，③意思決定役割の三つからなるとミンツバーグは明らかにした（ミンツバーグ，H.／奥村哲史他訳『マネジャーの仕事』白桃書房，1993年）。

1 経営実践からの組織と戦略

ミンツバーグは，企業経営の実践の立場から組織と戦略のあり方を分析した。彼の主な経営学的な研究は，①現場発のマネジャー論，②実践的な組織化のあり方からの経営組織論，創発的な組織論を展開した。

2 実際のマネジャーの役割

ミンツバーグは，経営現場における**マネジャーの役割**の実態を分析して，全部で10の役割があり，それらが大きくは三つのグループに分類できることを実態分析より明らかにした。それまでの経営者論，中間管理職論は，あくまでも頭の中で考えられた役割論であり，実際の現場でのマネジャーの行動分析が欠けていると批判し，三大役割を示した。

まず職場や組織での対人関係の展開に関わる「対人的役割」である。これには，マネジャーは，職場や組織の象徴としての働きを期待される「象徴」の役割，「リーダー」の役割，人間関係を媒介する「リエゾン」の役割の三つが含まれる。

第二に，職場や組織での情報の発信や受信に関わる「情報関係役割」である。これには，従業員の働きぶりを「モニター」する役割，情報を積極的に職場に伝える周知伝達役，そして職場や組織を代表して情報発信する「スポークスマン」の役割が含まれる。

そして，第三に組織の重要な判断を引き受けるマネジャーの「意思決定役割」である。これには，新たな経営の変革について構想，実現する「企業家」の役割，組織の中で問題を処理する「障害処理者」の役割，資源の選択配分に関わる「資源配分者」としての役割，そして交渉活動を担う「交渉者」としての役割である。ミンツバーグは，以上のように細分化すると10の役割をマネジャーが果たすことで，組織が動いていることを明らかにした。

3 組織の七つの形態と「アドホクラシー」

そして，同じような組織経営の実践的な感覚から，どのように経営者が組織構造をデザインしているかという観点から，七つの組織形態があることを指摘した。そして，現代の変化が激しく，開発競争となっている経営環境の下では，

表4-1 ミンツバーグの七つの組織形態

組織形態	主要整合メカニズム	決め手部分	分権化のタイプ
起業者的	直接監督	戦略アペックス	垂直的・水平的分権化
機械的	仕事過程の標準化	テクノストラクチャー	限られた水平的分権化
専門職業的	技能の標準化	作業核	水平的分権化
多角的	産出の標準化	中間ライン	限られた垂直的分権化
革新的	相互調整	支援スタッフ	選別的分権化
使命的	規範の標準化	イデオロギー	分権化
政治的	なし	なし	可変的

(出所) ピュー, D. S. 他／北野利信訳『現代組織学説の偉人たち』有斐閣, 2003年, 45頁, 表1.2。

独自の「**アドホクラシー**」という革新的な組織形態が有効なデザインであること主張する。彼は, **表4-1**にあるように, 七つの組織形態を挙げるが, その内の上五つは企業に関わるものであるので, それを中心に触れる。この七つは, 組織の中で組織化すなわち組織の編成と活動のリードを主導的に行っている主体によって分けられる。

第一に,「起業者的組織」であり, トップが直接的に組織を管理しながら, ある事業プランや改革プランを展開するような組織である。

第二には, 機械的組織である。これは, 官僚制組織に近い概念であり, 組織の活動のコアになっている従業員が主導するものである。

第三に, 専門職業的組織であり, 専門的な知識をもつ作業現場の従業員が, 組織編成と活動の主体となる。具体的には, 病院のようなプロフェッショナルが現場で働いて動かしている組織である。

第四に,「多角的組織」であり, 事業の多角化を進めている事業部制組織であり, 組織の運営において中間管理職が重要な役割を果たしている。

そして第五が,「革新的組織」すなわちアドホクラシーである。アドホクラシーは, 英語の「アドホック」に, すなわち「その場その場に応じて」環境に適合した組織編成を行うという意味である。具体的には, プロジェクト・チーム主体の組織やマトリックス組織などのような, 柔軟に変化しながら, 環境適応を図る組織が想定されている。このアドホクラシーは, あくまでも研究開発を中心にする組織であり, イノベーションを最大の目的とする。

なお, 使命的と政治的の組織は企業以外に典型的に適用される。

④ 創発的な戦略論

多くの戦略論が,「計画された戦略」の観点から事前に周到に計画する重要性を論じているけれども, ミンツバーグは実際には事前に計画しつくすことは難しいと指摘する。そして, 現場の組織プロセスから作り出される「創発的な戦略論」という観点からの新たな戦略論を提示した。

(若林直樹)

▷アドホクラシー
イノベーションを目的にした「その場その場に応じて」環境に適合した変化を行う組織形態(ミンツバーグ, H.／北野利信訳『人間感覚のマネジメント』ダイヤモンド社, 1991年)。

I 組織デザイン

6 ルース・カップリング

1 ルース・カップリング・システム

　東京都大田区，大阪府東大阪市，アメリカ・カリフォルニア州シリコンバレーなどに多く見られるような，多数の中小企業が集積し，それぞれの企業は自らが専門とする仕事に特化し，それ以外の仕事は他の企業に依頼して，一つの事業を共同で完結させるビジネス・モデルが存在する。このようなビジネス・モデルを支えるのは，ルース・カップリング・システム（loosely coupled system）と呼称される**組織構造**（organizational structure）である。ここでは，**ウェイク**の議論に従い，ルース・カップリング・システムについて解説する。

　ルース・カップリング・システムとは，複数のサブシステムが共通の変数をほとんどもたないか，もしくは，複数のサブシステムは共通の変数をもつが，その変数がそれらのサブシステムに与える影響が小さいとき，その全体システムのことを表す。

　以上の定義より，このシステムには次のような特徴が見出せる。①サブシステムの自律性が高い。②全体システムの中に，異質性が担保される。③サブシステムごとの環境に対する反応性や適応度が高い。④サブシステムごとの持続性が高い。⑤あるサブシステムの不調が，他のサブシステムに移転しにくい。⑥サブシステム間の調整が非効率的である。

2 タイト・カップリング・システム

　多くの日系製造業はたくさんの系列企業を有し，継続的で閉鎖的な取引関係を構築している。このようなビジネス・モデルを支えるのは，タイト・カップリング・システム（tightly coupled system）と呼称される組織構造である。ここでは，ルース・カップリング・システムと逆の特徴をもつ，タイト・カップリング・システムについて解説する。

　タイト・カップリング・システムとは，複数のサブシステムが共通の変数を多数もつか，もしくは，複数のサブシステムが共通の変数をもち，その変数がそれらのサブシステムに与える影響が強いとき，その全体システムのことを表す。

　以上の定義より，このシステムには次のような特徴が見出せる。①全体システムとしての統一性が高い。②サブシステム間の同質性が高い。③全体システ

▷組織構造
組織の構造的形態を表す。代表的なものとしては，機能別組織，事業部制組織などが挙げられる。

▷ウェイク（Weick, K. E.: 1936-）
アメリカ・インディアナ州に生まれ，ミシガン大学で教授を務めた。彼の論文 "Educational Organizations as Looseky Coupled Systems," *Administrative Science Quarterly*（vol. 21, March 1976）は，ルース・カップリング・システムが初めて言及されたものである。

ムとしての環境への反応性が高い。④全体システムとしての持続性が高い。⑤変化がサブシステム間で伝達しやすい。⑥サブシステム間の調整が効率的である。

③ 二つのシステムの関係とシステムのデザイン

　ここで，ルース・カップリング・システムとタイト・カップリング・システムを比較すると，この二つは異なる別のシステムというよりは，それぞれを両端として同一線上に並ぶシステムのバリエーションとして捉えることが可能である。つまり，複数のサブシステムがもつ共通の変数が減るか，もしくは，複数のサブシステムが共通してもつ変数のサブシステムに与える影響が小さくなるとき，その全体システムはルース・カップリング・システムに近づく。一方，複数のサブシステムがもつ共通の変数が増えるか，もしくは，複数のサブシステムが共通してもつ変数のサブシステムに与える影響が大きくなるとき，その全体システムはタイト・カップリング・システムに近づく。したがって，二つのシステムの類型は，程度の違いを意味するに過ぎない。

　しかし，この程度の違いは，二つのシステム類型が有する対照的な特徴から，システムの学習タスクに対する**コンティンジェンシー（状況適合性）**を認識させる。

　ルース・カップリング・システムは，個々のサブシステムが自律性を発揮し，異質性を活かし，環境に対して敏感に反応し，うまく学習するため，多様性を取り込んだ斬新なシステム変革を促進する。この結果，ルース・カップリング・システムは，変化が流動的で，不確実性の高い環境にうまく適応できるのである。

　一方，タイト・カップリング・システムは，全体システムとしての統一性や持続性，サブシステム間の効率的な調整が，漸進的なシステム変革を促進し，さらに，全体システムとしての統一性や反応性の高さ，サブシステム間における変化の伝達の容易さ，サブシステム間における効果的な調整が，トップダウンによる断絶的なシステム変革を促進する。これらの結果，タイト・カップリング・システムは，安定的で，不確実性が低い環境，もしくは，それとは真逆で，変化が激しく，不確実性が極めて高い環境にうまく適応できるとされている。

　以上のように，システムの学習タスクに対するコンティンジェンシーが認められるならば，システムが遭遇する環境に対応して，複数のサブシステムがもつ共通の変数や，複数のサブシステムが共通してもつ変数のサブシステムに与える影響を管理・調整し，環境に適合的なシステムを構築することが求められる。戦略的なシステム・デザインである。

（秋山高志）

▷コンティンジェンシー（状況適合性）
すべての環境に普遍的に適合できる組織の存在を否定し，環境に応じて適合的な組織は異なるという考え方。

I　組織デザイン

7　コミュニケーション

1　コミュニケーションの難しさ

　組織内でコミュニケーションが重要であることに異を唱える人はいないであろう。ある目標に向かって協働している人々にとって，円滑なコミュニケーションのとれることは，必須のことである。バーナードが**組織成立の要件**の一つにコミュニケーションを挙げていることからも，その重要性は納得できる。組織内では上から下，下から上，水平方向と様々なコミュニケーションが縦横無尽に走っている。コミュニケーションで問題になるのは，それがスムーズに行われない場合が多いことである。例えば 2 人だけで作業をしている場合は，コミュニケーションはさほど困難を伴わないであろう。伝えたいことは直接伝わるし，相手の言葉も直接聞くことができる。わからなければその場で聞き返すこと，確認することができる。双方向性のコミュニケーションは正確さを高める。しかし，人数が増えていくにつれ，そこには様々な難しさが生じてくることになる。

2　コミュニケーションの障害

　コミュニケーションの障害の典型は，伝達過程で内容が変容するというものである。そこにはいくつかの法則性のあることが知られている。まず，平均化が起こる。伝えられていくうちに，伝達内容は短く単純になっていく。また，強調化が起こる。これは，伝達内容の中の一部が選択的に強調して伝えられるというものである。さらに，同化という現象も知られている。これは，伝達内容が，話し手の知識，経験，態度，価値観などに沿ったものに変化していく現象である。ただ，これらは主として口頭によるコミュニケーションの際に生じやすいものであり，昨今の有力な伝達手段である e-mail であれば生じにくいかもしれない。

　しかし，コミュニケーションの障害には，受け手側の要因も働く。人は，それぞれの立場でそれぞれの枠組みで判断する。自らの経験や知識も動員する。仮に字句的には正確に伝わっていても，本来の意図が伝わらないということもありうる。非常にシンプルな例を一つ挙げると，雪だるまを日本人に描かせると，たいてい○を二つ描くが，アメリカ人に描かせると，たいてい○を三つ描くという違いが知られている（佐久間，1996）。同じ言葉から，同一のものをイ

▷組織成立の要件
「コミュニケーション」の他に，「協働する意志」，「共通の目標」がある（Barnard, 1938）。

メージしているという保証はないのである。

3 インフォーマル・コミュニケーション

複数の人が集まって仕事をしている組織では，通常，仕事内容等によって公的に決められたフォーマルなグループと，気の合う人同士が自然発生的に仲良くなるといった，インフォーマルなグループが存在する。当然インフォーマル・グループの中でもコミュニケーションが図られる。前述のようにフォーマル・グループでのコミュニケーションは，上から下，下から上，水平と，どちらかといえば直線的なイメージが強いが，インフォーマル・グループでのコミュニケーションは，誰から誰へ伝わるという規則性は小さく，まさに，葡萄の蔓（grapevine；Davis, 1953）のように曲がりくねって伝わっていく。

曖昧であったり，未だオープンにする許可が下りていないといった理由で公式のラインには乗りにくい情報が，インフォーマルなルートで伝わることがある。事前に関係者に伝わることでクッションや根回しとなるといった効用も期待できる。しかし，前述の障害はここでも生じうる。情緒的に結びついた人間関係であるから，同化などはかなり極端な形で生じる可能性がある。また，公的なコントロールは働かないので，場合によっては制御不能に陥る場合もある。まさに両刃の剣といえるだろう。フォーマル・グループでのコミュニケーションを補完するような機能を果たすことができれば理想的である。

4 非言語的コミュニケーション

われわれは普段人とコミュニケーションをとるとき，言語的に発せられた言葉の内容だけを受け取っているわけではない。それが発せられたときの相手の表情，視線等，様々な非言語的な手がかりからも情報を得ている。われわれは，言語的な手がかりと非言語的な手がかりを総合し，相手が何を伝えようとしているのかを汲み取ろうとするのである。素朴に考えると，言語的な内容がメインで，非言語的な手がかりはそれを補うような印象を受けるが，むしろ非言語的な手がかりのほうがメインであると主張する心理学者もいる。いずれにしても，われわれのコミュニケーションにおいて非言語的な手がかりが非常に重要な意味をもつことは間違いない。非言語的コミュニケーションには，**近（準）言語**，対人距離（proxemics），視線（eye contact），タッチング（touching），顔面表情（facial expressions）などがある。

昨今有力なコミュニケーションツールとなった e-mail では，この非言語的な手がかりが抜け落ちることになる。もっぱら若い人たちの間でよく用いられるとされる**エモティコン**や**ソフナー**は，この抜け落ちた非言語的コミュニケーションを補う手段であるといわれている。ただ，ビジネスの場でこれがどれほど使えるかは疑問である。

（髙木浩人）

▷**近（準）言語（paralanguage）**
声の大きさ，話す速さ，発話の乱れ，言い誤り，繰り返し，沈黙といったものを指す。「自信があるので声が大きくなる」「自信がないので速く話す」「即答せず，しばらくの沈黙の後返事をする」等，それぞれ言外の意味を伝えることがある。

▷**エモティコン（emoticon）**
エモーション（emotion）とアイコン（icon）を用いた造語である。様々な感情を表す顔文字などがある。

▷**ソフナー（softner）**
表現を和らげたり，感情を伝えたりするために用いられる略語で，例えばアメリカでは LOL（laughing out loud ＝声に出して笑いながら）などの表現がある。

参考文献

Barnard, C. I., *The functions of the executive1*, Harvard University Press, 1938.（山本安次郎・田杉競・飯野春樹訳『経営者の役割』ダイヤモンド社，1968年）

Davis, K., "Management communication and the Grapevine," Harvard Business Review, 31, 5, 1953, pp. 43-49.

佐久間賢『交渉戦略の実際』日本経済新聞社，1996年．

I 組織デザイン

8 ルーモア・ポリティックス

① 駆け引きという現実

組織とは利害関係者の集まりである。ということは必ずしも，その意図関心は合致しないということである。互いは協働だけではなく，競合も競争もある。互いはそれぞれ思惑を秘めて考え，行動することになる。出し抜くこともあれば出し抜かれることもある。損することもあれば得することもあるというゲーム的状況に至らしめる。しかも，その状況の中でそれぞれの有する，いわば「資源」はそれぞれ相違する。多い人はそれを元手にパワーを行使したいし，少ない人は資源を大きくすることで，自らの意思を実現したいと考えるようになるのは必至といってよい。得を続ける人，損ばかりの人もいないわけではないが，とりあえず誰もがパワーを得たい，それを行使したいと考える。そのためにポリティックスが成り立つことになる。

その**パワー・ポリティックス**はコミュニケーションを活用する。またはコミュニケーションを通して，意図は伝達され，その思惑は実現に向かうことになる。資源の少ない人は，伝達できてもその実現は難しくなることも再三である。意図が伝達できないほど資源が乏しいこともある。例えば，入社したばかりとか臨時の雇用や不規則勤務で立場が弱いような場合，意図の伝達さえ控えることも多い。しかし，それでも意図を実現したいと考えることもある。資源が乏しいなりにという工夫である。このことは平社員にも当てはまり，もしかすると経営者や管理者にも該当することである。資源が少ないのは，誰もが同じ状態におかれているということである。

② ルーモア・ポリティックス

その少なさを補うポリティックスの手法の一つが「ルーモア」，つまり，噂話の活用である。噂は千里を駆け抜けるというが，誰かのことについて，それが根拠のないことであっても，その曖昧さと，それが当事者にとって重要であるほど広まることになる。災害や事件などでは噂が噂を呼び込んでパニックに陥り，さらなる重大な惨事を引き起こすようなこともある。流言蜚語は事故を事件にしてしまうことさえある。深刻な結果を招来する。組織の中では，特に人事の噂話などは，誰もが関心を向けるために，単なる立ち話が，尾ひれをつけてたちまち全社に広がるようなことも稀ではない。ポリティックスとは，そ

▶パワー・ポリティックス
対人間や部門間で影響力を競い合うこと。保有している資源の大きさがその影響の度合いを決めることが多い。

れを意図的に使うことである。意図的に使うというよりも，意図せざる方向に噂が広まるようなこともあり，制御し難いようなこともある。**スリーパー効果**が付随して，伝達を繰り返すうちに，内容が，それを伝える主語から離れて一人歩きを始め，誰が言ったかとは関係なく，それ自体が誰の思惑とは関係なく広がってしまうこともある。

しかし，コミュニケーションとは必ず，伝え手の意図関心を内容として受け手に伝えられるのであるから，誤解や曲解を避ける工夫が欠かせない。それ自体が手段の工夫でありポリティックスでありうる。悪口をいうことだけがそれではない。間接的に褒め言葉が伝わるようなこともある。ルーモア・ポリティックスになるかどうかは，紙一重といってよい。

③ ソーシャル・リアリティ

フェスティンガー（Festinger, O.）によるソーシャル・リアリティ（社会的事実と訳してもよい）は，それを支える概念である。実際に起こったかどうかよりも，それをそう信じる人がいるかどうかである。組織の中では，重要な案件（例えば人事など）であるにもかかわらず，限られた人だけにしか開示されない情報があるとき，他の人は様々に憶測する，あるいはしたがる。その場合，もっともらしい噂が，さも事実であるかのように伝わり，既成事実化するということは，四六時中あることである。火のないところに煙は立たないということで，後日，正当化されるようなこともある。

これを，逆手に使うようなこともあり得ないことではない。誰かを陥れるために噂を流すのである。倫理的に問題があるのは当然である。しかし，意図的な噂話は，誰もが好むところであり，誰もがしていることである。その噂が結果的に相手を傷つけるようなことになっても，あるいは，それを意図しての噂話は，組織の中ではよくあることである。その噂話は，ツタの蔓のようにインフォーマルなコミュニケーションとして伝わってくる。自分が知らないうちに誰もが知っていたというということになる。

④ ルーモア・ポリティックスへの対抗

ルーモア・ポリティックスに対抗するためにどうするか。脛に傷がある身では防ぎようがない，ということであり，多少とも欠点があるのは誰も同じである。噂の対象になるのは仕方がないことではある。組織風土が開放的で，誰もが忌憚なく意見をいえるところであるほど，陰湿な裏のネットワークともいえる蔓の成長はなくなる。フォーマルなコミュニケーションとインフォーマルのそれが重なり合うからである。誰もが意見や考えを自由にいえるところでは，噂の拡散は少なくなる。そのような雰囲気を醸成できるかどうかが経営には重要である。

（田尾雅夫）

▷**スリーパー効果**
居眠り効果と訳されることもある。情報源，つまり説得者の信頼性のほうが情報，つまり内容よりも速く忘れられる＝眠ってしまうことである。信頼できる人からの情報は，時間の経過とともに忘れられ，逆に信頼されない人の情報でも，内容だけは残ってしまうことがある。

I 組織デザイン

9 柔構造化

1 柔構造化

組織一般が置かれている環境は，安定的ではない。不安定であるほど，組織構造も安定的ではあり得ない。環境の変動に応じて組織もそれに見合った仕組みにつくり変えなければならなくなる。それに対応できる仕組みにつくり変えることができなければ，組織は破綻に至るといってよい。

安定的ではない環境の下では，それに対応できる柔構造化を採用している。即時即応の決定ができるように現場への権限委譲（エンパワーメント），スムーズな情報伝達を行えるためには中間管理職の数を減らすこと（**フラット化**），現場で機動的に対応できるための専門家の活用（タスクフォースやプロジェクト・チームなどの活用）などがある。

以下では，柔構造化を促進する要因と柔構造化の技法について紹介する。

2 柔構造化とIT技術

企業は不確実性への対応に加えて，生産性・創造性を高めるという観点からも柔構造化を志向している。勤務時間を限定しない**フレックス・タイム制**や在宅勤務の導入は，柔構造化の技法としても見ることができるが，この背景には技術の発達がある。特に情報通信技術の発達により，それまでは時間・場所に縛られていた仕事の制限がなくなった。オフィスでしかできないことが相対的に減ることになったのである。インターネットの普及や，パーソナルコンピュータ（PC）のハイスペック化が在宅勤務を可能にしている。しかし，こうした場面では勤務時間帯と日常生活時間帯の区別がなくなるために，労働者にはより多くの自律性が求められることになる。次に，経営管理の問題としての柔構造化の技法を見ていこう。

3 柔構造化の技法

生産性・創造性と関連した組織の柔構造化は，経営管理としての問題を大きく含む。フレックス・タイム制（**図4-5**参照）や在宅勤務の導入の背景には，勤務時間を規定することが必ずしも成果に結びつかない職種が増えてきたことが認識されるようになってきていることが挙げられる。新しいアイデアの創造などは，勤務時間を規定すれば促進されるわけではないからである。成果に着

▷フラット化
組織の階層を少なくし，組織の規模を小さくすること（ダウンサイジング化）とも関連する。
▷ 1 ⇒ 4-I-6「ルース・カップリング」

▷フレックス・タイム制
1日の労働時間帯を，必ず勤務すべき時間帯（コアタイム）といつ出社または退社してもよい時間帯（フレキシブルタイム）とに分け，時間の配分を労働者の判断に任せる制度である。

```
          労働時間帯
   ┌──────────────────────────────────┐
        標準労働時間帯
     (通常の労働者の所定労働時間帯)
   ┌──────────────────────────┐

AM                    PM
7:00   9:00  9:00  12:00  1:00   3:00   5:00   7:00
 ▼      ▼    ▼     ▼      ▼      ▼      ▼      ▼
[フレキシブルタイム][コアタイム][休憩][コアタイム][フレキシブルタイム]

いつ出社してもよい時間帯 | 必ず勤務しなければならない時間帯 | いつ退社してもよい時間帯
```

図4-5 フレックス・タイム制のモデル例

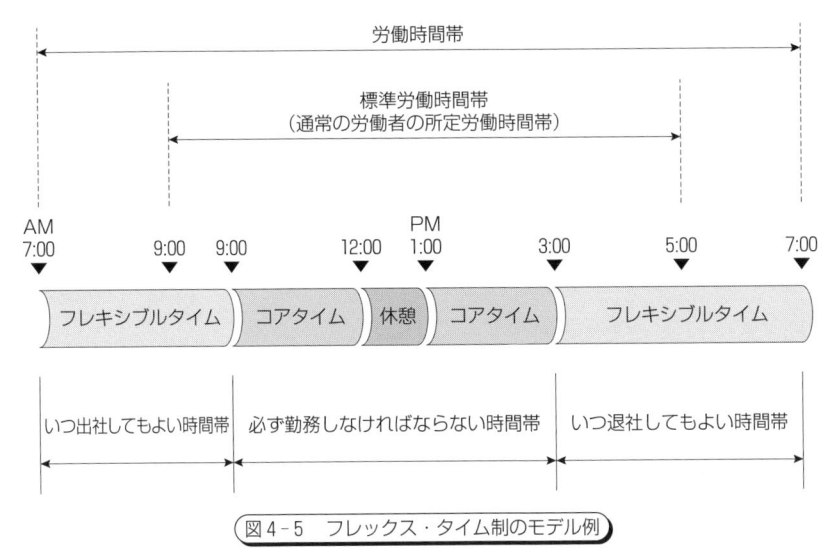

出所：労働基準局作成。

目すると，それが達成される場所が会社であっても自宅であっても変わりがない。そうなると，どちらであっても生産性が高い方が望ましいということになる。

こうした文脈で，柔構造化はワーク・ライフ・バランスの達成に大きな役割を果たすことになる。特にこれが経営管理上の大きな問題として議論される。ワーク・バランスとは仕事と個人の調和を意味する言葉である。例えば仕事と子育ての両立や，仕事と余暇の充実などは，仕事と個人の生活のバランスが成り立っている状態である。「管理」とは何かを考える際に，こうしたワーク・ライフ・バランスが重視されるようになってきている。

④ 組織構造にもたらす変化

官僚制の逆機能を解決するためにも，柔構造化は求められる。システムの硬直化を防ぐために，また解決するために組織構造の変化を要請することになる。柔構造化すると，具体的には組織のヒエラルキーを少なくする力が働く。それは，ピラミッド型の組織からの脱却であり，これは冒頭に述べたフラット化を意味する。ヒエラルキーを少なくすることで，縦割りであったコミュニケーションの経路を横断的にすることが図られる。さらに，ヒエラルキーの数が少なくなれば，情報の伝達の迅速化も進むことになる。中央集権的である構造から，権限委譲をすることで組織成員の自律性が高い組織へと移行することも大きな狙いとなる。さらにこの過程で，組織で作られた様々な規則も緩和される傾向がある。

今までのやり方が通用しなくなることに備えて柔構造化は意図される。柔構造化は組織構造の変化を求めることになるが，この場面では，上記のような「柔構造化の技法としての人事制度」が大きな観点となる。

（本間利通）

▷2 裁量労働制の拡大も柔構造化のための技法として見ることができる。ワーク・ライフ・バランスという点からも，裁量労働制に期待されるところは大きい。生産性・創造性を高めるために，現状では一部の社員にしか適用されていない裁量労働制の拡大が進められることになるだろう。一方で，仕事の時間と生活の時間を明確に分けておかないと，かえってワーク・ライフ・バランスが損なわれてしまう。

▷官僚制の逆機能
⇨ 4-Ⅰ-3 「ビュロクラシーの問題点」

I 組織デザイン

10 ネットワーク

1 ネットワークとは何か

ネットワークは，個人や組織などの結合関係の構造に注目した視点である。ネットワークは，組織論においては，人間同士の人的ネットワークや，情報機器や通信網から成る情報通信ネットワーク，知識のつながりを指す知識ネットワークなどの様々な側面で議論される。ただし，組織論においては，主には，人，集団，組織の間の関係である人的ネットワークもしくは社会ネットワークとして中心的に議論される。人的ネットワークは，①個人間ネットワーク，②集団間ネットワーク，③組織間ネットワークおよび④それらの主体が入り混じる複合的なネットワークがある。より専門的に，ネットワーク理論的からは，人，集団，組織という主体を「点」として表し，その結合関係を「線」と表し，その点と線の構造として図式的に「グラフ」として表現される。例えば，**図4-6**は，アフリカのある工場の一つの職場における人間関係をグラフとして表したものである。一つ一つの点が，人間を表しており，線がそうした人々の間に友人関係や仕事関係を表している。

2 ネットワークと組織

ネットワークが組織の議論でもつ重要性は，第一に，それが「ネットワーク組織」のように組織のもつ新しい結合関係のあり方の理念を示している。ネットワーク的な主体間の結合関係とは，水平的，自律的，対等的，分権的なものであり，それが環境に合わせて柔軟で自己組織的に変化するものと捉えられている。第二に，ネットワークは，組織が生きていく上では，必要となる人材，情報，資源を獲得したり，流通させたりする回路となる。さらには，組織外部のネットワークは重要な働きをする。フェッファー（Pfeffer, J.）らのいうように，組織は外部社会とのネットワークを通じて，生きていく資源，情報，人材を獲得する。その意味で，社会ネットワーク理論に基づく組織研究者は，組織は，ネットワークを通じて**社会に埋め込まれている**とする。第三に，こうしたネットワークをうまく活用することによって，企業や個人は，経済的な業績を高めることができる。効果的なネットワークを作り出すと，組織内部や組織の間での組織学習が促進されて，改善やイノベーションが進み，高い経済的な成果に結びつきやすい。そうした組織の経済的な業績を高めるようなネットワークは，

▷**ネットワーク**
複数の主体間の結合関係の織りなす構造（安田雪『実践ネットワーク分析』新曜社，2001年）。

▷**社会的埋め込み**
社会ネットワークを通じて経済的な組織も社会に埋め込まれている状態。

図4-6　ある集団のネットワーク

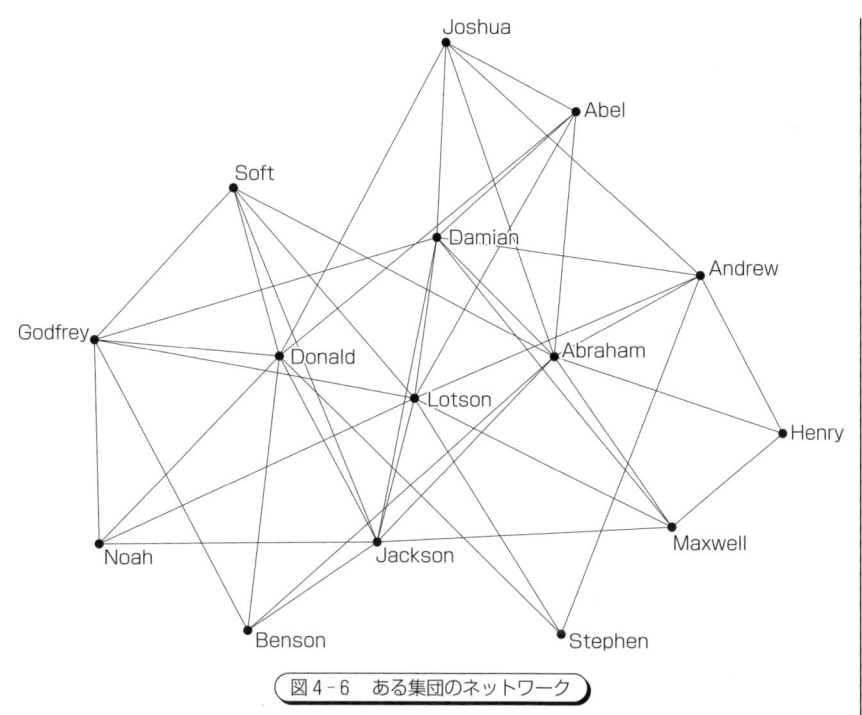

（出所）金光淳『社会ネットワーク分析の基礎』勁草書房，2003年，10頁。

組織にとっての重要な関係的な資源である。これは，**組織にとっての「ソーシャル・キャピタル**（社会関係資本）」であるとされて，企業や団体などのイノベーションや付加価値を高める活動の上で重要な経営資源になると注目される。

3　ネットワークのもつ組織への効果

　近年の社会ネットワーク理論の発達と，その組織論への応用は，企業や行政組織，NPOにおけるネットワークのあり方と働きへの関心を高めて，解明を進ませている。社会ネットワーク理論は，組織の内部や間に張られる人的ネットワークのもつ構造と働きを明らかにしつつある。社会ネットワーク理論は，1930年代のレビン（Levine, K.）やモレノ（Moreno, J. L.）らのグループ・ダイナミックス研究に始まり，1970年代頃には，社会心理学，社会人類学，社会学において，数学的なグラフ理論の発達を受けて成長した。組織論にも，1980年代に応用され始めた。組織の経営資源としては，①キャリア，②企業間関係，③組織学習促進，④イノベーション，⑤組織統合，そして⑥ベンチャー創業に対する効果があると考えられている。

　ネットワーク理論により，特別のネットワーク構造が組織の経済成果を高める効果がわかってきた。例えばネットワークの中心にいる個人や組織は，情報や資源の獲得の上で有利であるので，権力をもちやすい。またブリッジ紐帯をもつ者は，多くのネットワークを仲介する位置にあり新情報を入手しやすくイノベーションに有利である。

（若林直樹）

▷組織のソーシャル・キャピタル
組織にとって，特別な性格をもつ社会ネットワークが経営資源になること（Adler, P. S. et al., "Social Capital," *Academy of Management Review*, vol. 27, No. 1, 2002, pp. 17-40）。

I 組織デザイン

11 ネットワーク組織

1 ネットワーク組織とは何か

ネットワーク組織は,脱工業化や情報化が進んだ現代の革新的な組織モデルとして議論される。**ネットワーク組織**とは,複数の個人,集団,組織が,組織の壁を越えて特定の共通目的を果たすために,ネットワークを媒介にしながら,水平的で柔軟に結合した組織形態である。分権的・自律的に協働するので,イノベーションが起こしやすい。この場合のネットワークは,論者によって人的ネットワークであったり,情報ネットワークであったりする。ネットワーク組織は,大規模な官僚制組織が少数のトップにより規則に基づいて上下関係で動くために,硬直的であり革新的でない弊害を有することを克服する効果をもつ。

2 ネットワーク組織の形態

ネットワーク組織は,具体的には,組織内および組織間に見られる特定の組織形態であると考えられている。この組織形態は,元来は,バーンズ(Burns, T.)とストーカー(Stalker, G. M.)の「**有機的組織**」のモデルから展開してきた。有機的組織とは,イノベーションに向くように水平的なコミュニケーションで結合した,フラットで自律的に編成されている組織である。

組織形態には,①組織内部に見られるものと,②組織間で見られるものがある。まず,内部組織の具体例としては,フラットな低階層組織,プロジェクト・チーム主体で編成される組織,さらに,マトリックス組織が挙げられる。これらは,環境の変化に合わせて変動しやすい仕組みである。欧州の重電企業ABBが一時期に展開したマトリックス組織は,その典型である。そして,ネットワーク組織は,むしろ,組織間での境界を超えた結合関係が,その特徴であるので,むしろ組織間での形態として展開しているものが注目されている。

その具体的な形態としては,企業グループ,系列,戦略的提携,仮想的企業体などが挙げられる。企業グループは,ある大手企業が中心となって複数の子会社・関連会社と構成して一体的な経営を行うグループである。系列とは,日本経済に独特に見られ,発注先である大手企業が,中核となって長期的,継続的,固定的な取引関係をもつ複数の外注企業を編成したものである。戦略的提携とは,企業間での中長期的な協力関係を指し,比較的に自律的,対等的であり,緩やかな連携をしている関係である。合弁,提携契約をもつ関係を指す。

▷**ネットワーク組織**
複数の個人,集団,組織が,特定の共通目的を果たすために,社会ネットワークを媒介にしながら,組織の内部もしくは外部にある境界を超えて水平的で柔軟に結合し,分権的・自律的に協働できる組織形態(若林直樹『ネットワーク組織』有斐閣,2009年)。

▷**有機的組織**
イノベーションに向くように,水平的なコミュニケーションにより結合された,低階層で,分権的,自律的に編成されている組織である(Burns, T. & Stalker, G. M., *The Management of Innovation*, 1961)。

燃料電池開発のためのパナソニック，トヨタ自動車の例がある。仮想的企業体は，情報通信ネットワーク上に結合された企業間の協働関係である。

3 ネットワーク組織のもつ強み

ネットワーク組織がもつ特徴は，大きく五つが指摘されてきている（寺本義也『ネットワークとパワー』NTT出版，1990年）。それは，①社会ネットワークを媒介にして低階層（フラット）で水平的であり緩やかな結合をしていること，②特定の目的を共有しつつ，共通の情報，規範，ガバナンスを共有しており，分権的，自律的な協働関係をもっている。そして，③従来の部門や組織の壁を超えて，組織の内部や外部の人材，情報，経営資源を動員することができる。また，④組織内部の論理にだけ従う内向きな意思決定ではなく，市場や外部の環境を基準にした意思決定を行う。そして，⑤自己組織的に柔軟な変化をする点である。

ネットワーク組織は，水平的で分権的であり，柔軟に環境適応であるので，メリットをもつが，その緩やかな結合関係は当然にデメリットをもつ。まずメリットとしては，五つほどある。第一に，主体間でのネットワークを通じて新しい情報や異質な知識を交流させると，新たな知識や行動パターンを学習できる。第二に，ベンチャー企業のように社会的な認知度の低い企業組織が，社会的評価を確立した企業と提携すると，その正統性が高まり生存率も上がる。第三に，ネットワークでの情報交換を行うと，経営環境についての情報や知識も増大して明確な状況認識を持ちやすく深い問題対応を行いやすい。第四に，取引費用削減効果である。これは，ネットワークを通じて，日常的にある企業の信用情報を得たり，信頼関係をもったりすれば，取引相手の情報収集や監視を行う必要は減るので，取引関係の管理に関わる費用は減らせる。第五に，経済活動での主体性の復権である。大企業や系列取引では，大組織のパワーの下に経済活動を行うけれども，ネットワーク組織では，個人，集団などの主体的なネットワーキングが経済活動において大きな意味をもつ。

他方，デメリットもある。まず，第一に，複数の主体の緩やかな結合なので，「事業活動自体での不安定性，不確実性の高さ」である。提携等のように，事業や組織の解散や消滅の可能性はとても高い。第二に，ネットワークに知識やノウハウが貯まるので，ネットワークが崩れると，その「学習成果の散逸」すなわちそうした蓄積が失われてしまうことが起きやすい。第三に，組織の不安定性があるために，「長期的な発展の困難」があることも多い。第四に，ネットワークを通じて他の組織に依存度を高めると「他の組織への従属や吸収の危険性」も生まれる。

（若林直樹）

II 組織文化

1 コーポレート・カルチャー

1 コーポレート・カルチャーとは

　コーポレート・カルチャー（Corporate culture, 企業文化）とは，企業の組織メンバーに共有される価値観，信念，ものの見方である。例えば，企業を顧客志向的な企業と呼んだり，官僚主義的な企業などと評価することがある。それらはすべて企業のもっている文化を指しているといえる。

　企業文化は組織の活動を通じて形成される。組織は外部環境への適応や目的を達成するためのメンバーの相互作用を通じて，歴史的に組織に定着するものである。その中でも組織を成功に導いた目標や方法は，組織に定着しやすい。メンバーが成功という共通体験を通じて，何を目標とすべきか，どのような方法や考え方が適当であるかについての価値観を共有するのである。

　このような文化は大きく分けると二つのレベルからなっており，組織の中に組み込まれている。一つは，日々の活動や習慣などであり，直接観察可能なものである。様々な**儀式**や**ストーリー**，**シンボル**，**言語**などはこれに当たる。もう一つのレベルは，価値観やものの見方などである。価値観やものの見方は直接的に観察できないが，第一のレベルから推察でき，それを支えているものである。

　組織文化は組織図で表される**組織構造**のように，明示されているものではない。しかし，組織文化は組織の活動の背後にあって組織に強力に影響を及ぼしている。

2 コーポレート・カルチャーの機能と逆機能

　企業文化はいくつかの**機能**と**逆機能**をもち企業のパフォーマンスに影響を与えている。コミュニケーション，価値基準の提供，モチベーションに対する影響である。

　一つ目の機能は，コミュニケーションを容易にすることである。多くの知識やルールなどが共有されることによって，言葉を尽くさなくとも容易に意思疎通を図ることができるようになる。しかしながら，知識やルールの共有による弊害も指摘することができる。メンバーにとって当該文化は自明のものとして受け取られているため，他の文化をもっているメンバーとの意思疎通を難しくする。例えば，同じ組織であっても営業部門と製造部門では，普段使用してい

▷儀式，ストーリー，シンボル，言語
儀式とは入社式や表彰式，懇親パーティなどを指している。ストーリーは組織の真実の出来事に基づいている物語で，多くは組織のモデルとなる英雄を取り上げている。シンボルは会社のロゴや社旗などを指す。言語は組織内の特別な意味を伝えるスローガンや比喩などである。

▷組織構造
組織構造とは，組織における分業と調整の体系を指している。分業は職務専門化，部門化，権限関係，公式化，専門性などの次元によって捉えられる。

▷機能と逆機能
機能とは一定のシステムに積極的な貢献をなすものを指し，逆機能とは負の貢献をなすものを指している。

る言葉や価値観などが異なるため，言い換えると，**下位文化**が発達して独自の信念，価値，規範を発達してしまうと日常的なコミュニケーションを図るときでさえ困難を感じることがある。

　二つ目の機能は，価値基準の共有による意思決定の迅速化である。文化は組織メンバーにとって何が重要なのか，物事をどのように処理するべきかのような価値を提供する。それによって，メンバーは，他のメンバーにその都度相談することなしに組織の方向性に沿った意志決定ができるようになる。しかしながら，価値基準の過度な共有も弊害をもたらすことがある。組織は環境の変化に合わせて自らを適応させる必要があるが，価値基準が過度に共有されることによって，環境を異なった視点から見ることができなくなり，環境への不適合を起こす可能性が高まる。

　三つ目の機能は，メンバーのモチベーションに与える影響である。組織が掲げている目的や価値が，メンバーにとって重要であると共感すれば，メンバーのモチベーションを高める効果をもつ。その逆に，組織で通用している価値観が，社会やメンバーに受け入れられないものである場合，メンバーのモチベーションは低下する。

③ 企業文化の変革

　よい文化をもつ企業は，内的にも外的にも良好な結果をもたらし，組織のパフォーマンスを高める。そのため，良好な文化をもつことができるように企業は日々努力する必要があるといえるだろう。

　組織文化はメンバーの日常的な相互作用を通じて形成されるので，それらの相互作用を規定する組織構造や評価システムなどを通じて影響を与えることが可能である。また，先に挙げた儀式やストーリー，シンボル，言語などを通じてメンバーに重要な価値を伝えることもできる。

　しかしながら，組織文化を意識的に形成したり，変革したりすることは容易ではない。なぜなら，組織文化は，組織が経験する出来事などによって歴史的に形成され，判断基準やコミュニケーションの形式などの日々の活動に埋め込まれており，メンバーは通常は意識することがないという性質をもつからである。また，重要な価値を繰り返し伝えたとしてもメンバーが，重要なものとは受け取らない可能性もある。

　たとえ，組織文化の変革が困難だとしても，試みる価値は十分にあるといえるだろう。よい組織文化をもつことは，外部環境への適応や組織の内部統合を促進し，組織によい影響を及ぼす。また，組織文化はそれぞれが独自で互いに模倣が難しいことから，よい文化をもつことは組織にとって持続的な競争優位をもたらすことになる。

（櫻田貴道）

▷**下位文化**
下位文化とは，より大きな社会システムや文化の中で，相対的に区別されうる社会的下位体系と結びついている信念や価値や規範のセットである。組織は必要に応じて構造を分化させるが，それに伴ってそれぞれの単位には下位文化が発生する。

II 組織文化

2 ガバナンス

1 コーポレート・ガバナンスとは

コーポレート・ガバナンス（Corporate governance）は，企業統治と訳され，文字通り企業を統治することを指しており，経営者をチェックすることが中心的課題である。その具体的な方法は，株主総会や**取締役会**，監査役会などの機関を通して行われる。

2 株主主権とステークホルダーアプローチ

企業を統治するということが明確であるとしても，そこにはまだ明らかになっていない問題がある。その問題とは，企業が誰のものなのか，誰のために運営されるべきであるのかということである。企業が誰のものなのか，また，誰のために統治されるべきなのかという考え方には，以下のように二つの立場が存在する。

一般的によくいわれるのは，株主主権，つまり，企業は**株主**のものであるという考え方である。企業の資本を提供しているのは株主であり，所有権を基礎にし，企業は株主のものと考えられる。この場合，経済的な側面で企業の所有が考えられており，統治の目的は，株主価値を最大化することである。統治は，株主による企業の取締役の任免権に基づき実現される。

もう一つの考え方は，ステークホルダー（Stakeholder，利害関係者）アプローチである。ステークホルダーアプローチは，企業に関係する利害関係者が，企業の統治に参加できるという考え方である。ステークホルダーは，「企業目的の達成に影響を与えるか，あるいはそれによって影響を与えられる個人，またはグループ」と定義される。具体的には，所有者，消費者，競争相手，メディア，従業員，特定利害関係集団，環境団体，サプライヤー，政府，地域社会がそれに当たり，内部と外部ステークホルダーに分類されることもある。

ステークホルダーアプローチの考えでは，企業は社会の公器であり，企業から影響を受ける利害関係者に統治の権利があると考えられる。現代の企業は，巨大化，多国籍化し，影響力が増大しており，その運営される方法によって，社会に様々な結果をもたらす。その意味で，企業は経済的な存在というだけではなく，社会的存在でもあり，**社会的責任**も負わなければならない。

株主主権は，株主の利得を最大化することを目的とするため，比較的単純な

▷**取締役会**
取締役会は，取締役全員によって構成され，会社経営における業務意思決定，取締役の業務監査，代表取締役の任免を行う機関である。

▷**株主**
株主はステークホルダーの中でも特別な存在であり，従来からその利益が法律により保証されていた。アメリカでは，敵対的買収が多くの利害関係者の利益を侵すとの考えから1980年代半ばから1990年にかけて多くの州で株主以外の利害関係者の利益を考慮することを認める会社構成員法・利害関係者法が制定されている。

▷**社会的責任**
企業の社会的責任は，CSR（Corporate social responsibility）ともいわれる。企業の社会的責任は，法令遵守という最低限の義務や事業内容と方法の倫理的妥当性という責任，社会貢献などの積極的貢献などからなる。

問題であるといえる。これに対して、ステークホルダーアプローチは、企業から影響を受ける利害関係者が対象となるため、複雑な問題が生じる。理論的には、どこまでの利害関係者を統治に参加させるべきかという問題があり、実践的には、ステークホルダー間の利害対立があった場合にどのように対処すればいいかという問題がある。

③ 企業統治の日米比較

コーポレート・ガバナンスは、企業が活動している社会や文化的な環境に依存している。アメリカと日本では当然コーポレート・ガバナンスは相違する。以下でその比較を試みる。

○アメリカのコーポレート・ガバナンス

アメリカでは株主主権の傾向が強い。アメリカでは社外取締役が取締役会の過半数を占めており、社外取締役は経営者からの独立性が高くチェックが有効に機能しているといわれている。アメリカでは機関投資家の持ち株比率が高く影響力が大きい。そのために、企業は長期的な利益よりも短期的な利益を追求するという問題がある。

○日本のコーポレート・ガバナンス

日本では従来、大企業同士の**株式の相互持合い**やメインバンク、「会社は従業員のもの」という考え方、取締役が内部昇進のものが多く、その任免権が経営者にあるためチェックが甘いなど、コーポレート・ガバナンスの機能が有名無実化しており、企業のトップである経営者に対するチェックが働かず、不正が行われても問題が起きるまで発覚しないという問題があった。しかしながら、近年の商法改正によって社外取締役が増加し、取締役会のチェック機能が強化され、また、株式の持ち合いの低下や機関投資家や外国人投資家の増加などにより、株主の発言力が高まるなど、コーポレート・ガバナンスの機能が徐々にではあるが高まってきている。

(櫻田貴道)

▷株式の相互持合い
株式の相互持合いとは、法人間でお互いの株式を持ち合うことを指す。相互持合いにより、株の市場価格が本来あるべき株価と異なってしまう可能性を高めることから、経営者は企業の業績や不正に対して無責任になるという問題を発生させることになる。

図4-7 ステークホルダーの構成と分類

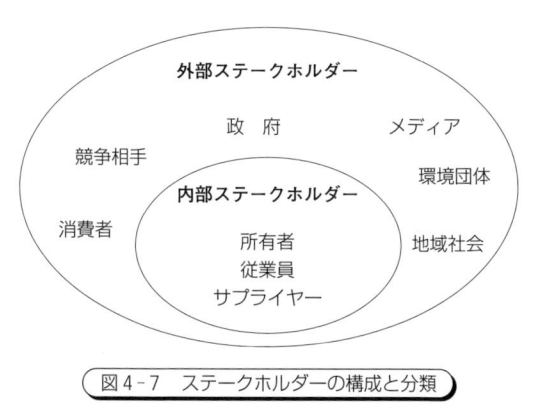

出所：筆者作成。

II　組織文化

3　学習する組織

1　組織学習

　組織学習（organizational learning）の規範論ともいうべき「学習する組織（learning organization）」を解説する前に，現象としての組織学習について解説を加える。

　アージリスとショーン（Schön D.）によれば，組織学習とは，組織構成員が新たに獲得した知識や価値観を，組織の既存の知識や価値観に追加したり，組織の既存の知識や価値観に置き換えたりすることであり，低次学習であるシングルループ学習と，高次学習であるダブルループ学習とに分類される。このうち，シングルループ学習とは，組織の既存の知識や価値観，言い換えれば，解釈枠組みに照らして，目標と実際の組織行動にズレがある場合に，そのズレを修正することであり，図4-8において，ステップ1，ステップ2，ステップ3，そして，再びステップ1に至るという単一のループで表現されるプロセスである。一方，ダブルループ学習とは，組織の既存の解釈枠組みそのものを修正することであり，図4-8において，ステップ1，ステップ2，ステップ2′，ステップ2，ステップ3，そして，ステップ1に至る二重のループで表現されるプロセスである。「学習する組織」のような規範的組織においては，シングルループ学習に加え，たえずダブルループ学習が実現されることになる。

▷アージリス（Argyris, C.：1923–）
アメリカ・ニュージャージー州に生まれ，ハーバード大学の教授を務めた。ショーンとともに著書 *Organizational learning*（Addision-Wesley, 1978）を著した，組織学習論の第一人者である。

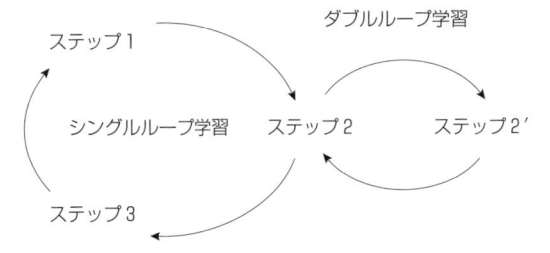

ステップ1：環境を探索し，情報を収集するプロセス
ステップ2：組織の解釈枠組みに照らして，目標と情報を比較するプロセス
ステップ2′：組織の解釈枠組みの妥当性を検討するプロセス
ステップ3：適切な行動を開始するプロセス

図4-8　シングルループ学習とダブルループ学習

出所：Morgan, G., *Images of Organization*, Sage, 1986.

2　知識創造

　「学習する組織」の議論とは別に，現象としての組織学習の理論を，実践の場でも活用可能にする試みが，知識経営（knowledge management）の議論において実施されている。そこで，ここでは，この知識経営論が依拠する知識創造（knowledge creation）の理論を解説する。

　野中と竹内によれば，知識創造とは，暗黙知と形式知が四つの知識変換モードを通じて絶え間なくダイナミックに相互循環することにより，組織的に知識

▷野中郁次郎（1935–）
早稲田大学，カリフォルニア大学大学院で学び，一橋大学の教授を務めた。知識経営論を確立したことで有名である。

を創造することである。知識変換モードとは「共同化（socialization）」「表出化（externalization）」「連結化（combination）」「内面化（internalization）」から成り，「共同化」とは，個人の暗黙知から他の個人の暗黙知を創造するモードであり，共体験を通して他者のもつ暗黙知を獲得するプロセスである。「表出化」とは，個人の暗黙知からグループの形式知を創造するモードであり，グループでの対話を通して暗黙知を明確な言語ないし概念として表現するプロセスである。「連結化」とは，複数のグループの形式知から体系的な組織の形式知を創造するモードであり，分散した形式知を収集，分類，統合して新たな形式知を創造し，組織内に伝播・普及させるプロセスである。最後に，「内面化」とは，組織の形式知から個人の暗黙知を創造するモードであり，行動による学習を通して形式知を個人に体化するプロセスである。

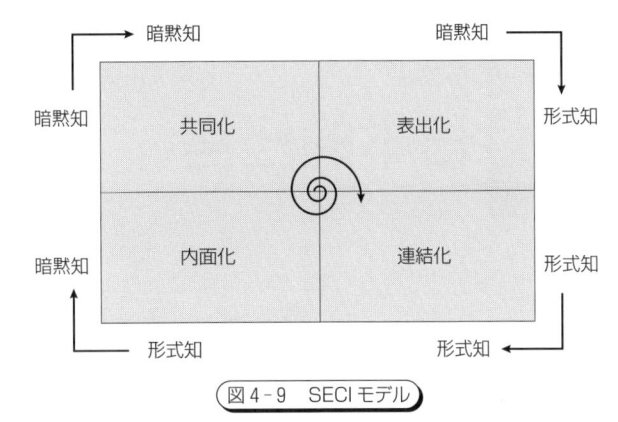

図4-9 SECIモデル

出所：野中郁次郎・竹内弘高／梅本勝博訳『知識創造企業』東洋経済新報社，1996年。

3 学習する組織

「学習する組織」の概念を世に普及させたのは，**センゲ**である。彼は，著書『最強組織の法則』（守部信之訳，徳間書店，1995年）の中で，次の五つのディシプリンを遵守する組織こそ，「学習する組織」であるとした。一つ目は，「システム思考」であり，独立した個々の事象に目を奪われることなく，各要素間の相互依存性，相互関連性に着目し，より大きな全体としてのパターンで物事を捉えることを表す。「システム思考」は，残りのディシプリンの上位概念である。二つ目は，「自己マスタリー」であり，真に心を成長させることを通して，自らのビジョンや欲求をたえず自問し，同時に，それらと現実の間のギャップを解消するべく，効果的な学習を行うことを表す。三つ目は，「メンタル・モデルの克服」であり，組織が共有している固定観念や暗黙の前提を認識し，それらを革新することを表す。四つ目は，「共有ビジョン」であり，個々人のベクトルを合わせることで，集団が拠って立つビジョンを導き，組織構成員が心底望む将来像として共有することを表す。五つ目は，「チーム学習」であり，学習の基礎単位をチームとし，構成員間の対話を通じて複雑な問題を探究し，構成員間の討論を通じて最善の選択肢を絞り込むことを表す。

これらのディシプリンを遵守してこそ，環境変動に耐える，環境からの要請に応える組織になることができる。逆にいえば，学習できない組織は環境からの圧力に屈することになる。

(秋山高志)

▷センゲ（Senge, P. M.：1947-）
アメリカに生まれ，スタンフォード大学，MITの大学院で学び，MITの教授を務めた。「学習する組織」に必要な五つのディシプリンを説き，学界，産業界の双方から一躍注目を浴びた。

II 組織文化

4 日本的経営

1 日本的経営とは

　高度成長期における日本企業の国際競争力の強さの要因を，日本企業に固有の経営スタイルの観点から説明しようとする試みの中で，「日本的経営」という概念が注目されるようになった。

　日本的経営の代表的な特徴としては，終身雇用，年功序列，企業別労働組合の3点を挙げることができる。これらの特徴は，1958年に刊行されたアベグレン著『日本の経営』で指摘され，また1972年の「OECD対日労働報告書」の中でも取り上げられることによって，日本的経営の「三種の神器」として一般に認識されるようになった。なおこれらの三種の神器に加えて，稟議制に代表されるような集団的な意思決定や，福利厚生施設の充実なども日本的経営の特徴として指摘されている。また**日本企業における人材採用方式**や**日本的取引慣行**に注目する日本的経営の議論もある。いずれにせよ日本的経営についての議論は，終身雇用などに代表される労務管理施策や労使関係の独自性を，国際比較の観点から強調するものが主流であったといえる。

2 日本的労務管理と労使関係

　日本的経営という観点から日本企業の労使関係を捉えると，その特徴とは雇用契約の範囲にとどまらない無限定かつ長期的な相互関係として理解できる。

　一般に個人が組織に主体的に参加するのは，そこに個人にとって何かしらメリットがあるからである。それは給料である場合もあれば，専門的な知識や技能，あるいは人的ネットワークという場合もあるだろう。そのような誘因と引き替えに，個人は労働や時間といった個人の資源を組織に対して捧げているのであり，その意味で組織と個人とは相互に交換関係を結んでいるといえる。

　このような交換関係について，一般に欧米企業の多くでは，個人が職務上で果たすべき特定の義務と責任，そして組織が個人に支払うべき誘因が雇用契約上で個別具体的に示される傾向があるのに対して，日本企業では両者の交換条件が曖昧なまま雇用関係が長期にわたって継続する傾向があるといわれている。このことは，欧米企業の従業員があくまで個人として組織と取引関係をもち，仕事とプライベートを明確に区別する傾向が強いのに対して，日本企業の従業員は，終身雇用という長期的な関係を前提として，職場や組織の集団的な義務

▷**日本企業における人材採用方式**

日本の大企業では，職種別採用よりも職種を限定しない形での採用がなお支配的である。従業員には多様な職種に就くことが求められるため，職種間での協力体制が組織内で構築されやすく，また従業員は職種よりも企業と一体感をもつ傾向がある。また，特に大企業では他の企業での職務経験をもつ人材よりも新規学卒者の採用が中心的である。新規学卒者を中心に採用することによって，入社年次における従業員の年齢をある程度一律に揃えることができる。このように入社時に従業員のスタートラインが一律に揃えられるがゆえに，年功序列に基づく人事処遇の合理性がある程度保たれている。

▷**日本的取引慣行**

日本における企業間の取引慣行に特徴的な点としては，固定的な取引相手と長期継続的に取引関係が結ばれるという点がある。これにより短期的な収益の最大化よりも長期的な経営戦略に基づいた企業間取引が可能になるとともに，取引当事者間での効率的な情報伝達や効果的な情報共有が進みやすいといった利点がある。逆に弊害としては，新規の取引関係を開拓する企業に

や連帯責任を重視し，また組織と無限定的な交換関係をもつ傾向が強いことと関係している。例えば，会社側からの急な人事異動や職務内容の変更，キャリア転向などの要請に対しても，終身雇用と引き替えにそれらの義務を無限定に受け入れるといった従業員の行動は，上記の交換関係の長期性と無限定性を反映するものである。

　終身雇用制を核とする交換関係上の長期性と無限定性のおかげで，日本企業では長期的な視点に立って，経営環境の急激な変化に際しても柔軟に正規雇用の人材（正社員）を運用，配置することが可能となっている。また従業員が特定の業務に専念するスペシャリストではなく，ゼネラリストとして幅広い部門や職種を経験することから広い社内ネットワークが構築され，部門間および職種間での社内の協力関係が構築されやすいというメリットがある。

　さらに企業別労働組合との労使協調路線のもと，会社に対する従業員の集団的な忠誠を獲得しつつ，労使一体となった経営を推し進めることができるという強みが日本企業にはある。具体的には，労使間のコミュニケーション手段として，法律で定められている団体交渉だけではなく，法律上の義務ではない労使協議制を多くの企業が導入することによって，経営や雇用などに関する課題とその解決策について，労使間で緊密な情報共有が図られている。しかしながら，上記の特徴は主に大企業を中心として見られた雇用慣行であり，中小企業には当てはまらないとの指摘もある。

とっては参入障壁が高いことや，その結果として取引業者間で競争が起こりにくく非効率な取引慣行が温存されやすい点などがある。

③ 日本的労務管理と労使関係の変質

　いわゆるバブル経済の破綻を契機として，1990年代を通じた構造不況に直面した日本企業では，終身雇用と年功序列制を維持するための固定コスト（人件費と管理職ポスト）の負担が経営効率を悪化させているとの認識から，早期退職制度や成果給制度の導入，組織構造の簡素化などを積極的に展開するようになった。同時に，正規雇用である正社員の採用を抑制し，派遣社員や請負社員などの非正規雇用の労働力の活用を積極的に進めることで，人件費の変動費化や雇用の流動化を促進する動きが幅広い産業で見られるようになった。また，大学卒の新入社員が入社後3年以内に離職する割合は90年代半ばから35％前後で推移しており，従来よりも新入社員の早期離職の傾向が強まりつつある。さらに，全従業員に占める非正規雇用の労働者の割合が大幅に増加し，労働組合の加入率も低下の一途をたどっている。

　このような現状の中で，日本企業の国際競争力を説明する要因として，正規雇用の正社員を中心とした終身雇用や年功序列および企業別労働組合の役割を限定的にみる議論もある。同時に，日本的経営の特徴として上記の労務管理や労使関係の観点だけではなく，特に製造業の生産システムの独自性に注目する議論が近年では重視されつつある。

（山岡　徹）

II 組織文化

5 エクセレント・カンパニー

① 「エクセレント・カンパニー」とは

1982年に公刊されたピーターズとウォータマンの共著『エクセレント・カンパニー』では，1960年代から長期にわたり高いパフォーマンスを実現し続けてきた米国の優良企業43社を調査対象として，それらの企業に共通する特性について調査を行った。各社の経営幹部への聞き取り調査や各種経営資料の分析を通じて，以下の八つの基本特性が明らかにされた。なお「エクセレント・カンパニー」の議論は，**企業文化論の台頭**の契機となったと同時に，**企業文化の管理可能性**に対する批判を生んだ。

(a) 行動の重視

1980年代初頭までの経営戦略論では，外部環境の機会や脅威の合理的分析に力点を置いてきた。この考え方に対して，現実の優良企業では合理的分析よりもむしろ実験精神に基づく行動を尊重していることが明らかにされた。すなわち，とりあえず試しにやってみて何か問題が生じれば対処するスタンスの中から有効な解決策が導かれる点が強調された。

(b) 顧客への密着

優良企業は顧客の声に耳を傾け，顧客から多くを学ぶことを重視する。すなわち，顧客に密着して情報を収集し，そこから製品やサービスの品質向上のアイデアを獲得することで他社への競争優位性を実現している。そして優良企業の収益は顧客志向から獲得されたものである。

(c) 自主性と企業家精神

優良企業では，従業員が自主性と企業家精神に富んでいる。また社内では合理的分析よりも実践的にリスクに挑戦することが奨励される。またリスクに挑戦した結果としての失敗を許容する寛大な雰囲気をもっている。このように試行錯誤からの学習を奨励することで革新が実現されている。

(d) "ひと" を通じての生産性向上

生産性向上を実現する手段としては，最先端の技術や設備を導入するといった方法も考えられるが，優良企業では "ひと" を通じての生産性の向上を重視している。すなわち，たとえ組織の末端の従業員でも彼らを単なる労働力とみなすのではなく，品質や生産性を向上させる源泉とみなしている。

(e) 価値観に基づく実践

▷ **企業文化論の台頭**

『エクセレント・カンパニー』(大前研一訳，英治出版，2003年)で提示された八つの要素は，外部環境を合理的に分析することや外部環境に適合するように組織編成することを重視する当時の経営戦略論とは矛盾する内容であったため大きな反響を呼んだ。また，それまでの組織論では必ずしも十分な検討がなされていなかった，企業内で共有される価値観や信念などの役割の大きさを強調する議論であったため，そのような企業固有の文化的側面が企業業績に及ぼすインパクトを重視する企業文化論を生むきっかけとなった。

▷ **企業文化の管理可能性**

企業内で共有される固有の価値観や信念などを意味する企業文化について，果たしてそれは経営者や管理者の意図するとおりに創ったり変革したりできるものなのかという批判がある。もしできなければ，企業文化の創造や変革を通じて企業パフォーマンスの改善を図ることはできない。また，企業が全体としてひとつの価値観や信念を過度に追求することは，従業員の思考や行動の均質化を招き，組織でのイノベーションを阻害するのではないかとの批判もある。

優良企業では価値観に基づく実践を重視する。企業経営の成否の鍵は，従業員のエネルギーを継続して最大限引き出せるかどうかにかかっている。それゆえ，リーダーは偉大な将来ビジョンを従業員に掲げ，事業の目的や方向性を理想的に伝える必要がある。これは分析上の問題というよりも，むしろ価値観の問題である。また現業部門も含む形で組織の連帯感を醸成し，組織が一丸となって一つの目標を達成できるという信念を育てる必要がある。

(f) 基軸から離れない多角化

優良企業では事業を多角化する際に，自社が精通する基軸的な事業分野から離れない形で多角化を行っている。またM&Aについては，あくまで既存事業の弱点を補完するためのケースが一般的であり，買収後に管理が十分行き届く小規模の買収が多い。

(g) 単純な組織と小さな本社

優良企業では，組織を単純化し本社の管理部門の役割を最小限にすることで，管理システムが複雑化することを未然に防ぎ間接コストの削減を図りながら，現場の問題解決機能を強化している。

(h) 厳しさと緩やかさの両面を同時にもつ

優良企業では，厳しさと緩やかさの両面を併せもっている。すなわち，本社の管理部門からの厳格な統制と，個々の従業員の自主性や企業家精神を促す緩やかな統制とが共存している。

❷「エクセレント・カンパニー」の限界

公刊から時間の経過した現代でも，上記の特徴は企業経営に多くの示唆を与えるものである。と同時に，「エクセレント・カンパニー」として取り上げられた複数の「優良企業」が，その後の経営環境の変化の中で勝者であり続けることができなかったこともまた事実である。例えば，「顧客への密着」は重要であるが，既存の顧客に密着しすぎると新たなビジネスの機会を見失いかねない。また「価値観に基づく実践」は，組織の一体感を醸成しやすい一方で，特定の価値観に組織が縛られると，経営環境の変化に柔軟に適応できないこともある。くわえて「基軸から離れない多角化」は，事業展開で既存事業の強みを活用できる一方で，環境変化によって基軸事業の技術や知識が陳腐化した場合，企業全体の経営リスクをむしろ高めてしまう。

以上から示唆されることは，既存事業の強化においてエクセレントな企業が長期的に生き残れるとは必ずしもいえない。むしろその逆もありえる。経営環境の流動化が加速する現代において，多くの企業，さらに広い意味において組織は既存事業の強化を図りながらも，同時に自己変革を通していかに柔軟に外部環境に適応し生き残りを図るのかという経営課題に取り組んでいる。

（山岡　徹）

Ⅱ　組織文化

6 倫理（エシックス）／企業倫理（ビジネス・エシックス）

1　社会的存在としての組織・企業

　社会に存立する以上，組織は社会的な存在である。行政や NPO / NGO などの非営利組織はいうまでもなく，利益の追求を目的とする営利組織である企業も，当該組織行動が社会に与える影響を考慮しなければならない。例えば，営利追求に偏りすぎたために起きる一連の不祥事は，倫理に反するということで社会的に糾弾されるだけでなく，それによって結局は自社の利益を損なうことにつながってしまう。組織の倫理が問われるのは，当該組織が不祥事を起こして，多大な社会的責務を負う場合である。

　不祥事の結果として，組織の信用が失墜，あるいは信用失墜により売上げが低下したり，行政処分を受けたり，メンバーのモチベーションやモラールが低下したりといったことが生じる。いずれにしても組織にとって損失につながる。したがって，企業にとっては，企業倫理を守ることはリスク・マネジメントでもある。**コンプライアンス**（法令遵守）は当然のことであるが，環境や人権保護などの観点も含めて，組織は倫理をもつことで社会的容認を得ることが求められる。

▷コンプライアンス
⇨ 5-Ⅰ-5 「コンプライアンス」

2　コーポレート・ガバナンス

　企業倫理に関する代表的な概念が，**コーポレート・ガバナンス**（企業統治）である。会社は誰のものなのか，誰のための経営なのか，その経営構造はどうなっているのか，誰がその経営を監視し評価するのかなど，企業の内部統制機能を問うものである。特に，1990年代に入り，企業犯罪や不祥事が大きく問題視されるようになってから，ガバナンス機能が注目され，コーポレート・ガバナンスが議論されるようになった。会社は誰のものなのか，という問いに代表されるように，企業レベルでの民主主義のルールづくりともいわれているが，コンプライアンス同様，企業が倫理を守るための概念である。

　特に上場企業は，証券取引所からコーポレート・ガバナンス報告書の提出が義務づけられている。同報告書の内容は，主に，①コーポレート・ガバナンスに関する基本的な考え方および資本構成や企業属性等，②経営上の意思決定，執行及び監督に係る経営管理組織その他のコーポレート・ガバナンス体制の状況，③株主その他の利害関係者に関する施策の実施状況，④内部統制システム

▷コーポレート・ガバナンス
⇨ 4-Ⅱ-2 「ガバナンス」

に関する基本的な考え方およびその整備状況，などである．

3 社会的責任

企業の社会的責任（Corporate Social Responsibility：CSR）とは，企業が利益を追求するだけでなく，社会へ与える影響に責任をもち，あらゆる利害関係者からの要求に対して，適切に意思決定したことを指す．さらにいえば，①利害関係者に対して説明責任を果たし，②コーポレート・ガバナンスとコンプライアンスを実施し，③リスク・マネジメントと内部統制を徹底し，④その過程で環境（自然環境，社会環境）や労働問題（雇用や人事），消費者に対する品質保持，利害関係者との関係などにわたって改善を図ることが求められるようになる，という一連の活動を指す．ただし，現在のところ，利害関係者に対して**説明責任**を果たしているかどうかで，社会的責任が評価されることが多い．

企業倫理との関係でいえば，企業倫理が企業活動すべてに関する規範であるのに対し，社会的責任は企業の自発的活動であるという点で異なるとされている．企業の自発的活動であるが，利害関係者や社会から自発的に行動するよう求められるものでもある．

▷説明責任
⇨ 5-Ⅲ-2「アカウンタビリティ」

4 企業倫理制度

では，具体的にどのように企業倫理は制度化されうるのだろうか．組織の体制でいえば，倫理綱領や行動指針の整備，担当部署の設置，**内部告発制度**や**早期警戒システム**の確立，組織全体で取り組む教育訓練，企業倫理に関する継続的な評価，倫理に反した場合はその事実を積極的に開示し厳正に対処するといったことが考えられる．

しかしながら，倫理や企業倫理といった問題は，組織文化，換言すれば，組織のメンバーが共有する倫理価値規範の問題である．したがって，上述したような制度を断片的に導入するだけでは，倫理価値規範を改善するには不十分である．価値の共有を改善していくためには，組織風土を健全なものに維持し続けるためのマネジメント・サイクルの導入という，**組織開発**的取り組みとして考えられる必要がある．つまり，どのような倫理価値規範を目指すかというビジョンに基づき，先に述べたような対策や制度を，組織目標と相互に与え合う影響を考慮しながら運用していくことが肝要である．また，不祥事が起きた際には，その教訓を活かせるような学習システムをいかに構築していくか，ということも重要な課題になる．

このように，個別対策を導入しただけでは，倫理価値規範という観点から組織文化を改善していくことは難しいので，倫理制度を確立する際には，組織目標と関連させながら組織開発的文脈で用いることと，同時に倫理制度が学習システムでもあるようにすることが鍵となってくるのである．　　　（深見真希）

▷内部告発制度
⇨ 2-Ⅰ-8「ホイッスル・ブロワー（内部告発者）」
▷早期警戒システム
⇨ 5-Ⅰ-4「安全管理とヒューマンファクター」
▷1 企業倫理の問題は倫理に関する価値規範を組織内で共有することが鍵になるので，教育訓練を実施する際には組織のトップ以下全員が参加することが肝要である．
▷組織開発
⇨ 5-Ⅲ-4「組織開発」を参照．あわせて 5-Ⅰ-1「危機管理とリスク・マネジメント」も参照．

II 組織文化

7 ITによる影響

1 変化をもたらす情報技術

　技術革新，とりわけ1980年代以降に急速に発展した情報技術（Information Technology：IT）は，情報が組織経営の最も重要な資源であり，情報処理のスピードやコスト，正確性などが生産システムや事業活動に根本的な技術変化をもたらすゆえ，組織構造，ひいては組織文化に与える影響が重大である。情報技術の導入がイノベーション（組織の革新）の文脈で語られることが多いのは，そのゆえんである。

　新しい情報技術は，単に事業の効率化を促進するだけでなく，様々な変化を組織にもたらす。例えば，インターネットの普及によって在宅勤務が可能になるといった勤務形態の多様化が起こったり，大容量データをネットワークで共有できることから情報を共有しやすくなったり，それによって水平的コミュニケーションが増大したりするなどの変化が生じる。しかし一方で，勤務形態の多様化は，対面的なコミュニケーションの場を縮小させることにつながり，職場集団の相互依存関係が分断され，対人関係にネガティブな影響を与えることもあることも指摘されている。

　マネジメントの観点からいえば，情報技術の導入によって，データ管理の効率化や，作業の標準化，詳細な個別作業における達成度測定が可能になるなどの変化が生じる。このことは，特に中間管理職機能に影響を与える。情報技術によって，中間管理職がなくてもトップがボトムの作業状態を把握することが可能になるため，組織構造がフラットになる場合もある。他方で，トップに情報が集まりやすくなることから，集権化が進むという場合もある。このように，情報技術は，良くも悪くも，組織に変化をもたらす。

　また，データ管理に関する入力作業も膨大になり，単調な仕事が増え，モチベーションが低下する，省力化が進み熟練の技が必要とされなくなる，逆にデータ分析に長けた人材が新たに必要となるなど，人のマネジメントにも大きく影響を与えるのが情報技術である。

2 IT戦略の費用対効果

　情報技術は，前述のように，組織に必ず変化をもたらす要因であり，長所も短所もある。したがって，システム開発や新しい人材配置などにかかるコスト

▷1　組織文化は，コミュニケーション経路の影響を大きく受ける。例えば，より明確な文化を形成するには，どこからも誰からも情報が入手できるマルチチャネル型のコミュニケーションによって，同質の情報を過不足なく全員に伝達することが有用である。

を考慮すれば，新しく情報技術システムを導入する際には，適切なシステムの導入および，それを活用する人的側面も含めた戦略が必要になる。

特に，業務内容の変化が組織政治の問題につながるような場合は，必要な情報技術システムの導入に抵抗を受けるようなこともあるだろうし，あるいは情報技術システムを導入しても旧来の業務内容や作業慣習を続けようとして新しいシステムの利点をうまく引き出せないようなこともある。したがって，新しい情報技術システムを組織に導入する際には，組織の革新であることを意識し，十分な組織分析やニーズ分析，職務の再設計（あるいはジョブデザイン）などを考慮して実行したい。

▷ 2　社会技術システム
⇨ 5-Ⅰ-4 「安全管理とヒューマンファクター」

3　影響評価

ITによる影響は，新しい情報技術システムを導入したことによる組織内変化だけでなく，もはや社会現象にもなっており，組織を外から変化させるような影響を与えることもある。例えば，IT長者やITバブルといった言葉が表しているように，ITは全く新しいビジネスを生み出し，それによって産業構造が変化し，企業組織間における競争の性質も変化した。オンラインによる海外の取引も格段に容易になったので，競争範囲も拡大された。今日の組織は，ITによる社会全体や市場競争の変容に直面しているのであり，このようにITは，まさしく組織を内からも外からも変化させているのである。

かつて，産業革命が資本家と労働者を深刻な対立関係に追い込んだように，情報技術の急速な発展やコンピュータ化は，組織や社会に光と影をもたらすといってよい。経営組織の効率化，有効化には，情報技術やコンピュータ化は欠くことのできない要素であるが，それゆえに，積極的な導入や活用だけでなく，ネガティブな問題についても，さらにいっそう追究していくことが，今後の組織論の課題の一つでもあるだろう。

（深見真希）

表4-2　ITが組織に与える影響の例

	プラスの影響	マイナスの影響
職場集団	勤務形態の多様化 情報共有機会の増加 水平的コミュニケーションの増大	対人関係の希薄化 相互依存関係の分断
マネジメント	個別作業の測定 データ管理の効率化 標準化の促進 共同作業の円滑化	単調感の増大によるモチベーション低下 技能アイデンティティの喪失
組織構造	中間管理職機能の変容 集権化／分権化 垂直統合の促進 水平統合の促進	

出所：桑田・田尾（1998）より筆者作成。

参考文献
桑田耕太郎・田尾雅夫『組織論』有斐閣アルマ，1998年。

III 組織戦略

1 構造は戦略に従う

1 経営史学者チャンドラーの歴史的命題

企業が経営環境への適応のために展開する成長戦略は，組織構造のデザインを変える。米国の経営史学者である**チャンドラー**は，主著『経営戦略と組織』(1962)において，GM，フォード，デュポン，シアーズ・ローバックなどの19世紀から20世紀初頭の米国大企業の成長の歴史を研究しながら，成長に関する経営戦略の方向性が，企業の組織構造のデザインに大きな影響を与えることを見出した。企業が成長戦略を変えた場合には，事業を展開するドメインが変わり，対応する経営環境の変化につながるので，事業活動の内容も変化し，その経営管理の仕方も変わり，必要とする経営資源も変化してくる。そうした変化は，事業展開を行う組織の管理の仕方も変わってくるので，組織の構造や活動の過程，組織分化の変化も必要になってくる。チャンドラーは，特に，米国の大企業がその事業内容を多角化するにつれて，従来のトップの経営者がすべてを掌握する職能制組織から，事業領域ごとに分権的に決定する事業部制組織へと変化していく歴史的な変化を分析しながら，この変化が戦略に合わせて組織構造を変えてきているという歴史的な命題を主張した。

2 企業の成長と組織構造

企業の成長戦略に応じて，組織構造のデザインは変わる（**構造は戦略に従う**）。チャンドラーの議論に従えば，企業は，大きく四つのタイプの成長戦略の傾向が見られた。そして，戦略に応じて組織構造のデザインの仕方が違う。それは，成長の仕方で，経営者や中間管理職にかかる業務活動量や意思決定の負担が変わってくるからである。それぞれのパターンについて見てみよう。

①水平的統合：同じ市場にいる同業種の企業を買収・合併して，同一や類似の製品の生産量を拡大する戦略。この場合には，企業は，単純に規模が成長するので，開発，生産，販売の分業を明確にしながら，職能制組織を成長させてくる。

②垂直的統合：ある企業が，異業種であり，そこに原材料を供給している企業や，その製品を流通させている小売企業を，合併・買収して，川上の生産から川下の販売まで同じ会社の内部で管理できる範囲を広げる戦略。これも製品の生産・販売量を拡大するのに役立つ。この場合には，基本的な同じ製品

▷チャンドラー (Chandler, A. D. Jr.：1918-2007)
ハーバード大学ビジネススクール教授（経営史）。米国経営史における事業部制組織の発達から，経営戦略に応じて組織構造が選択されることを明らかにした。
⇨ 4-I-2 「事業部制」も参照。

▷構造は戦略に従う
組織構造は，経営戦略に応じて選択されること。少品種大量生産には職能制組織，多角化には事業部制組織が適合的である。

領域で，その生産・販売過程の前後を拡大する規模拡大である。そのために，組織の成長に伴って，職能制組織の階層を増やし，大規模化に合わせて官僚制的に発展させていく。

③地理的な拡大：ある企業が従来活動していた地域から，地理的に遠隔の地域へと事業活動の範囲を拡大する。事業の全国展開やグローバル化はその典型である。この場合も，同一の製品分野である場合には，新たな地域の市場に対応する部門を加える複合的な場合や，地域別の事業部制組織をとる場合がある。

④多角化：ある企業が，製品事業分野の種類を増やして，従来の製品事業分野に加えてあらたな製品事業分野に展開する場合である。これには，従来の製品分野に関連した分野に進出する関連多角化と，関連度が低い分野に進出する無関連多角化のパターンがある。多角化の場合には，異なる種類の製品分野に複数進出するので，トップの経営者が処理しなければならない情報の量だけではなくまたその種類の多様性も増してくるので，しばしば意思決定が難しくなることもある。そのために，異なる製品事業分野ごとに，それに対応する「事業部」を設置し，対応する製品分野のドメインの情報を収集，分析し，それぞれの製品市場のニーズに対応した開発を行い，生産・販売を行う。いわゆる多角化にあわせた「事業部制組織」へと組織を再編成して，多量化するだけではなく多様化する情報処理と意思決定の負担を減らそうとする。

③ 多角化と事業部制組織のデザイン

特にチャンドラーは，多くの大企業が複数分野の製品事業に乗り出す製品多角化を進めるにつれて**事業部制組織**をとる傾向に注目して，組織構造は戦略に従う傾向があると主張した。たしかに，規模の成長をするだけの場合は，水平的統合，垂直的統合，地理的拡大を進めて，少数の経営者が動かす**職能制組織**を発達させればよかった。米国自動車会社フォード社が，20世紀初頭には，T型フォード1車種しか製品をもたず，少品種少量生産を行っていた時には，経営者フォード（Ford, H.）に中央集権して，すべて彼が決める職能制組織が有効であった。しかし，消費者のニーズの多様化に対応してGMが，さまざまなブランドの車を取り揃える多角化を進めるために，複数の事業部を設置した。そうすると，GMは，選択の幅が広いので，多くの顧客を引きつけて市場シェアでフォードを追い抜いた。多角化を行うと，製品市場やドメインが，複数になり多様となってくるので，情報処理や意思決定もそれに合わせて多様性が増してくるので，少数のトップ経営者では処理できなくなってくる。あらかじめ製品市場ごとに切り分けた事業部制組織が情報処理，業務，意思決定の面で効率的であると考えられている。

（若林直樹）

▷**職能制組織と事業部制組織**
職能制組織は，トップ経営者の下に，開発，生産，販売という職能ごとに部門が分かれている組織。事業部制組織は，一定の製品やサービスのグループを担当する事業部が複数ある組織。

III　組織戦略

2　競争優位

1　三つの基本戦略

ここでは，**ポーター**の三つの基本戦略（3 generic strategies）について解説する（表4-3）。彼によれば，競争優位を構築するためには次の三つの基本戦略が考えられる。業界全体を対象に低コストを武器に競争する「コスト・リーダーシップ（cost leadership）」，業界全体を対象にコスト以外の面で差別化する「差別化戦略（differentiation strategy）」，特定のセグメントだけに焦点を合わせる「集中戦略（segmentation strategy）」である。

「コスト・リーダーシップ」は，同業他社より低い**市場浸透価格**を提示し（market penetration pricing），それによりマーケット・シェアを高め，規模の経済による**経験曲線効果**（experience curve effect）を高め，その結果，より低い価格を提示するという好循環が生じる場合に成功する。ただし，この戦略には果てしない価格競争に陥るという危険性がつきまとう。

「差別化戦略」は，顧客から特異性が評価され，さらに，同業他社が容易には模倣することができない製品やサービスを提供することができる場合に成功する。ブランド・イメージの構築などが考えられるが，これらは高マージンに結びつく。

「集中戦略」は，特定のセグメント，例えば，特定の顧客層，地域，製品などに絞り込むことで，それらに対して，もしくは，それらを，同業他社に比べてより効率的，効果的にアピールすることができる場合に成功する。ただし，そもそもニッチに特化しているために需要は小さいし，仮に需要を喚起することに成功するならば，同業他社も参入してきて，競争はさらに激化することになる。

表4-3　三つの基本戦略

		戦略の有利性	
		顧客から特異性が認められる	低コスト地位
戦略ターゲット	業界全体	差別化戦略	コスト・リーダーシップ戦略
	特定セグメントだけ	集中戦略	

出所：ポーター，M. E./土岐坤訳『競争の戦略』ダイヤモンド社，1982年。

▷ポーター（Porter, M. E.：1947-）
アメリカ・ミシガン州に生まれ，プリンストン大学，ハーバード大学大学院などで学び，34歳の若さでハーバード大学の教授に就任した。競争戦略論の大家である。⇨ 4-Ⅲ-8 「価値連鎖」も参照。

▷市場浸透価格
マーケット・シェアを高めるために，赤字を覚悟で低い製品価格を設定することを表す。

▷経験曲線効果
製品の累積生産量が2倍になるごとに，製品1単位当たりのコストが20～30％下がるという経験則を表す。ボストン・コンサルティング・グループが指摘した。⇨ 4-Ⅲ-5 「プロダクト・ポートフォリオ・マネジメント（PPM）」も参照。

2 五つの競争要因

次に,企業の外部環境を分析する,ポーターの五つの競争要因(5 forces)の概念を解説する(図4-10)。これは,企業が所属する業界の収益構造を分析する手法であり,以下の五つの要因に着目する。

第一に,「業者間の敵対関係」であり,既存の同業他社の数が多いほど,同業他社の企業規模が類似しているほど,撤退障壁が高いほど,業界の収益性は低下する。第二に,「新規参入の脅威」であり,参入障壁が低いほど,業界の収益性は低下する。第三に,「代替製品・サービスの脅威」であり,代替品が既存の製品やサービスの価格を下回るか,もしくは,品質を上回るほど,または,代替品が既存の製品やサービスの機能を技術革新により代替できるほど,業界の収益性は低下する。第四に,「買い手の交渉力」であり,買い手が少ないほど,製品の差別化が難しいほど,業界の収益性は低下する。第五に,「売り手の交渉力」であり,売り手が少ないほど,製品の差別化がやさしいほど,業界の収益性は低下する。

図4-10 五つの競争要因

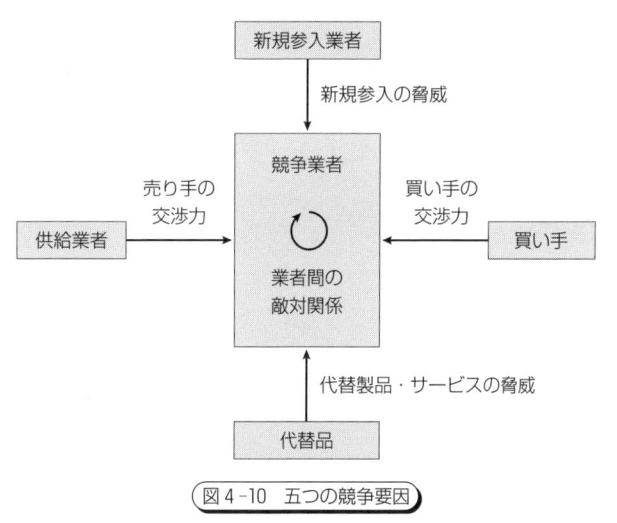

出所:ポーター,M. E./土岐坤訳『競争の戦略』ダイヤモンド社,1982年。

3 価値連鎖

最後に,企業の内部環境を分析する,ポーターの価値連鎖(value chain)の概念を解説する(図4-11)。これは,企業が提供する製品やサービスの付加価値が,事業プロセスのどの部分で産出されているかを分析するものであり,事業プロセスの強みと弱みを把握できる。

ポーターは,事業プロセスを主活動と支援活動に分類し,さらに,主活動を,購買物流,製造,出荷物流,販売・マーケティング,サービスに,支援活動を,全般管理,人事・労務管理,技術開発,調達活動に分割した。そして,これらの各プロセスにおいて付加価値が産出されていき,最後にマージンを加えて,企業が全体で算出する付加価値を表現した。

このとき,各事業プロセスにおける付加価値の算出の程度を分析することは,企業の競争優位の源泉や,弱点の把握を可能とする。 (秋山高志)

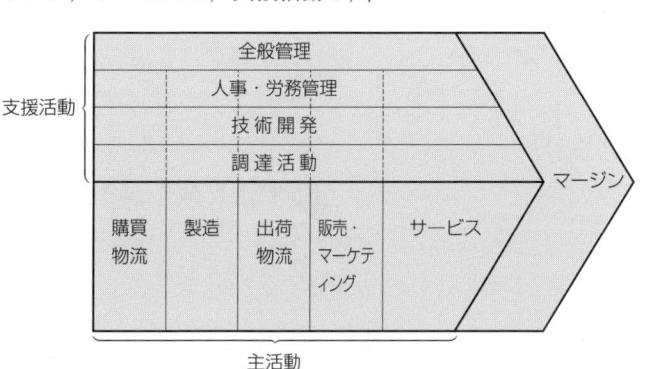

図4-11 価値連鎖

出所:ポーター,M. E./土岐坤訳『競争優位の戦略』ダイヤモンド社,1985年。

III 組織戦略

3 SWOT分析

1 SWOT分析とは

　SWOT分析は戦略策定のためのツールであり，組織のみならず個人にも応用可能な分析手法である。SWOT分析では，分析対象の強み（Strengths），弱み（Weakness），機会（Opportunity），脅威（Threat）の四つを評価する。SWOT分析の目的は，これらを評価することで自社が取るべき望ましい戦略を導くことである。

　SWOT分析で評価する内容について以下で説明する。強みとは，目標達成に際して有利に働く特性のことである。弱みは，反対に不利に働く特性を意味する。具体的には，技術力，コスト，人材，**ブランド**などがある。両者とも内部要因であり，組織内の問題，あるいは個人の問題として捉えられる。機会は，目標達成に際して有利に働く外部環境であり，脅威は不利に働く外部環境である。例えば，規制や経済情勢などのマクロ的な要因から，競合他社の動向や市場の成長性などのミクロ的な要因などがある。

▷ブランド
商品・サービスがもつイメージやシンボルを意味する。あるブランドが，消費者に好意的に捉えられているとすれば，それは競争優位をもつことになる。

	役に立つ	有害
内部環境	強み（Strengths）	弱み（Weaknesses）
外部環境	機会（Opportunities）	脅威（Threats）

図4-12　SWOT分析の枠組み

2 戦略を導くということ

　SWOT分析は戦略を導くために行われるものであり，単に評価だけをして終わるものではない。評価をすることで，自社の取るべき戦略を導くのである。例えば自社の強みを評価することで，自社の強みをどのように生かすべきかを考える。弱みを評価することで，弱みをどのように克服すべきかを考える。機会を評価することで，機会の利用方法について考える。脅威を評価することで，

脅威からの防衛方法について考える。このようにそれぞれの評価を通じて、自社が取るべき戦略の検討を行うのである。

3 SWOT分析の注意点

　SWOT分析をする上で注意すべきことは、評価をするに際しては主観的な判断が大きく影響しているということである。自社の強み・弱みなどを数値化する定量化の試みも行われるが、そのような場合でも主観的な要素は依然として大きい。例えば、自社の強みを評価するときに、評価をする人次第で弱みに転じるときがあるかもしれない。自社の規模や生産設備を強みとして見ることもできれば、ここから外部環境への対応能力の低さを見出して弱みと見ることもできる。さらに、外部環境の脅威を評価する際には、競合他社の情報は入りにくいことが多い。組織内部の情報は手に入れることができても、組織外部の情報を同等に手に入れることは非常に困難である。入手できるようにネットワークの構築もこの際欠かせない。

　以上のようなことから、SWOT分析は幅広い情報収集と様々な観点からの評価を必要とする。企業内部の情報にしても、部門によっては内部環境の評価も、外部環境の評価も異なってくることがある。組織でSWOT分析を行う場合は、**コスト・ベネフィット**を考えた上で、複数の人間によるチームで行うことが望ましい。

　SWOT分析は戦略を導くところまでを目的とするが、その戦略はSWOTそれぞれ四つの要素に適合し（部分最適）、なおかつ四つを統合した方向性をもつ戦略（全体最適）であることが望ましい。例えば、強みを伸ばす戦略を導こうとしても、その戦略は弱みを拡大してしまったり、あるいは脅威に対して脆弱であったり、機会を潰してしまうような戦略であるかもしれない。反対に、弱みを補うはずの戦略が、強みを伸ばすことへの障害となってしまうかもしれない。それぞれの要素について適合的な戦略は、全体の戦略としては必ずしも当てはまらないことがあるのである。SWOT分析による戦略策定は、**合成の誤謬**にも対応できる方向性を打ち出せることが理想的である。

　なお、SWOT分析は、前項で述べた競争優位の戦略の、最も重要な一部であるといってよい。戦略の選択が環境適合的でなければ、有意なポジションに立つことができない。コア・コンピタンスやアウトソーシング（外注化）、さらに新しい分野への進出などは、この分析が適切に行われることによって、不要なコストの節減が可能になる。そして環境からの支持を得て存続することができる。その意味で、経営者や管理者の適切な意思決定と重なり合い、少しの分析の間違いがパフォーマンスを乏しくしたり、極端な場合、破綻に至らしめることもありうる。

（本間利通）

▷コスト・ベネフィット
SWOT分析にかけるコストと、それによって得られるベネフィット（利益）を比較するということである。コストとしては、時間や金銭的なものから人材を分析に従事させることによる機会損失などが含まれる。ベネフィットも、主観的な要素が多く算出が困難なものであるが、もしも、SWOT分析をしても、組織にとってコストを上回るベネフィットが得られないのであれば、分析をすることは組織にとっては許容されない。

▷合成の誤謬
個別の事象には適合的でも、それを総合させると矛盾が生じる、あるいは当てはまらなくなってしまうようなことがある。部分最適を積み重ねても、それが必ずしも全体最適に結びつくとは限らないとき、問題とされる。

III　組織戦略

4　ニッチ

1　ニッチとは

　ニッチ（niche）とは隙間や適所を意味し，競争市場において潜在的なニーズはあるもののまだ他社が進出していない，あるいは競合しない市場（隙間）のことである。**規模の経済性**は追求できないが，技術力や開発力をもつ小規模企業が特化しやすい市場であるといわれている。このような企業は，経営資源を分析して自社の強みを生かす市場（適所）を見つけ，市場全体を対象とせず事業範囲を絞ってその市場に資源を集中させる。これをニッチ戦略という。

2　競争戦略としてのニッチ：二つのアプローチ

　競争戦略とは競争の発生する場所である産業や市場で，有利な競争的地位を探すことにある（Poter, M. E.）。競争戦略には戦略論とマーケティング論の二つの考え方がある。ニッチはそれらの中でどのような市場であると捉えられているのか。

○戦略論アプローチ

　ポーターの三つの基本戦略に従えば，ニッチ市場に特化している企業は特定の顧客，製品，地域市場など特定のセグメントに企業の資源を集中する集中戦略をとっている。したがって，ニッチ戦略は集中戦略ともいわれている。さらにニッチ戦略には，模倣困難な独自性をもった製品やサービスを提供することで**競争優位**を目指す差別化戦略の側面もある。ニッチ市場で競争している企業は，戦略論において，厳密には差別化集中戦略をとっていると考えられる。

○マーケティング・マネジメント・アプローチ

　コトラー（Kotler, P.）は，市場シェアにおける順位から企業のポジションを四つのポジションに類型化し，競争地域別戦略を説明しており，そのなかでニッチ戦略をとる企業をニッチャーと呼んでいる。一般にニッチャーは，資源が限定されている中小企業が，大企業が関心をもたない小規模市場をターゲットにして，大企業との競争を避けようとする。ニッチャーは対象とする顧客をよく知っていて，ニーズにうまく対応するので，利益率が高いという特徴をもっている。

　また，嶋口・石井（1995）によれば，図4-13のように競争市場では企業の相対的な経営資源によって市場内での競争地位が決まる。経営資源を質と量と

▷規模の経済性
企業の規模が拡大すればするほど，製品やサービスの単位当たりの生産コストが低下し，それによって利益が得られる。

▷ポーター, M. E., 三つの基本戦略
⇨ 4-Ⅲ-2「競争優位」

▷競争優位
⇨ 4-Ⅲ-2「競争優位」

▷コトラー（Kotler, P.：1931-）
マーケティング分野の世界的な権威である。米国のトップビジネススクールの教授でありながら，国内外の大企業のコンサルタントを行い，豊富な事例が理論に活かされ，多くの著書は高い評価を得ている。

いう二つの軸で見ると，ニッチャーは技術や品質などの質的経営資源では優れているが，規模の経済などの量的経営資源で劣るとされる。

③ ニッチの競争戦略：競争回避

競争戦略には，企業の投資利益を最大にするための攻撃的な活動と防御的な活動がある。ニッチャーのとる戦略は防御的な活動であるとされる。ニッチ戦略をとろうとする企業は，自社と他社のポジショニングを正しく分析して，自社の専門性を活かして他社と競合しない隙間の市場を探す。ニッチャーは自社の経営資源では規模の経済や範囲の経済をとれないため，あえてニッチを発見し維持し，他社との競争を避けようとするのである。このようにニッチャーがとる防御的な戦略を競争回避の戦略という。

その一方，積極的に競争しようとする攻撃的な戦略は競争優位の戦略である。この戦略をとる企業は，ニッチ市場を探究するのではなく，同じ製品やサービスを，他社より低コストで消費者に提供したり，企業独自の付加価値によって，例えばブランドなどで積極的に他社と競争しようとする。このような戦略は常に競合他社より平均以上の成果を出して，長期的・持続的な経営資源の配分が可能な企業がとる戦略である。

④ ニッチの課題：ニッチ・マネジメント

ニッチを発見し，どう維持するか，ニッチャーとしての地位を長期的に持続するのは容易ではない。ニッチ市場である企業が成功した場合，一時的にその市場において，独占的な地位を形成できる。しかしながら，その市場に成長の可能性がある場合，他社の参入を招くことになる。大企業が参入すると，豊富な経営資源と規模の経済性によってコスト競争に引きずり込まれる。また同業他社が参入すると差が小さくなり，もはやニッチ市場でなくなってしまう。さらに新しいニッチの発見によって顧客の選好自体が変わる可能性もある。

このような問題に対して，ニッチをマネジメントするという視点で考えてみう。ニッチ市場で生き残るためには，ニッチを拡大するのではなく，大企業などの他社が参入しにくいような形のニッチ市場にしたり（ニッチの防禦），逆に新しいニッチ市場を創出してニッチを拡大するように努めなければならない。ニッチャーの強みは，顧客のニーズを十分に理解していることにある。それを活かして，顧客にとって付加価値の高い改良を継続することで，現状のニッチを手堅く維持しつつ，新しいニッチの創出，単一ニッチ戦略から複数ニッチ戦略への移行も考慮する必要があるだろう。

（草野千秋）

相対的経営資源	量（力）	
	大	小
質（技）高	①リーダー（横綱型）	③ニッチャー（三賞候補型）
質（技）低	②チャレンジャー（三役型）	④フォロワー（下位力士型）

企業の有する相対的経営資源の量と質を，競争との対応で大・小，高・低に二分すると，図のような四つの競争地位のマトリックスができ上がる。

図 4-13　相対的経営資源による競争地位の類型

出所：嶋口・石井（1995）。

参考文献

Porter, M. E., *Competitive Strategy: Techniques for Analyzing Industries and Competitors,* Free Press, 1980.（土岐坤・中辻萬治・服部照夫訳『（新訂）競争の戦略』ダイヤモンド社, 1995年）

嶋口充輝・石井淳蔵『現代マーケティング（新版）』有斐閣, 1995年。

Ⅲ　組織戦略

5 プロダクト・ポートフォリオ・マネジメント（PPM）

1 プロダクト・ポートフォリオ・マネジメントとは

プロダクト・ポートフォリオ・マネジメント（以下，PPM）とは，事業を多角化させた企業において，複数の**戦略的事業単位**(Strategic Business Unit)への資金配分の基準を，市場成長率とマーケットシェアの組み合わせによって決定するという企業戦略の考え方である。ここで戦略的事業単位（以下，SBU）は，単一もしくは複数の事業部レベルで定義されることもあれば，事業部内の単一もしくは複数の製品レベルで定義されることもある。

図4-14が示すように，多角化した企業では一般に複数のSBUを保有しているが，PPMでは企業をSBUのポートフォリオとみなし，複数のSBUに対して事業資金をいかなる基準で配分するか，その戦略的判断の指標を示している。

	高	低
市場成長率 高	☆ 花形	? 問題児
市場成長率 低	¥ 金のなる木	× 負け犬

相対的マーケットシェア

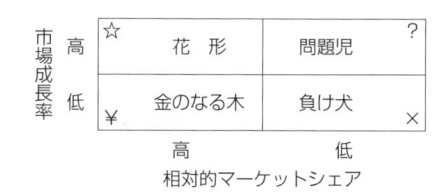

図4-14　PMM（プロダクト・ポートフォリオ・マネジメント）

上図における市場成長率とは，例えば特定のA社の液晶テレビ事業における売上成長率のことではなく，液晶テレビという製品市場全体の成長率のことである。またマーケットシェアとは，この事業領域で最も大きなマーケットシェアをもつ競合者に対して当該SBUがもつ相対的なマーケットシェアを指している。

2 各象限のSBUにおける資金流出入パターンの相違

PPMでは，市場成長率と相対的マーケットシェアの2軸から構成される4象限に複数のSBUを位置づけることによって，それぞれの象限に位置するSBUごとに独自の資金流出入パターンが見られる点が特に強調された。

○「花形」：高シェア・高成長率

この領域に属するSBUでは，マーケットシェアが高いことから，競合者よ

▷**戦略的事業単位**
①その事業単位が他と明確に識別できる独自のミッションをもつ，②その事業単位自体に独自の競合者が存在する，③その事業単位に責任をもつ経営管理者が存在する，④その事業単位自体が一定の経営資源をコントロールできる，⑤その事業単位で独自の戦略的計画を立案できる，などの要件に基づいて定義される事業単位である。

▷**経験曲線効果**
製品の累積生産量が増加す

りも市場に対してより多量の製品を累積ベースで供給していると考えられる。このことは，当該SBUでは製品生産に関する知識やスキルの蓄積が競合者よりも進んでいるため，より効率的な生産プロセスを実現でき，結果として単位製品あたりのコストを競合者よりも低くできることを意味している（**経験曲線効果**）。以上の観点から，相対的マーケットシェアの高いSBUとは当該市場において高い利益率を実現できる事業単位といえ，企業には多くの資金流入が期待できる。一方，この領域のSBUが属している市場は成長率が高く，今後も継続して成長が見込める市場である（**製品ライフサイクル仮説**）。この場合，今後とも高いマーケットシェアを維持・拡大していくためには，大規模な設備投資などを継続して行う必要がある。このため，この領域のSBUでは大規模な資金流出も同時に必要とされる傾向がある。

○「金のなる木」：高シェア・低成長率

この領域のSBUでは，相対的マーケットシェアの高さから高い利益率と大きな資金流入が期待できる。その一方で市場成長率は低い。これは当該市場が成熟化しており将来的には衰退する可能性を示唆している。このため追加的な設備投資はあまり必要視されないため，資金流出は小規模な事業領域である。

○「問題児」：低シェア・高成長率

この領域のSBUでは，相対的マーケットシェアが低いため利益率が低く，大きな資金流入は期待できない。しかしながら市場成長率は高水準なため，将来的にはマーケットシェアを拡大できる可能性がある。そのため，将来の成長に向けた大規模な設備投資などの資金流出を伴う事業領域である。

○「負け犬」：低シェア・低成長率

この領域のSBUでは，マーケットシェアが低いため大きな資金流入は期待できない。また市場成長率も低いため，追加的な設備投資などの資金流出も伴わない事業領域である。

③ 各事業領域におけるSBUの戦略的方向性

「金のなる木」のSBUが生んだ資金流入は，成長性の高い他のSBUへの投資資金の源泉となる。また「花形」のSBUは将来的に市場成長率の鈍化を通じて，「金のなる木」の領域へと移行する可能性が高い。その意味では企業の将来の資金流入源として，現状のマーケットシェアを拡大もしくは維持する必要があり，そのための努力をすべきである。「問題児」のSBUに対しては，積極的な追加投資による事業のテコ入れによって「花形」への移行を図るか，あるいは「負け犬」のSBUと同じく，他のSBUで資源を有効利用できるように，撤退を前提に追加投資は行わない戦略がとられる。

なお，企業を独立したSBUの集合とみなす企業観や，SBU間での短期的な資金移動を重視する企業戦略に関しては**PPMへの批判**も多い。　　（山岡　徹）

るにつれて，生産者の習熟効果が進むことによって，製品の単位当たりコストが低下する効果のこと。PPMの軸の一つである相対的マーケットシェアは，SBUの収益性の高さを表す指標であり，その前提には経験曲線効果の考え方がある。

▷**製品ライフサイクル仮説**
製品の市場規模は，当該製品が市場に投入されてから撤退に至るまでの間に，市場規模が小さく成長率も低い導入期，市場が急激に成長する成長期，市場規模が最大で成長率は鈍化する成熟期，市場規模がマイナス成長に転ずる衰退期という各段階を順番に移行するという考え方。PPMの軸の一つである市場成長率は，SBUの将来市場の成長性を判断する指標であり，それは製品ライフサイクル仮説の考え方を前提としている。

▷**PPMへの批判**
PPMの考え方では，企業の中のSBUがそれぞれ独立した事業単位として別々に捉えられているが，例えば「負け犬」と「花形」のSBUが両事業の相乗効果で企業全体の業績を押し上げているケースは想定されていない。「負け犬」事業の基幹技術が「花形」事業で活用されるようなケースである。この場合，「負け犬」事業から撤退すべきではなく，そもそも両事業の戦略を別々に分けて議論することはできない。また，PPMで議論されるのは既存のSBU間での資金移動についてのみであり，新規事業開拓に役立つ指標とはならない。

III 組織戦略

6 コア・コンピタンス

1 コア・コンピタンスとは

コア・コンピタンスとは，競合相手に対する企業の競争優位の源泉の一つである。特に独自の技術や知識などの情報的経営資源から生み出される持続的な競争優位性に注目した考え方である。またコア・コンピタンスとは，長い期間をかけて蓄積し強化できる資源や能力として捉えられる。すなわち，組織内での集団的な学習を通じて，複数の情報的資源が組み合わされ統合されることを通じて，企業のコア・コンピタンスとは蓄積され強化されるものである。

コア・コンピタンスの条件には，(a)多様な市場へのアクセスを可能にするものであること，(b)それによって生み出された最終製品が顧客の利益に重要な貢献をすること，(c)競合相手が模倣困難なものであること，などがある。

2 コア・コンピタンスと製品およびビジネス・ユニットの関係

それでは，企業にとってコア・コンピタンスとは，製品やビジネス・ユニットとの関係上でどのように位置づけることができるのだろうか。

コア・コンピタンスの提唱者であるプラハラードとハメルは，コア・コンピタンスと製品およびビジネス・ユニットの相互関係について，企業を1本の木にたとえる形で以下のように説明している（図4-15）。すなわち，企業のビジネス・ユニットが顧客に提供する最終製品は，木にたとえるならば葉や花，果

▷1 ハメル，G. & プラハラード，C. K. ／一條和生訳『コア・コンピタンス経営』（日本経済新聞社，1995年）では，未来の市場機会を獲得するための企業競争力とは何かについて，日米欧のグローバル企業の経営戦略を比較分析しながら議論している。

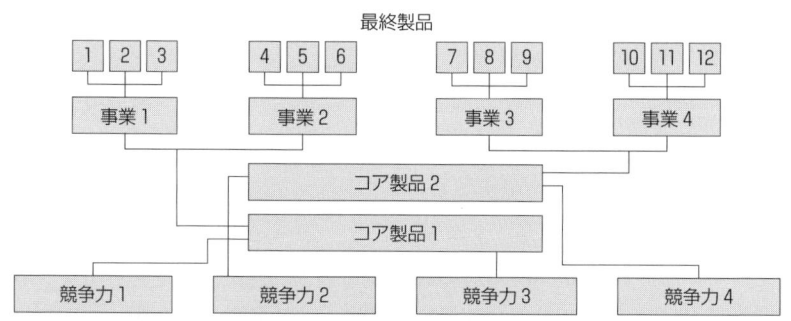

最終製品

| 1 2 3 | 4 5 6 | 7 8 9 | 10 11 12 |
| 事業1 | 事業2 | 事業3 | 事業4 |

コア製品2

コア製品1

| 競争力1 | 競争力2 | 競争力3 | 競争力4 |

企業は樹のように，根から成長する。コア製品は，競争力に育てられて，ビジネス・ユニットを生み，さらにそれが最終製品として結実する。

図4-15　競争力：競争優位の根源

出所：プラハラード，C. K. & ハメル，G.／坂本義訳「競争分析と戦略的組織構造によるコア競争力の発見と開発」『ダイヤモンド・ハーバード・ビジネス』1990年9月，7頁。

実に当たる。また，それらの多様な最終製品を市場に提供するビジネス・ユニットは，葉や花などをつける小枝の部分に相当する。それでは木の幹に当たる部分とは何か。それは，その企業の競争優位性の核となるコア製品であり，木の成長に必要な養分を補給し，木を安定させる根の役割こそがコア・コンピタンスの働きに相当する。コア・コンピタンスの具体例としては，シャープにとっての薄型ディスプレイ技術や，ソニーにとっての小型化技術などがある。

3 コア・コンピタンスと PPM

このようにコア・コンピタンスとは，企業のもつ多様なビジネス・ユニットを結合する役割を果たしている。またコア・コンピタンスは，個別具体的な技術や製品およびサービスではなく，それらに持続的な競争優位性を付与する根源的な経営資源として捉えることができる。

ここで重要なのは，企業の持続的な競争優位性が最終製品の特性ではなく，コア・コンピタンスに依存するという視点である。すなわち，優れたコア・コンピタンスを蓄積している企業であれば，それをもとにコア製品を開発し，コア製品を多様な事業分野に広く応用展開することを通じて，顧客にとって付加価値の高い最終製品を多様な市場に供給できる。そして，このようなコア・コンピタンスに根づいた事業プロセスは，競合他社にとって模倣困難であるため，コア・コンピタンスをもつ企業は持続的な競争優位性を獲得できるのである。

このような考え方に対して，従来のプロダクト・ポートフォリオ・マネジメント（PPM）では，個々の戦略的事業単位（SBU）を分析単位として企業を独立したSBUの集合体とみなし，SBU間の相乗効果は考慮してこなかった。

コア・コンピタンスを重視する企業戦略と PPM との決定的な相違点とは，第一に PPM では個別の SBU を分析単位とみなし企業の競争力の源泉を最終製品に求めた点，第二に PPM では既存の SBU の間での短期的な資金配分のみに注目し，特に長期的な観点から情報的経営資源を蓄積し強化するという企業成長の視点を欠いていた点などがある。すなわち，PPM では SBU をそれぞれ独立した事業体とみなすため，各々の SBU のもつ競争力もまた SBU ごとに独立のものとみなし，その競争力の源泉を SBU の生産する最終製品に求めたのである。また，PPM では「選択と集中」の観点から SBU を選別し，SBU 間の資金移動を通じて，企業レベルでの短期的収益の最大化を至上命題とした。

これに対して，コア・コンピタンスを重視する企業戦略では，企業を独立した SBU の単なる集合体とはみなさず，これらを結合するコア・コンピタンスこそが企業の持続的な競争優位性を構築すると考えている。また情報的経営資源としてのコア・コンピタンスを動的に捉えて，長期的な観点から企業のコア・コンピタンスを育成強化することを至上命題としている。 （山岡　徹）

▷PPM
⇨ 4-Ⅲ-5 「プロダクト・ポートフォリオ・マネジメント（PPM）」

▷「選択と集中」
強い競争力のある事業分野に経営資源を集中的に投下する一方で，自前の経営資源では競争力の弱い事業分野については外部資源を利用しアウトソーシングを図る経営に見られるように，資源投入の「選択と集中」を徹底することで，企業の競争力を強化する経営を，一般に「コア・コンピタンス経営」と呼ぶ。しかしながら，本来のコア・コンピタンスとは，多様な事業分野に広く応用展開されることを通じて，企業全体の持続的な競争優位性を実現する根源的な競争力である。この本来の考え方に基づくならば，強い競争力をもつ事業単位のみに集中的に経営資源を投入し，短期的な収益性追求の観点から競争力の弱い事業単位を安易に外部化する企業戦略は，コア・コンピタンス重視の経営というよりも，むしろ PPM の本質的な考え方に近いものであるといえる。

III 組織戦略

7 戦略ポジション

1 マーケティング戦略における環境分析

組織が生きていくためには，当該組織が置かれている状況を把握することが重要になる。市場競争で競合し生存していくために企業が行う市場分析は，その典型的な例である。当該組織が置かれている状況とは，大きく内部状況と外部状況とに分けられ，それらを分析することによって，当該組織が置かれている状況を把握することができる。

内部状況の分析とは，組織内部がどのような状況にあるのかを明らかにするということであり，**SWOT分析**でいえば強みと弱みの評価である。外部状況の分析は，組織外部の状況（例えば競合他社の動向など）に関する分析であり，SWOT分析でいえば機会と脅威に関する評価に当たる。特に，外部状況，すなわち外部環境に関して分析する際には，①新規参入の脅威，②競争関係，③代替品の脅威，④購入者（買い手）の値下げ圧力，⑤納入業者（売り手）の値上げ圧力，という**五つの力**（five forces）を把握することが重要であるといわれている。

このような環境分析によって，いま自社がどのような立場にあるのか，市場占有率はどのような状態にあるのか，業界や自社に影響が出るような法案や制度が定められる可能性があるか，などの現状を把握した上で，今後の戦略を立てる。したがって，環境分析は，マーケティング戦略の基本である。

2 コトラーの戦略ポジション

コトラー（Kotler, P.）によれば，マーケティング戦略は，目標や目的から生じるものであり，①ターゲットとなる市場，②コア・ポジショニング，③価格ポジショニング，④トータル・バリュー・ポジショニング，⑤流通戦略，⑥コミュニケーション戦略，の六つで構成される。

ターゲットとなる市場は，購入意欲と経済的余裕のある一次市場，経済的余裕はあっても購入意欲が低い二次市場，購入意欲はあるが経済的余裕のない三次市場の三つに分けられる。コア・ポジショニングとは，自社の製品やサービスにおける最大の「売り」となるもの，すなわち，核（コア）となるものの位置づけのことである。価格ポジショニングとは，コア・ポジショニングをふまえた上で，どのように価格を決定するかということを指す。自社の製品やサー

▷ SWOT 分析
⇨ 4-III-3 「SWOT 分析」

▷ 五つの力
新規参入の脅威とは，参入障壁の高さであり，競争関係とはすなわち戦略ポジションのことである。代替品の脅威とは新技術や他業界からの代替品の進出を指し，選択肢が多いほど買い手の圧力は大きくなり，ブランド力があるほど売り手の圧力は大きくなる。⇨ 4-III-8 「価値連鎖」

	多 ←―経営資源の量―→ 少	
高↑ 経営資源の質 ↓低	**トップリーダー** 製品の拡充と非価格戦略 市場占有率40%，独占	**ニッチャー** 隙間戦略 ニッチ市場のリーダー
	チャレンジャー 差別化戦略 トップへの挑戦者	**フォロワー** 模倣，追従戦略 低価格化

図4-16　コトラーの戦略ポジション

ビスの核（コア）や価格などを総合して，消費者目線で「なぜこの会社のこの製品（サービス）なのか」という理由をつくるのが，トータル・バリュー・ポジショニングである。さらに，製品やサービスの円滑な提供方法を考えるのが流通戦略で，ターゲット市場に入っていくためにどのようなマーケティングを展開していくのかなどについて予算配分などを考えるのがコミュニケーション戦略である。

　以上のような戦略に支えられて「戦略ポジション」とは，環境分析の一つとしてコトラーが示した競争上の地位をあらわす枠組みのことである。**図4-16**のように経営資源の質と量によって，トップリーダー，チャレンジャー，フォロワー，**ニッチャー**の四つに大別される。つまり，経営資源の量が少なければ質を上げてニッチャーを目指す，あるいは経営資源の量は多いが質が伴っていない場合はチャレンジャーとなって，差別化戦略によって市場を独占しているトップリーダーの座を狙うなど，自社のもつ経営資源の量と質によって，現在置かれている状況や市場での立場を把握し，次の戦略を立てることができるのである。

▷ニッチャー
⇨ 4-Ⅲ-4「ニッチ」

３　ソーシャル・マーケティング戦略

　日本ではまだなじみがないが，欧米においては，このような戦略ポジションやマーケティング戦略は企業だけのものではなく，行政や政府などの公共組織やNPO／NGOなどにも使用されている。様々な社会問題を解決するための社会変革キャンペーンに有用な方法論として，コトラーの「ソーシャル・マーケティング」という考え方がよく知られている。本来は，社会的目的，社会的理念や社会的行動を浸透させるために，マーケティングの原理と技術を応用するというもので，現在は社会変革のためのマネジメント技術を意味するといわれている。例えば，カナダの健康福祉省が中心となって1987年から5カ年計画で実施された薬物対策戦略，国連が1986年から展開したエイズに関する特別プログラム，1970年からアメリカの市民行動団体コモンコーズが展開した広範な市民によるロビー活動などがあり，欧米の公共経営や行政，NGOが介入した発展途上国の開発問題などではよく見られる。

（深見真希）

参考文献
コトラー，P. & ロベルト，E. L. ／井関利明監訳『ソーシャル・マーケティング』ダイヤモンド社，1995年。

Ⅲ 組織戦略

8 価値連鎖

1 価値連鎖とは

価値連鎖（バリュー・チェーン，value chain）は，ハーバード大学ビジネス・スクール教授の**ポーター**が産業組織論に基づいて提唱した，新しい競争戦略の一つである。

組織が生産する財やサービスは，原材料から完成するまでの一連の事業活動の中で，例えばライバル企業と比較した上での低コスト，あるいは差別化，プレミアム価格といった，当該組織独自の付加価値がつけられる。その付加価値によってこそ，組織は競争優位を創出することができるのであり，いかにして事業活動の中で価値を付加していくか，つまり，いかにして価値が連鎖する仕組みを作り上げるか，ということが重要になってくるのである。

2 付加価値のある事業活動：価値活動

組織の事業活動は，ポーターによれば，主活動と支援活動の二つに大別される。主活動とは物的活動で，購買物流，製造，出荷物流，マーケティング・販売，サービスから構成される。支援活動は，これらの主活動を支援する間接的活動のことで，調達活動，技術開発，人的資源管理，会計や法務などを含むいわゆるゼネラル・マネジメントである全般管理から構成される。このように，事業活動を分割して考えることによって，競争優位における付加価値が，当該組織の事業活動のどこにあるのか，ということが把握しやすくなるのであるが，付加価値を創り出す各活動のことを，価値活動という。

3 付加価値のある事業システム：価値連鎖

価値活動はすべてつながっており，相互依存の関係にあるので，これらの価値活動をうまく連鎖させ，最終的に創出された価値がコストを上回れば，マージン（利潤）が得られる。そのように，全体として価値が連鎖していくシステムを，価値連鎖という。

図4-17は，この価値連鎖の概念図で，自社のもつ付加価値を客観的に把握するのに使われるツールである。実際に，組織の付加価値を図4-17の中に描き出すことにより，その競争優位の源泉がどこにあるのか，あるいは競争劣位がどこにあるのか（どこを改善すべきか），ということが明確になる。競争優位

▷ポーター（Porter, M. E.：1947-）
経営戦略の世界的第一人者。産業組織論に基づき，競争潜勢力，競争戦略類型，価値連鎖など，競争戦略の新しい考え方を提唱している。
⇨ 4-Ⅲ-2「競争優位」

には，例えば，競争相手よりも，①質の高い，あるいは独自の価値をもつ財やサービス，②安価な財やサービス，③早いスピード，といったものが挙げられる。これらの競争優位の源になるものを競争優位源泉と呼ぶ。競争優位源泉になりうるのは，例えば，物流力や調達力，生産能力，顧客対応力や販売力，マーケティング力，開発能力，資源やスピードなどである。

このような価値連鎖のツールは，新しいビジネスを発見したり，利害関係者や提携先などとの関係を再考したりするのにも役立ち，抜本的な改革に用いられる場合もある。

❹ 価値連鎖による競争優位の創出

価値連鎖は，ある活動が他の活動のコストや効率性の成果に影響を与えるという相互依存の状態において存在しているので，組織内部だけでなく，外部との関係も調整することによる競争優位の創出も可能になる。それはまた，事業戦略の重要な意思決定事項であるが，例えば，相互依存関係における**垂直統合**，事業部間の調整，提携強化などによって，競争優位の源泉の形成および増強を目的とした連鎖を意図的に行うことがある。具体的には，当該事業を外注するか否か，あるいは，当該部署を統合するか分離させるかなどである。戦略的な選択につながるため，意思決定に際しては，様々な要因に対する十分な考慮が必要となる。

また，すべての価値活動は，情報技術と密接に関連するため，情報技術の影響も考慮したい。例えば，工場のオートメーション化やITによる省力化，正確性の向上，柔軟性の強化，それらによる競争範囲の拡大などである。このように，特に情報技術を使って価値連鎖全体の最適化を図るものとしてサプライチェーンがあるが，それは価値連鎖（バリュー・チェーン）の考え方を，より広い概念に応用したものである。

（深見真希）

▷**垂直統合／垂直的統合**
(vertical integration)
原材料の生産（川上）から，製品の販売（川下）までの流れの中で，二つ以上の段階を一つにまとめることをいう。川下に向かうものは前方統合，川上に向かうものは後方統合と呼ばれる。

支援活動	全般管理　firm infrastructure				
	人的資源管理　human resource management				margin
	技術開発　technical development				
	調達活動　procurement				
	購買物流 inbound logistics	製造 operations	出荷物流 outbound logistics	マーケティング・販売 marketing & sales	サービス service
	主活動				margin

図4-17　価値連鎖

出所：ポーター，M. E.（1985）より筆者作成。

参考文献
ポーター，M. E.／土岐坤他訳『競争優位の戦略』ダイヤモンド社，1985年。

III 組織戦略

9 多角化戦略

1 シナジー効果

　市場ニーズが飽和,多様化するに伴って,成長戦略の重要性が増してくる。しかし,成長戦略は,それが既存の事業と関連がない分野への企業の成長を図るとき,それに伴うリスクが大きい。したがって,ここでは,成長戦略を分析する前提として,その分析の鍵概念であるシナジー効果についての解説から始める。

　アンゾフは,二つ以上の関連する要素を有機的に結びつけることで,それぞれの要素の総和を上回るような能力が得られることを,シナジー効果と表現した。1＋1が3にも4にもなるような効果であり,相乗効果とも呼ばれる。具体的には,流通経路,販売組織,ブランド・イメージの共同利用などから発生する販売シナジー,生産設備の共通利用,原材料の共同購入,研究開発結果の共同利用などから発生する生産・投資シナジー,経営ノウハウの共同利用などからくる経営シナジー,などがある。成長戦略の有効性を検討するに当たっては,どの程度のシナジー効果が得られるかが重要な問題である。

2 製品・市場成長マトリックス

　アンゾフは,シナジー効果の有無を基準に,市場販売力ベクトルと製品技術力ベクトルを用いて,表4-4のように企業の成長戦略を四つに分類した。製品・市場成長マトリックス (product-market growth matrix) である。

　これによると,第一の成長戦略は,「市場浸透戦略 (market penetration)」であり,既存の市場において既存の製品を販売するものである。市場販売力,製品技術力の両方において,シナジー効果の発生が期待できる。第二の成長戦略は,「市場開拓戦略 (market development)」であり,新規の市場において既存の製品を販売するものである。製品技術力において,シナジー効果の発生が期待できる。第三の成長戦略は,「新製品開発戦略 (product development)」であり,既存の市場において新規の製品を販売するものである。市場販売力において,シナジー効果の発生が期待できる。第四の成長戦略は,「多角化戦略 (diversification strategy)」であり,新規の市場において,新規の製品を販売するものである。市場販売力,製品技術力の両方において,シナジー効果の発生は期待できない。

▷アンゾフ (Ansoff, H. I.：1918-2002)
ロシア・ウラジオストックに生まれ,スティーブンス工科大学,ブラウン大学大学院で学び,その後,カーネギー工科大学などの多数の大学で教鞭をとった。経営戦略論の先駆者である。

なお,「市場開拓戦略」「新製品開発戦略」「多角化戦略」の三つを合わせ,広義の多角化戦略とすることもある。

表4-4 製品・市場成長マトリックス

	既存製品	新製品
既存市場	市場浸透戦略	新製品開発戦略
新市場	市場開拓戦略	多角化戦略

出所:アンゾフ,H. I./広田寿亮訳『企業戦略論』産業能率大学出版部,1969年。

3 多角化戦略

多角化戦略(diversification strategy)は,アンゾフによって四つに分類されている。ここでは,その四つの多角化戦略を解説する。

第一は,「集中型多角化(concentric diversification)」である。これは,既存の市場,製品のいずれかに関連がある分野への多角化である。既存の市場販売力,製品技術力のいずれかを活用できるため,販売シナジー,もしくは生産・投資シナジーの発生が期待できる。最近の例として,ゲーム・メーカーが,ゲーム機器に運動機能などを取り付け,顧客層を大人にまで広げたことは,集中型多角化の典型的な成功事例である。

第二は,「水平型多角化(horizontal diversification)」である。これは,既存の市場と同じタイプの顧客を対象に,新製品を開発して販売する多角化である。既存の市場販売力が活用できるため,販売シナジーの発生が期待できる。電力会社が,IHヒーターなどのオール電化を顧客に勧めるのは,水平型多角化の事例である。

第三は,「垂直型多角化(lateral diversification)」である。これは,既存製品の生産段階,流通段階に対する多角化で,前方的多角化と後方的多角化とに分けられる。前方的多角化とは,製造業が流通段階にまで進出するような多角化であり,後方的多角化とは,製造業が原材料や部品の生産に進出するような多角化である。最終顧客は等しいため,既存の市場販売力が活用でき,販売シナジーの発生が期待できる。IT技術の発達に伴い,大手電気機器メーカーなどが,インターネットを介して,直接顧客に商品を販売するようになったのは,垂直型多角化のうちの,前方的多角化の事例である。

第四は,「コングロマリット型多角化(conglomerate diversification)」である。これは,既存の市場と製品の双方にほとんど関連しない,成長性が高く見込まれる分野への多角化である。シナジー効果の発生が期待できない,リスクの高い多角化である。近年,中小の建設業者の中には,建設需要の減退に応じて,農業に新規参入するところが見られるが,これなどはコングロマリット多角化の事例である。

(秋山高志)

▷コングロマリット
相互に関連性のない多数の事業に参入している複合企業体を表す。

第5部

組織変革

I 危機管理

1 危機管理とリスク・マネジメント

1 組織研究としての危機管理

　ミトロフ（Mitroff, I. I.）（1988）によれば，効果的な危機管理とは，①危機前兆の発見，②準備・予防，③封じ込め・ダメージの防止，④平常への復帰，⑤学習とフィードバック（教訓を得る）によってまた①にもどる，という5段階のサイクルを構築することである。最終的には，学習とフィードバックが鍵とされる点で，危機に関する学習システムを構築することであると解釈することができる。

　危機とは「社会システムの基本的構造または根本的価値や規範に対する脅威であり，時間的圧力と高度で不確実な環境のもとで重要な意思決定が必要とされ，またシステム全体に物的影響を与え，基本理念つまりシステムそのものの抽象的意義やシステムの実在する核心事項を脅かす崩壊」であり，「個人の基本的な固定観念，主観，実存的コアにまで影響を及ぼす崩壊」である。したがって，価値や規範といったグループ・ダイナミックスや組織心理学的問題，不確実性における意思決定問題や情報戦略問題，高信頼性組織研究などに見られる困難な作業条件下における職務遂行問題や作業安全問題，基本理念や抽象的意義に関する組織文化的問題など，学際的に幅広いテーマが包含されるようになった。近年になって認知科学的アプローチも加わって，**組織事故とヒューマンエラー**の観点も付加されるようになって，ますます学際的な広がりを見せている。

▷1　大泉光一『クライシス・マネジメント：危機管理の理論と実践（三訂版）』同文舘出版，2002年。

▷組織事故とヒューマンエラー
⇨ 5-Ⅲ-8「組織事故とヒューマンエラー」

2 リスク・マネジメント

　リスク・マネジメントは，元来保険分野で使用されてきた概念で，「保険可能なリスクの管理に関する，他分野にまたがる職務」と定義されてきた。実際，リスクマネジャーは保険購入者である場合が多く，さらに具体的にいえば，「組織の使命に沿って，リスクと不確実性のもたらす悪影響を，リスクの確認，測定，リスク処理技術の選択，実施および統制のプロセスを通じ，極小のコストで極小化するマネジメントにおけるセキュリティ機能」とされている。このように，保険分野における損失可能性の測定から発生し，「リスクを予防する」という立場にたって，リスクという負の潜在要因を測定して，回避しようとするのが，伝統的な意味でのリスク・マネジメントであり，この点において「効

▷2　武井勲『リスク・マネジメントと危機管理』中央経済社，1998年。

果的な危機への対応」を主眼とする危機管理とは，明らかとはいわないまでも，一応は区別されるものであった。

　しかしながら，現代社会においては，自然災害などの伝統的な自然発生リスクよりも，**チェルノブイリ事故**や**狂牛病**などのような人工的なリスクに対する懸念のほうが強くなっている。人工的なリスクは，保険数理的な予測では捉えきれず，また保険が適用されうるようなものでもない。近年では，このような「予防ができない」リスクへの対応として，科学的に十分な証拠やデータがなくても行動を起こすという必要性も主張されるようになってきており，「回避」と「対応」という観点から危機管理と明確に区別することが難しくなってきている。

　危機管理やリスク・マネジメントが対象とする危機や危険は，高度に相互依存性が高い現代社会において，ますます予測不可能になってきている。静態的な目標を定めた戦略の実行というよりは，価値や安全文化の創出，従業員の教育や参加など，プロセスにおける努力の確保という側面がなおいっそう強くなりつつある。

3　組織の取り組み

　では，組織の取り組みとしては，どのようなものがあるだろうか。予測可能なリスクについては，職場においてモニタリングを行い，危険を早期に察知して発生を防ぐという「リスク・アセスメント」の取り組みが，近年増えつつある。これは，労働環境（設備や使用する化学物質など）が急速に変化していることと，どのような作業にも潜在する危険性があることから，自主的に潜在する危険性を見つけ，事前に適切な対策をする重要性が認識されるようになったためである。

　具体的には，新しい設備の導入や作業方法の変更など労働環境に変化が生じた際などに，危険性を発生可能性の度合いで見積もり，リスク低減のための優先事項を設定し，リスク低減措置を実施するというような方法で行われる。一方，予測可能だろうと不可能だろうと，リスクの種類や規模に関わらず，どのような危機が発生しても事業を継続していくという「事業継続計画（Business Continuity Plan: BCP）」の導入もよく見られる。

　予測可能なリスクを防ぐためのリスク・アセスメントと，予測可能不可能を問わず危機に対応していく事業継続計画は，リスクに対する考え方が異なるものの，①マネジメント・サイクルに則った持続的な取り組みであること，②労働者全員参加型の取り組みであることに共通した特徴がある。このように，危機管理やリスク・マネジメントには，様々な取り組みがあるとはいえ，いずれにしても，組織の安全文化を育むべく「持続的で参加型」という点が重視されるようになってきている。

（深見真希）

▷チェルノブイリ事故
1986年，ソ連（現ウクライナ）のチェルノブイリ原子力発電所で起きた，世界史上最悪の原子力事故。この事故の原因は様々な要因が挙げられているが，運転員への教育不十分による操作ミスや指揮者の判断ミスなどが指摘されている。

▷狂牛病
飼料として与えた汚染肉骨粉や牛用代用乳などが感染源とされる家畜牛の監視伝染病（牛海綿状脳症）。2000年初頭，畜産業，食肉産業，外食産業，消費者を巻きこみ，メディア報道のあり方も問われた社会問題である。

第5部　組織変革

I　危機管理

2　リスク・コミュニケーション

1　リスク・コミュニケーションの誕生

　リスク・コミュニケーションは，1980年代から使われるようになった歴史の新しい用語である。**リスク**をどのように伝えるかというコミュニケーション技術については，それより前から，主に社会心理学のコミュニケーション研究の中で議論されてきていた。すでに研究成果が蓄積されているのにもかかわらず，新たに用語が使われるようになったのは，この背後で新しい考え方の浸透が目指されているためといえる。この意味では，1980年代頃の時代の状況を理解することはリスク・コミュニケーションを理解する第一歩である。

　まず，科学技術のリスク問題について，専門家だけに委ねていては，よりよい解決はできないのではないかと，人々に実感されるようになってきたことが挙げられる。

　科学技術に代表される先進的な技術は，本来的に多くのリスクを含んでいる。これらのリスク問題は，専門家でなければ十分に理解できないと考えられてきた。したがって，その問題に関する意思決定の多くは，科学者や行政の担当者，企業などのリスクについて多くの情報をもつ人々が主体となって行われてきた。しかし，1970年代から1980年代にかけては，公害問題や環境問題が顕在化したり，あるいは原子力発電所や化学工場の大規模な事故が頻発したりした時期である。専門家だけに問題の検討や意思決定を任せ，非専門家がリスクについての情報を十分に得てこなかったことが，これらの問題や事件の背景にはある。非専門家といえども，リスクについての情報を得ていなければ，それに適切に備えることはできない。また，危機に当たって専門家が愚かな意思決定をすることも明らかになってきた（**集団浅慮**）。

　また，この頃の重要な時代背景として，公民権運動に代表されるような「知る権利」が重視されるようになってきたことと，特に行政機関において，国民を「顧客（customer）」と見る考え方が広まってきたことも注目しておかなければならない。前者は，専門家，非専門家の区別なく，等しく情報を得ることを保証している。後者は，行政におけるマーケティング・センスの導入ということもできるが，国民や市民の意向を汲んで政策上の意思決定をするということである。行政サービスを受ける相手を対等なコミュニケーション・パートナーとみなすようになってきたのである。

▷リスク（risk）
定量的には，被害の大きさ（ハザード，hazard）と，それが起こる確率の積で求められる期待値である。ただし，この定義では，被害の大きさと確率が測定可能でなければ，リスクとして計算できないことから，現代的な問題には対処できないのではないかということが，近年指摘されるようになってきた。そこで，確率やハザードが不明なものであっても，これを広義のリスクとして取り扱う立場が支持を得つつある。

▷集団浅慮
⇨ 3-Ⅲ-5「集団浅慮」

2 リスク・コミュニケーションの定義

リスク・コミュニケーションの決定版ともいえる定義は、米国研究評議会（National Research Council）によるものである。それによると、「リスクについての、個人、機関、集団間での情報や意見のやりとりの相互作用的過程」となっている。ここで注意すべきことは、やりとりされる情報が必ずしもリスクそのものについての情報だけでなく、関連する情報すべてが含まれているということである。特に、新しいリスク問題の多くは、その問題の当初には、はっきりとリスクとして意識されたり、議論されたりはしない。確定的な科学的証拠や情報はないが、そこに問題がありそうだと一部の人が指摘するような場合である。そういう段階での情報も含めて問題提起をしたり議論したりすることも、リスク・コミュニケーションと考えられている。

3 リスク・コミュニケーションと危機管理

この数年日本では、企業の不祥事が頻発している。そのせいか、リスク・コミュニケーションというと、不祥事発覚の際にどのようにマスコミに対応するのかとか、記者会見（多くは謝罪会見である）をどのようにしてうまく行うのか、ということであると誤解されていることがある。たしかに、緊急時のコミュニケーションのあり方は、リスク・コミュニケーションに含まれるが、それはリスク・コミュニケーションの極めて短期の戦術的な部分であって、それだけをもってリスク・コミュニケーションということはできない。本来リスク・コミュニケーションというのは、長期的な計画をもって、戦略的に準備されるべきものである。マスコミへの対応も、また記者会見のあり方も、その長期的な戦略の中で予め用意されているはずのものである。

リスク・コミュニケーションの本質は、「いかに感度よく情報を拾うか」にあることを指摘しておきたい。リスク・コミュニケーションというと、「どのようにしたらリスクをうまく伝えられるのか」という広報・啓発の問題として意識されることが多い。そのことはたしかに重要だが、定義にもあるように、リスク・コミュニケーションは、「相互作用的」なものである。単に情報を伝えるだけでなく、事件や事故につながる情報を感度よく拾ってこそ、リスク・コミュニケーションをすることの意義がある。

このことは、組織においてはなおさら重要である。企業不祥事が典型的な例であるが、発覚後になって、**内部告発**があったり、消費者からの指摘があったりして明らかになることがほとんどである。これらの情報を活用し、未然に問題が拡大することを防ぐためにこそ、リスク・コミュニケーションが意義をもつのである。

（吉川肇子）

▷ **内部告発（whistle-blowing）**
警笛行動とも訳される。組織の内部にいる人が、組織内部の不当な指示や反社会的行動について、組織の内部または外部で異議を唱える行動を指す。組織がこれを問題の予兆として適切に受け止めて対処すれば、問題の拡大を防ぐことにつながるので、危機管理上は意義のある行動である。重要なのは、「告発」という言葉の否定的な印象にとらわれず、告発者の取り扱いも含めて、この情報をいかに有効に活用するかであるといえよう。
⇨ 2-I-8 「ホイッスル・ブロワー（内部告発者）」

I 危機管理

3 組織スラック

1 スラックとは

組織は合理的であろうとする。少ない資源で最大の効用を発揮できることを利害関係者は願っている。余剰人員や遊休設備を抱えるべきではないとされる。リストラやリエンジニアリングは、そのための工夫として位置づけられる。組織とは、いわばスリムであることが望ましいのである。いわゆる合理化も人員削減の手段として使われてきた。

それに対抗するのが組織スラックである。スラック（slack）とは余裕のことである。カツカツの余裕のない組織では、何か問題が生じるとそれに対応できないことになる。例えば、危機に遭遇して、何らかの対応に迫られるとき、余裕がなければただ慌てるだけで、事態を冷静に把握できないまま、対応策を工夫するよりもただ傍観することを強いられる。逆に必要以上にコストが膨らむことにもなりかねない。

2 組織スラックの必要性

組織には、ある程度の資源の余裕がなければならない。人員の余裕もあれば、資金的な余裕、あるいは、遊休の施設や装備であるかもしれない。当面はムダであろうが、何か問題が生じたときに、それを使って危機を乗り越えるのである。組織は少ないコストで、あるいはリスクを最小にして目的を達成しなければならないが、資源を使い切るということは、場合によっては避けるべきことでもある。使い切ると、次の目標が達成できなくなる。合理性に反するように見えるが、達成に至ってもそれでもなお余裕を残しておくことが、経営管理の要諦である。

しかし、実際的には困難が伴う。多くの場合、そしてほとんどの場合、資源に余裕はない。あれば、それを使い尽くしてまでも達成量を大きくするのが経営である。資源を残しておくことに利害関係者は承知しないであろう。短期的に成功することを期待するのが彼らである。しかし、経営管理の当事者は将来、少なくとも数年後を考えて行動しなければならない。その間、中長期的には、組織は危機的場面に必ず遭遇する。業績の悪化は必ずある。その場合、余分に資源、つまり内部留保があることによって危機を回避できる。この場合にこそ使い切ればよいのである。

▷リストラ
正確にはリストラクチュアリングというべきであるが、事業の再構築のことである。ただし、そのためには人員の再配置が欠かせなくなり、便宜的に人員整理だけを意味することが多い。

▷リエンジニアリング
生産過程の再構築のことであるが、実際的には情報システムの導入、それによる組織の効率のいっそうの向上を狙った改革である。

しかし，資源は資金だけではない。有為の人材が期待以上に働いて危機を乗り越えてくれることなども含まれる。有為の人材はそれだけでスラックである。また，パテント（特許権）を有するなど特異な資源をもつこともスラックになる。誰にも真似ができない，させられないという資源は，通常は目立って組織に役立つことはないが，危機的状況に至れば，それを救済の手段として使えることになる。

③ ネットワークの中のスラック

しかし，組織の中だけではない。取引先の信頼や世間の評価もスラックの重要な構成要素である。たえず会って信頼関係を醸成できれば，いざというときに取引を冷淡に打ち切ってしまうことにはならないかもしれない。あの会社は信用できると**ブランド・ロイヤルティ**が高ければ，**会社更生法**を適用しやすいかもしれない。また，会社を興して順調に成長しているように見えて，突然資金繰りに支障を来すことがある。その場合，頼み込みのできる人がいれば，融通してくれる人がいれば，それがスラックである。また過大なリスクを覚悟しなければならないこともある。そのリスクを背負ってくれる仲間がいる。それもスラックである。紛争の解決のために余分なコストを費やすこともあるが，その相談相手もスラックである。スラックは組織の中の蓄えだけではない。**ネットワーク**の中に蓄えられるものである。

スラックがなければ，余分なところに資源を回さない。安全管理への投資は，もしスラックがなければ最も等閑視されるであろう。万が一の大事故に備えてなどに投資はしたくない経営者が多いからである。しかし，大事故がもし発生すれば，それだけで倒産に至ることもある。それを事前に防ぐためには相応の備えがなければならない。余分の資源があれば，事故への備えにも関心が向かうことになる。

④ 負のスラック

人的資源管理としてスラックを考えることもできる。例えば意欲のない人を排除してしまう。しかし，そういう人たちを排除しても，残った人たちの間からまたぞろ怠け者は出てくるもので，人間の集団とは本来そういうものである。この場合，負のスラックともいえるが，余分な人たち，極端をいえば，怠ける人たちを抱え込むことも，根絶できなければ，経営管理的には止むを得ないとする立場もある。

組織の存立に合理性は欠かせないが，合理的であり過ぎると逆に合理性を損なうという逆説がある。合理性を補完するためにもスラックは欠かせない。しかし，何をスラックとするかは，経営管理をどのように捉えるかという基本的な問題と関わっている。

(田尾雅夫)

▷**ブランド・ロイヤルティ**
例外もあるが，広告の効果が新規顧客に対してではなくブランド使用経験者に対してのみ効果を発揮することがある。既存顧客を囲い込むことにより広告宣伝コストを低減させる効果がある。

▷**会社更生法**
経営困難な会社を，更生手続きを経て維持・再生を図るための法律。同じような法制として民事再生法があるが，更正法は株式会社だけが対象になる。

▷**ネットワーク**
⇒ 4-I-10 「ネットワーク」
⇒ 4-I-11 「ネットワーク組織」

I 危機管理

4 安全管理とヒューマンファクター

1 ヒューマンファクター

今日,職場には様々な機械が溢れている。そこで働く人間と人間が使う機械が適合していれば,作業は効率的効果的なものになり,人間の疲労やストレスは少なくて済む。そのような快適な人間と機械の関係(ヒューマン=マシン・システム,あるいはマン=マシン・インターフェイスと呼ばれる)は,ヒューマンファクター(人間特性)の問題として人間工学的領域で議論されることが多いが,作業の安全性や効率性については,職業適性,職業能力,採用や人員配置,教育訓練など人事労務管理や職務設計の問題と関係してくるため,人的資源管理・開発や組織開発と関連して議論される。したがって,組織の安全管理を考える際には,ヒューマンファクターを考慮する必要がある。

ヒューマンファクターを一つのシステムとして捉え,**社会技術システム**全体を考えようとするのが,ヒューマンファクター・システムとして代表的に用いられることの多いSHELLモデルである。SHELLモデルは,ソフトウェア(S),ハードウェア(H),環境(E),人間(L)は,それぞれ相互依存的に関係し合うため,その相互作用を考慮して全体のシステムを考えるための枠組みである。特に労働安全や高信頼性組織における職務設計などは,SHELLモデルを援用して議論されることが多い。

▷1 ⇨5-Ⅲ-8「組織事故とヒューマンエラー」

▷**社会技術システム**(socio-technical system)
テイラーの科学的管理法への反省としてタビストック研究所のエメリー,F. E. やトリスト,E. L. らによって展開された理論。1960年代中頃から欧州を中心に広まったが,その特徴は①組織を環境と相互作用するオープン・システムと見ること,②組織は社会システムと技術システムから構成されること,③その相互関係において社会システムや技術システムは反復変革されると考えること,④結果として労働の人間化(労働を自律的なものとし労働者の成長につなげるなど)と生産性の向上を目指すことにあるとされている。1970年代以降のコンティンジェンシー理論にも大きな影響を与えたほか,オープン・システムを前提とする現在の組織論や,システム理論に基づくヒューマンファクター研究などの礎となっている。

図5-1 SHELLモデル:ヒューマンファクター・システム

S:ソフトウェア
手続き
政策/規則
マニュアルなど

H:ハードウェア
設備 器具
職場 建物など

L:ライブウェア(人)
身体 知識
態度 文化
ストレスなど

E:環境
物理的 政策的
組織的 経済的

L:ライブウェア(チーム)
チームワーク 規範
コミュニケーション
リーダーシップなど

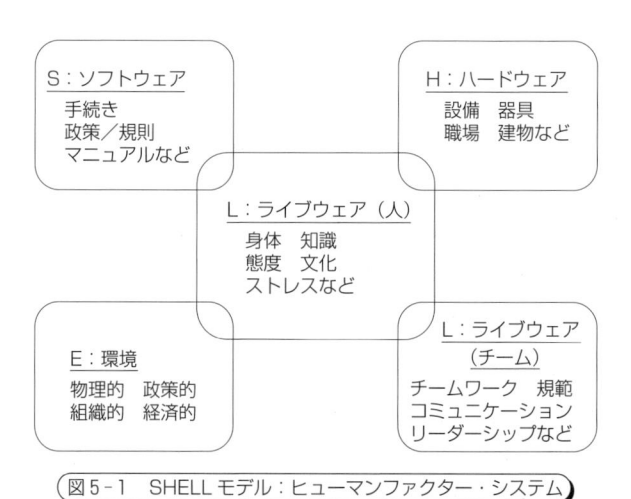

出所:サラス,E. 他/田尾雅夫監訳『危機のマネジメント』ミネルヴァ書房,2007年。

2 安全文化の創出

　安全を確保するための考え方としては，ハインリッヒの法則が有名である。ハインリッヒの法則とは，大規模な事故の発生に至るまでには事故に至らぬ小さなエラーが生じているということをあらわしたものである。同一要因で引き起こされる事故の大きさでいえば，重大事故が1回発生する背景には，インシデント（比較的軽い事故）が29回，さらにヒヤリ・ハットが300回発生しているから，ヒヤリ・ハットやインシデントの段階で予防措置を講じることによって，重大事故を回避しようという理論である。したがって，組織は，事故に至らぬ小さなエラー（ヒヤリ・ハットやインシデント）をいかにマネジメントしていくのか，そのマネジメントを実施するためにふさわしい安全文化，安全風土をいかに創出するかが問われるのである。

　リーズン（Reason, J.）によれば，安全文化とは，「報告する文化，正義の文化，柔軟な文化，学習する文化」であるとされている。報告する文化とは，エラーやミスを率直に報告するような文化のことで，例えばインシデント・レポート・システム（事故報告制度／安全報告制度）の導入などがマネジメント例として挙げられる。ハインリッヒの法則に従えば，ヒヤリ・ハットを放置するとやがて大規模な事故の発生に至ってしまう。そこで，ヒヤリ・ハットの段階で対策を講じて大規模事故を防ぐために，積極的なヒヤリ・ハットの報告を奨励することが，報告する文化の創出につながると考えられる。

　ただし，倫理的に許されないような場合には厳罰に対処するなど正義の文化も必要である。収集されたヒヤリ・ハットの情報がデータ化され，適切に分析された場合，それは組織にとって対策を講じるための科学的根拠を提供してくれる。しかしながら，そのデータに基づいて実効性のある対策を実施していくためには，さらに，組織を変革していけるだけの柔軟な文化と，失敗やエラー，ミスから教訓を得て次の対策に生かしていく学習する文化，そして**学習する組織**であることも重要になる。

　いずれにしても，安全文化を創出するには，組織が必要なデータを入手し，エラーが生じる確率を減らし，必要な措置を講じることである。安全文化は，その成果として生まれてくるものなのである。そこで鍵となるのは，安全文化を創出することへの「強いコミットメント」を，経営側がもつか否かである。上述の「報告する文化，正義の文化，柔軟な文化，学習する文化」を創出していくためには，例えば，訓練を行うこと，安全に関する実践を強化すること，安全を脅かすものに関して作業員と経営側の間にオープンなコミュニケーション・ラインを確立することなどが必要となってくる。それらの成果，それらの取り組みの正否は，経営側が安全に対してコミットメントを意識しているか否かに依存するといわれている。

（深見真希）

▷2 ⇨ 4-Ⅱ-6「倫理（エシックス）／企業倫理（ビジネス・エシックス）」，5-Ⅰ-5「コンプライアンス」

▷学習する組織
⇨ 4-Ⅱ-3「学習する組織」

▷3 ⇨ 5-Ⅰ-1「危機管理とリスク・マネジメント」，5-Ⅲ-8「組織事故とヒューマンエラー」

（参考文献）
サラス，E. 他／田尾雅夫監訳・深見真希・草野千秋訳『危機のマネジメント』ミネルヴァ書房，2007年。

I 危機管理

5 コンプライアンス

▷コーポレート・ガバナンス
⇨ 4-Ⅱ-6 「倫理（エシックス）／企業倫理（ビジネス・エシックス）」

1 法令の遵守

　コンプライアンス（法令遵守）とは，法律や規則に従って活動を展開することを指し，**コーポレート・ガバナンス**（企業統治）や情報開示などと並んで，組織が社会に対して果たすべき責任であると考えられている。ビジネス・コンプライアンスの場合，企業の社会的責任（CSR）とともに重視されるようになっている。もともとは，1960年代に米国で独占禁止法違反やインサイダー取引などが発生した際に使用されたことに始まるといわれている。

　法令違反による信頼の失墜が企業活動に影響を与えることから法令遵守が強調されるようになったのであるが，企業の不正防止という観点でいえば，たとえ法律に定めがなくても，あるいは法律を遵守していても不祥事が発生する場合がある。したがって，倫理や規範といったモラルを守ることもコンプライアンスであるという考え方もある。法令違反にせよ，モラル違反にせよ，ひとたび発覚すると不祥事として報道され，損害賠償訴訟などによる法的責任や，信用の失墜による売上低下といった被害を負ったとしても，中長期的には企業イメージの低下は避けられず，その後の活動に大きなダメージを与えることになる。

近年日本で起きたコンプライアンス違反の事例

- ◆企業による脱税・申告漏れ・所得隠し
- ◆介護サービスにおける介護報酬の不正請求：コムスンなど
- ◆食品関連：雪印集団食中毒事件
　　　　　　不二家の期限切れ原材料使用製品の出荷
　　　　　　牛肉偽装事件：雪印牛肉偽装事件，ミートホープなど
　　　　　　売れ残り再利用問題：赤福，船場吉兆など
- ◆保険業界の保険金不払い事件
- ◆自動車リコール隠し：三菱リコール隠し，三菱ふそうリコール隠しなど

　商法においては，善管注意義務や忠実義務などによって取締役や執行役，監査役などの決定責任義務が定められている。また，商法だけでなく，各種一般法や業法をすべて遵守し，従業員にも徹底させなければならず，特に大企業に

は内部統制システムの構築義務が課せられている。企業に関係してくる法律や規則は，民法，商法，独占禁止法，不正競争防止法，労働法，消費者保護法など多数あるほか，監督官庁からの命令や指導もある。

これらの法令に違反した場合，損害賠償訴訟や株主代表訴訟による法的責任，売上低下などの社会的責任を負わねばならない。

2 倫理や規範の遵守

企業活動には，市場競争の公正さや職場環境，公務員や政治家との関係や情報公開などにおける高い倫理も多くの場面で求められる。また，法令そのものが倫理に反していても，法令さえ遵守していればコンプライアンスになるのかという問題もある。したがって，コンプライアンスに違反してもしなくても，倫理に反する行動によって信用を失墜させるケースもある。例えば，コムスンなど介護サービスで発覚した大規模な介護報酬の不正請求や，雪印集団食中毒事件，ミートホープなどの食品偽装事件，三菱リコール隠しなどである。これらはすべて組織の存続に大きな影響を与えることになった。

3 コンプライアンス違反を防ぐために

企業の不正行為に関しては，コーポレート・ガバナンス（企業統治）の問題を考える必要がある。日本では，株式の持ち合いや生え抜きによる経営陣などから，コーポレート・ガバナンスが機能せず，経営や業務執行に対してチェック機能が働かないということが指摘されている。日本企業はコーポレート・ガバナンスが機能しにくいので，コンプライアンス違反を防ぐ仕組みを構築することがアメリカ企業以上に重要な問題となる。

日本企業がコンプライアンス違反を防ぐ仕組みを構築するには，広範に及ぶ規則や規範，倫理を全役員，全従業員が遵守できるような体制をつくり，違反行為があった場合は，早期に発見して修正できるマネジメントをすることが肝要である。業界慣行や社内ルールが法律や社会通念から逸脱していないか否かといったことをチェックするシステムを早急に整備しなければならないことはいうまでもない。

具体的な方法としては，法令遵守基準や倫理規定を整備すること，法務部門やコンプライアンス部門などの監視部門を設置すること，従業員への教育研修などによって気づきを促すことが挙げられる。しかしながら，最終的には，法令・倫理規定遵守を企業文化や組織風土に根づかせるところまで達することが求められている。つまり，コンプライアンス活動とは，組織風土を変革していく過程であるといえるのであり，企業はそのような長期的視野に立ってコンプライアンスのシステムを構築していけるかが問われている。

（深見真希）

▷1　三菱リコール隠しでは，市場の信頼を失い，三菱ふそうトラック・バス前会長らが逮捕されるに至ったが，同社ではその後4000人を動員して自主的に過去の記録を分析し，不具合究明の迅速化や品質改善の迅速化を図っている。不祥事は企業にとって大きなリスクであるが，他方では組織強化や改善の機会にもなる。

II 人的資源管理

1 人的資源管理

1 人的資源とは

人的資源管理を理解するには，人的資源という言葉の意味をひもとく必要があるだろう。組織が生き残るには，他社との差別化が可能な付加価値の高い製品やサービスを創出し続けていかなければならない。それを可能にする経営資源は，モノやカネといった不可変的な物的資源ではなく，物的な資源を付加価値のあるアウトプットに変える技術や知識をもったヒトである。そのようなヒトの存在は他の組織にとって模倣困難であり，そのヒトを抱える組織にとって代替できないものであり，またそのヒトの市場における希少性は高い。このような意味でそうしたヒトは**競争優位**の資源である。人的資源という言葉はそのようなことが含意される。

▷競争優位
⇨ 4-III-2 「競争優位」

2 人的資源管理

したがって，経営資源の中で最も重要なのはヒト（人的資源）であり，組織の中で取り組むヒトに関するマネジメントを総称して人的資源管理という。人的資源管理のプロセスは，組織が必要とするヒトを採用し，従業員として教育や訓練を提供して彼らの知識やスキルを高め，働きぶりに応じた公正・公平で透明な評価を行って適切な報酬を与えるものである。

人的資源管理論にはいくつかの考え方がある。第一に，人的資源に教育・訓練や能力開発などの投資を行い，その能力を高めることが組織の業績や収益を高めると考える**人的資本論**に基づく立場である。第二に，組織が従業員の欲求を充足させたり，組織へのコミットメントを高めて，組織の生産性に結びつけると考える**行動科学**的な考え方である。第三に，組織が，戦略の形成と遂行に必要な従業員の能力と行動を引き出すために，戦略にそって人的資源管理の施策を柔軟に統合させることを重視する戦略的人的資源管理という考え方である。

人的資源管理には，これらの考えが反映された施策が組み込まれている。人的資源管理の施策とはどのようなものなのかを以下で紹介する。

▷人的資本論
人的資本とは生産性を高める知識や技術などヒトがもっている労働能力のことをいう。人的資本論では，教育・訓練・健康等に投資をして人的資源の生産能力を高めることが，一国の経済成長を高めると考えられている。

▷行動科学
心理学，社会学，人類学，政治科学など異なる学問領域からなる。行動科学とは，人が示す行動や態度についてその要因を分析して，人をいかに望ましい行動に変化させるかを体系的に研究する学問である。

3 人的資源管理施策

管理施策を雇用管理，教育訓練，評価管理（人事評価），報酬管理，従業員関係（労使関係）の五つの領域に大きく分けてその特徴を説明する。なお管理施

策は人材の募集から始まるが，それは長期的な**人的資源計画**に基づいて実施される。

○雇用管理には，人材を調達・確保して仕事に配置する機能と，経営活動の変化に応じて人材を調整する雇用調整の役割がある。雇用管理は人材の募集・選考・採用にはじまり，配置・異動，退職までの活動が対象となる。人材の調達プロセスにおいて最も重要なのが採用基準である。例えば，新卒採用の場合，配属先や仕事が決まっていないため，訓練可能性を重視して一般教養水準，意欲，行動力が採用基準となることが多い。配置・異動については，これまで企業主導のもとに行われてきた。それは配置・異動が組織目標を達成するための雇用調整，適材適所，能力開発の役割を担っているからである。しかし最近では，自己申告制度や社内公募制度，社内FA制度等が実施され，従業員の主体性を考慮する企業も少なくない。

○教育訓練は，従業員を可変的な存在であるとして，彼らの潜在能力を開発して知識と技能を高め，組織の求める能力とマッチさせて生産性を高めることを目的とした施策である。教育訓練にはOJTや**Off-JT**，**自己啓発**がある。組織は，教育訓練の機会を提供することで企業の目標を達成する活動に貢献する人材を育成する。教育訓練の中心はOJTである。OJTは教育訓練を意図して，計画的に従業員に仕事をさせるもので，上司や先輩の指導のもとに行われる。それを保管する要素がOff-JTである。さらに昨今では従業員が主体的にキャリアを形成していくことが求められ，**キャリア開発**への組織支援も活発になっている。

○**評価管理**は，従業員の働きぶりを評価するものである。それは個々の従業員の日常の勤務，実績を把握した上で，彼らの報酬，配置や能力開発の方向性を決定するものである。人事評価は従業員のモチベーションに影響を与えるので，何をどのように評価するのか，公平・公正で，客観性・透明性のある評価や評価システムが必要になる。

○報酬管理は，評価に基づいて従業員に報酬を与えるもので，評価管理とともに従業員のモチベーションや満足度を左右する施策である。一般に，報酬には内発的報酬と外発的報酬の2つがある。内発的報酬は仕事のやりがいや，達成感，成長感など自分自身で感じる主観的な報酬を指す。外発的報酬は給与，ボーナス，昇進・昇格，他者からの承認など組織や他者から与えられる客観的な報酬である。

○労使関係とは，労働条件に関する交渉を中心とした労働組合など従業員代表と経営者の間の諸関係のことである。両者は団体交渉や労使協議によって労働条件に伴う利害関係を解決，調整する。このような集団的労使関係によって制定されたルールは，人的資源管理に反映される。

（草野千秋）

▷**人的資源計画**
経営戦略や経営計画に基づいて，外部環境の予測や内部環境を分析して，必要な従業員の種類や数，能力やスキルを決定し，採用からその後の人的資源管理施策までの見通しを立てること。

▷**Off-JT**
⇨ 5-Ⅱ-3 「研修」

▷**自己啓発**
従業員が主体的に能力開発やスキルアップを目指して行う能動的な学習であるが，組織も自己啓発を支援する様々な施策を提供している。

▷**キャリア開発**
⇨ 2-Ⅱ-1 「キャリアとは」

▷**評価管理**
⇨ 5-Ⅱ-2 「人事評価（人事考課）」

(参考文献)
今野浩一郎・佐藤博樹『人事管理入門』日本経済新聞出版社，2002年。
奥林康司編著『(入門) 人的資源管理』中央経済社，2003年。

Ⅱ 人的資源管理

2 人事評価（人事考課）

1 人事考課と人事評価

従業員個々の**職務遂行能力**や働きぶりが，どの程度組織に貢献しているか，またこれから貢献するのかを，評価することを人事評価という。評価方法には勤務表や生産記録などの客観的データ，試験といった方法があるが，日本企業では，上司が部下を日常の職務遂行をとおして評価する人事考課という方法が，評価方法の中心となっている。このような意味で，人事評価と人事考課は同じ意味で扱われることが多い。人事考課の情報は昇進・昇格，賃金などの処遇，異動や配置，教育・訓練，能力開発などの人材育成といった他の人的資源管理施策の決定に役立たせる。それは同時に，従業員が職務に向かうモチベーションや満足度に影響を与えるものでもある。したがって，評価が仕事に関係のない従業員の性格，評価者の個人的な選好に左右されてはならず，従業員が納得できるような公正・公平で，客観性，透明性のある評価設計が必要とされるのであり，評価基準は科学的・合理的であることがのぞましいとされる。

2 人事考課制度とは

多くの日本企業では，従業員の職務遂行能力のレベルを格付けする職能資格制度を採用して，以下のような基準に基づいて評価している。

①評価要素

評価の対象となる要素は，能力評価，情意評価，業績（成績）評価である（**表5-1**）。能力評価は職務遂行に必要な能力（潜在能力と発揮能力），特に潜在能力を評価対象としている。情意評価では，仕事に取り組む姿勢，態度や意欲，行動が評価される。業績評価は，一定期間内に従業員が発揮した仕事の量（時間や量）と仕事の質（正確度）がどの程度達成されたかを評価する。一般的に，能力評価は昇給・昇格，配置や能力開発などの人材育成に，情意評価と業績評価は主に賞与の決定に反映されることが多い。

②評価手順と問題点

一般的に，評価は複数の人が評価する多段階方式で行われる。一次評価は，直属の上司が職能資格の等級に照らして部下の能力や行動，業績を評価するものだが，他者との比較をしない絶対評価で行われる。二次評価ではさらにその上の上司が一次評価の誤りや不均衡を修正して評価を下し，最終的に人事部が

▷**職務遂行能力**
勉強することで得られる能力と仕事で覚えることで得られる能力からなる。前者を修得要件といい，知識やスキルを指す。後者は習熟要件といい，企画力，判断力，指導力などを指す。

▷1 米国企業では，職務の価値や重要度に応じて格付けする職務等級制度が採用されている。

▷2 企業が従業員に何を期待しているのか，例えばそれが結果なのか，勤勉さなのか，長期的な能力なのかによって，評価要素の比重が変化することに留意しなければならない。

部門間での評価の違いを調整する。考課を昇給，昇格，処遇に反映させるという性質上，最終段階においては**相対評価**が行われることが多い。

その後の処遇に反映するという点から，評価は公平で客観的なシステムでなければならない。多段階の評価システムはその対策の一つであるが，考課者の評価能力が最も重要な課題となっている。人事考課制度では，考課者の主観が入らないように，考課者間で評価の一貫性を保持できるような，評価者訓練が必要になる。

表5-1 評価項目の一例

能力評価	情意評価	業績評価
知識・技能	協調性	仕事の量
理解力	規律性	仕事の質
説明力	積極性	目標管理
判断力	責任感	
計画力	革新性	
折衝力	部下指導	
指導力	部下育成	

出所：筆者作成。

3 成果主義導入による人事考課の変化

1990年代のバブル崩壊による不況と職能資格制度の運用の反省から，業績を重視する成果主義的な人事制度を導入する企業が現れるようになった。この成果主義の導入によって考課制度はどのように変化しているのか。

①目標管理（MBO）

業績評価システムの一つに，目標管理（MBO）制度がある。本来目標管理は，目標による管理を通じて，組織と個人の目標を統合するとともに，従業員が自律的に仕事をする自己統制を機能させることを目的としたマネジメントの手法である。そのプロセスは，①評価期間の初めに目標面接を行い，上司と部下が合意の上で当該期間における仕事の目標を定め，②目標を基準として仕事の進捗を管理し，③期末に上司と部下の双方が目標の達成度を評価し，合意の上で評価を決定する。これが個人の業績評価として人事考課に反映される。しかし，運用においては，目標管理が組織と個人との目標統合や個人の自己統制に使われることなく，業績評価の手法としてだけ使われている，あるいは，そもそも目標設定の基準が適切ではないなどの問題が指摘されている。

②職務等級制度と役割等級制度によるコンピテンシー評価

職能資格制度に代わって職務等級制度や役割等級制度を導入する企業も多い。職務等級制度は，**職務記述書**によって個々の職務範囲を明確にして，職務の困難度と責任の度合いの格付け，役割等級制度は，職務ではなく果たすべき役割の重要度による格付けである。これらの制度によってコンピテンシーを評価の対象にしている。コンピテンシーとはある職務や状況で高業績を出す人の行動特性と定義される。コンピテンシーは，職務遂行能力を職種や職務に即して具体的に捉えたものである。近年，高度専門職やマネジャーに対してコンピテンシーによる評価を行う企業が増加しつつある。

（草野千秋）

▷**相対評価**
グループ内の他者との比較によって，序列をつけること。

▷**目標管理（MBO）**
評価期間の期初に当該期間に達成すべき目標を設定し，期中に仕事の進捗管理や経営目標の変更に伴う修正や調整をし，期末にその達成度を評価するものである。
⇒ 2-I-7「目標による管理（MBO）」

▷3 目標設定は合意の上で行われるが，その際に設定した目標が組織にとって，また従業員にとっても妥当なものであるかが問われるのである。例えば，達成しやすい，短期的に成果の出やすい目標が設定されることがないわけではない。目標管理には，適切な目標設定か否かを評価するという視点も必要なのである。

▷**職務記述書**
職務分析によって得られた情報から，仕事に必要な能力，内容，仕事の困難度などを詳細に記述したもの。遂行要件と遂行業務から構成されている。

▷4 有能な人がもつ動因（例えば，達成動機），特性（身体的，情緒的特徴），自己イメージ（態度，価値観，自我像），知識，スキルのことである。

参考文献
今野浩一郎・佐藤博樹『人事管理入門』日本経済新聞出版社，2002年。
奥林康司編著『（入門）人的資源管理』中央経済社，2003年。

Ⅱ 人的資源管理

3 研　修

1 企業内教育における研修の役割

　組織は，採用した従業員を組織業績に貢献する人材に育てるために教育訓練やキャリア開発の機会を提供する。このような従業員の人材育成に向けた企業の様々な取り組みを企業内教育という。企業内教育では教育訓練を中心にした人材育成がなされている。教育訓練はOJTが大部分を占め，仕事を離れた教室等で行われるOff-JT（研修）はOJTを補完する役割であるとされている。しかしながら，研修は，従業員をOJTによる能力開発や自己啓発に動機づけする上で重要であると考えられている。

　研修の特徴や利点は次のようなものである。①研修は同じ階層や職能の従業員を集めて，彼らが仕事を行うために修得しなければならない知識やスキルを同時に教育することができる効率的な機会である。②研修は日常の職務で習得できない新しい知識や情報を得ることができる。③研修はOJTや経験，自己啓発で学んだものを整理する機会になる。④研修に参加できることは，ある職位への昇進を示すものであったり，次のレベルへのステップアップを意味するものであったりするため，従業員が仕事に取り組む際の動機づけという役割を果たす。⑤日常の職務遂行と並行するOJTで稀薄になる教育訓練を受けているという意識が，研修を受講することで取り戻すことが可能であり，企業が教育訓練を提供してくれているということが再確認できる。

2 研修の体系

　研修とは学校教育のように授業形式で行う集合研修のことである。教育訓練の中でも特に研修は計画的に行われるため，教育訓練体系が整備され，それに基づいて，適宜，必要な人材に必要な教育を提供する仕組みになっている。以下では，階層別研修，専門別研修，課題別研修について説明する

○階層別研修

　階層別研修とは，新入社員から経営者まで職務上の階層に分けて，各階層で必要な基本的な知識，スキルを習得させるための研修である。ここでは，新入社員と管理職を対象とする階層別研修を説明する。入社して初めて行われるのが新入社員教育である。この研修では，新入社員に学生気分を一新させ，社会人，職業人としての自覚を促すこと，彼に組織や仕事に関する基本的知識やス

▷キャリア開発
「従業員が担う職務の変化と発展に深く関係するもの」，「組織的，計画的に，従業員と組織が共通認識のもとでキャリアを構築していく活動やプロセス」などその定義は多義にわたる。最近では組織内キャリアだけでなく，組織外や生涯にわたるキャリアの開発を含めた広範な概念として捉えられるようになっている。

▷OJT（On the Job Training）
広義では，職場で仕事経験を積むことによってスキルを獲得していくプロセスであるが，狭義では，上司や先輩などの指導者を明示した実務訓練に限定される。

キルを身につけさせることを目的としている。管理者教育は，部長，課長など，企業の業績や目標達成を左右する企業の中心的存在を対象としている。例えば，組織化や計画，意思決定力などの管理能力，リーダーシップ等の対人関係能力，コミュニケーション能力，問題解決や情報解釈などの分析能力，部下の指導・育成能力など，管理者に必要とされる知識，スキルの育成が行われる。

○専門別研修

各部門の職務遂行に必要な専門的な知識，スキルの習得を目的とする研修である。部門ごとに職務遂行上，必要な知識やスキルは異なる。また，同じ部門であっても職位が上がれば，知識やスキルが深化したり，追加される。一例として，営業部門研修がある。入社して営業部門に配属された場合，まず，営業活動の流れやマナー，心得などを教えられる。その後，商談のためのシナリオや商談の仕方，マーケティングに関する知識，戦略的な営業活動の構築など，経験や昇進に応じて営業に必要な様々な知識やスキルをレベルアップさせ，習得させていく。これらは企業を問わず，営業という職種に必要な職種一般能力の教育訓練である。同時に，営業の対象となる製品やサービスは各企業独自のものであるため，それらの知識の習得と，製品やサービスに合わせた独自の営業活動を修得する研修もある。

○課題別研修

企業が直面する課題に対する知識・スキルを教育する研修である。典型的な研修は，企業を取り巻くグローバル環境に合わせた国際化教育，中高齢者の再開発教育，パソコンの活用などの情報教育がある。例えば，国際化教育では，国際的なビジネスで活躍する人材や海外派遣，海外法人で勤務できる，あるいは勤務している人を対象として，語学，国際貿易や国際金融，国際マーケティングなどの国際実務の修得，海外のビジネススクールへの派遣などに取り組んでいる。

3 高度人材の再教育：大学院の活用

企業内教育の一環として，ホワイトカラーを**MBA**や大学院修士課程に派遣する制度がある。彼らに専門的で新しい科学的知識やスキルを習得させ，陳腐化した知識を再生させるためであるが，それだけではない。蓄積した経験と新たな知識・スキルを結びつけ，創造的な製品やサービスの創出を期待するものである。これは従業員の再教育であり，**リカレント教育**と捉えることができる。従業員の能力は特殊能力と一般能力からなるが，従来の，そして多くの組織はOJTを中心とした特殊能力を重視し，そのための教育訓練体系を確立していた。しかしながら，グローバル化，技術革新の進展などの環境の変化により，両方をもつ人材が必要になり，リカレント教育の手段として大学院の活用が今，注目されている。

(草野千秋)

▷MBA
Master of Business Administration の略で経営学修士を指し，経営管理実務者つまり経営のプロを養成する高等教育機関の教育プログラムのこと。

▷リカレント教育
社会人になってから労働と教育を繰り返し受けることができる高等教育のことである。労働を中心とした社会での経験と学校での教育を結びつけるものであり，また社会人が新しい知識や技術を学ぶ訓練でもある。

II 人的資源管理

4 経営参加

1 経営参加とは

　経営参加とは経営を取り巻く様々な利害者集団の中でも，特に労働者が経営に参画することを指している。資本主義的生産様式の発達に伴い，労働者は経営に従属するものとしてみなされるようになってきた。労働者は経営者の指示命令を受けるだけの受動的な存在として扱われるようになり，また，機械と同じように，経営者の指揮の下に生産に従事する一種の生産用具としてみなされるようになったのである。このように労働者の人間性価値が失われ，労働者に無力感や挫折感が生じるようになる状態を労働者の人間性疎外または単に**労働疎外**と呼ぶ。経営参加の目的は，企業内の基本的な権力関係を変え，企業内民主主義を実現することにも求められるが，それ以前に，こうした労働疎外の問題を克服し，労働者の人間としての主体性を回復することを目的としている。

▷労働疎外
この他にも，生産手段の所有と労働の分離によって生じる「労働の所有疎外」や「機械による疎外」，「組織による疎外」などがある。

2 経営参加の諸形態

　経営参加には様々な考え方があり，それによって経営参加の範囲も形態も決まってくる。ここでは，様々なレベルの経営参加の具体的形態について簡単に触れる。

　①労使協議制

　わが国でも多くの企業で採用されているのがこの労使協議制である。労使協議制とは，経営者側と労働者側とが法律または協約で定められた事項について協議を行うものである。一般に労使協議機関とは，労働者だけの従業員代表機関を指す場合と経営者側と労働者側との合議機関を指す場合とがある。

　②労働者重役制

　労働者重役制とは，労働者が労働者代表として企業の経営機関すなわち重役会に参加し，株主などの出資者から選出された重役と同等の権利と義務を有する重役として，企業の経営に当たるものである。したがって労働者が出資者であるために重役となったり，昇進して重役となったような場合は，ここでいう労働者重役ではない。

　③職場レベルの参加

　職場レベルの参加または職場参加とは，労働者が自己の職場での仕事や職場の運営についての決定に個人あるいはグループをつくって参加することである。

職場参加の具体的形態としては、まず1960年代後半以来わが国で急速に普及したZD（無欠点）運動やQC（品質管理）サークルなどの小集団活動が挙げられる。これは職制によって定められた公式組織とは異なる任意のグループをつくって、作業改善などを行うものである。

④成果参加と所有参加

狭義の経営参加には含まれないものの、広義に捉えた場合に経営参加として捉えられるものに成果参加と所有参加がある。成果参加とは組織が産出する成果を労働者と共有するというもので、利潤分配制などがある。利潤分配制において労働者の取り分は、賃金と利潤分配分を合計したものになる。所有参加は、株式会社の所有を共有することで、従業員持株制などが挙げられる。

3 行動科学的参画管理

労働の人間性疎外を克服するという経営参加の第一の目的を実現するために最も有効であると考えられるのが、職場レベルの参加、なかでも行動科学的参画管理と呼ばれるものである。労働疎外の克服については人間関係論による貢献が大きいものの、人間関係論では労働者は依然として従属的な存在としてしかみなされず、真の意味での克服までには至らなかった。しかし、新人間関係論とも呼ばれる行動科学の登場により、仕事を通じた自己実現が強調され、「仕事そのもの」の重要性が注目されるのに伴い、労働者の従属性はかなり軽減されたと考えられる。ここでは、行動科学的参画管理の例として、職務拡大と自律的作業集団について触れておく。

①職務拡大

職務拡大には、水平的職務拡大と垂直的職務拡大の2種類がある。前者は、細分化された作業を自己完結的な作業単位にまとめて、成果責任を明確にし、仕事を意味のあるものにするなど、職務内容を再設計することを指している。後者は、従来、管理者・監督者の固有の職務とされていた計画や統制といった役割を従業員も担当するように、従業員の職務内容を垂直的に拡大することを指している。職務充実と呼ばれることもある。

②自律的作業集団

自律的作業集団とは、少人数の従業員が自治権のあるチームを編成して、作業に当たるものである。QCサークル活動などが具体例として挙げられる。こうした小集団活動の意義は、第一に労働者個々人の職務拡大、職務充実が可能となることにある。第二に作業集団を形成することによって職務遂行に好ましい雰囲気をつくりだすことができる。望ましい自律的作業集団を編成するためには、集団が自治権をもつこと、一定のまとまりのある作業サイクルを単位とすること、メンバーが相互の意思疎通を十分に図ること、集団報酬制を採用することなどが必要となる。

（松山一紀）

▷ ZD（無欠点）運動
製品や部品の欠陥・不良をゼロにしようという運動。目標や課題を設定し、現状を分析して問題を解決するという運動であり、日本の場合は全員参加型で実施されることが多い。

▷ 従業員持株制
企業が従業員に自社株を保持させる制度。自社株の取得形態には、従業員と会社の共同出資による基金を通じて取得する形態や、会社が従業員の株式購入を援助するなどの形態がある。

II 人的資源管理

5 エンパワーメント

1 エンパワーメントとは

エンパワーメント（empowerment）とは文字どおりパワーの弱い者にパワーを与えることを意味し，米国の公民権運動やフェミニズム運動において使われ始め，社会福祉や医療・看護の分野でも用いられ発展してきた概念である。経営学への導入は1980年代とされるが，そこには組織を取り巻く急速な環境変化への対応のため，現場に近い部署における迅速な問題解決や人的資源の有効活用が必要になってきたという時代の要請がある。

このエンパワーメントは主に二つの意味で用いられてきた。最もよく用いられる意味は，意思決定への参加を典型とする，組織階層の下の者に対して上位者がもっていた権限を委譲するという意味である。いま一つは，心理的な意味で，従業員が自らの職務遂行能力に自信をもち，積極的に仕事に取り組んでいこうというモチベーションの高まった状態を意味するものである。前者を社会学的な関係概念，後者を心理学的な動機づけ概念として整理することもある。

2 心理的エンパワーメント

権限委譲としてのエンパワーメントは，従業員が潜在的な力を発揮することにより組織に利益をもたらすことを目的とするが，必ずしも有効に機能していないことが指摘されてきた。そこで，従業員が自らの職務遂行能力に自信をもちモチベーションを高めている心理状態としてのエンパワーメントが重視されるようになった。

○コンガーとカヌンゴ

心理的エンパワーメントの考え方を最初に導入したコンガーとカヌンゴ（Conger, J. A. & Kanungo, R. N.）は，**自己効力感**を高めるプロセスとしてエンパワーメントを捉えた。エンパワーメントは，①従業員に無力感を感じさせている状況要因の診断，②その解消を目指す様々なエンパワーメント手段の導入，③エンパワーメントの阻害要因除去と自己効力感を高める情報の提供，④エンパワーメントの実感，⑤エンパワーメントの結果としての行動という五つのステージで展開する。官僚的な管理体制や権威主義的なリーダーシップスタイルなど，エンパワーメントを阻害する要因を取り除くと同時に，自己効力感の源となる4種の情報を与えることによって，職務に対する自己効力感を高め，モ

▷自己効力感
バンデューラ（Bandula, A.）によって導入された概念で，ある成果をあげるために必要とされる行動を効果的に遂行できるという信念である。この信念は四つの情報に基づいて形成される。効力感を直接実感する成功体験，他者から与えられる代理体験，第三者からの説得，生理的・感情的状態の四つである。

▷内発的動機づけ
活動自身から生じ，賞罰などの外的な結果に依存しない動機づけをいう。概念化は様々になされるが，有能感と自己決定（自律）への欲求がその基盤にあるとする考えが有力であり，近年は自己決定を中心とする研

チベーションを高めようと考えるのである。

○トーマスとベルサウス

トーマスとベルサウス（Thomas, K. W. & Velthouse, B. A.）は，コンガーとカヌンゴのモデルを発展させ，**内発的動機づけ**を高めることをエンパワーメントの核となる認知モデルにまとめあげた（図5-2）。このモデルの核となる部分は環境事象→課題評価→行動が作り出す自己強化的なループである。職務行動の結果や仕事に関わる条件・出来事（環境事象）を，主観的に解釈すること（**課題評価**）で内発的動機づけを高め，それが積極的な職務行動（行動）をもたらし，環境事象をさらに変化させていくと考えるのである。変革型リーダーシップスタイル・ジョブデザイン・権限委譲などの環境変化や従業員の解釈スタイルを変化させる働きかけといったエンパワーメントの介入手段を通じて，課題評価を変化させて内発的動機づけを高め，エンパワーメントを実現していくのである。

3 エンパワーメントの有効性

このような心理的エンパワーメントを現場で有効に機能させることは容易ではない。アージリス（Argyris, C.）は，心理的エンパワーメントに近い「本人のやる気，自発性に基づく取り組み」である内因的コミットメントが，組織改革の様々な試みに潜む管理的要因よって無自覚的に阻害されることを指摘している。また，従業員・管理者の双方がすでに身につけている命令的な管理スタイルもまたエンパワーメントの実現を困難なものとする。

このようにエンパワーメントモデルのそれぞれのプロセスをいかに機能させるかが実践上の大きな課題となる。　　　　　　　　　　　　（石田正浩）

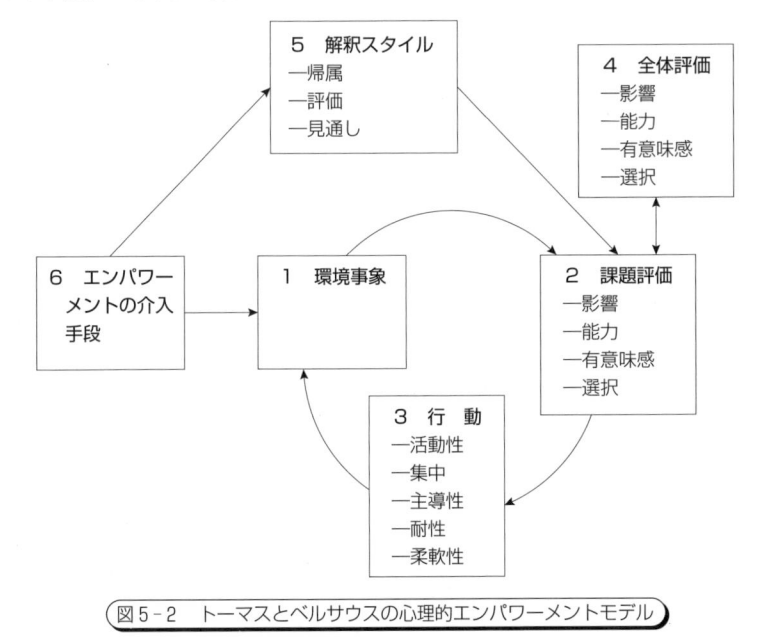

図5-2　トーマスとベルサウスの心理的エンパワーメントモデル

究が盛んである。
⇨ 2-Ⅰ-4 「二要因理論と内発的動機づけ」

▷課題評価

課題評価は，課題目標が達成できたか（影響，impact），課題達成行動をうまく行えるか（能力，competence），課題目標は価値あるものか（有意味感，meaningfulness），自分で決められるか（選択，choice）という4点でなされる。また，図5-2の全体評価は，個別の課題評価の蓄積によって個人特性として身に付いた，解釈の一般的な傾向性である。

▷1　Argyris, C., "Empowerment: The emperor's new clothes," *Harvard Business Review*, May-June, 1988, pp. 98-105.（「エンパワーメントの幻想と矛盾」DAIMONDハーバード・ビジネス・レビュー編集部編訳『コーチングの思考技術』2001年，237-264頁）

(参考文献)

青木幹喜『エンパワーメント経営』中央経済社，2006年。

Conger, J. A. & Kanungo, R. N., "The empowerment process: Integrating theory and practice," *Academy of Management Review*, 13(3), 1988, pp. 471-482.

Thomas, K. W. & Velthouse, B. A., "Cognitive elements of empowerment: An "interpretive" model of intrinsic task motivation," *Academy of Management Review*, 15(4), 1990, pp. 666-681.

II 人的資源管理

6 メンタリングとコーチング

1 メンタリング (mentering) とは

　公式の管理制度としての訓練による人的資源開発とは異なり，インフォーマルな人間関係に基づく支援的な人的資源開発の手段として注目されるようになってきたのがメンタリングである。

　メンタリングとは，仕事において経験豊かで，知識，地位，影響力を有する人が，それらをもたない若年者を個人的に援助し，キャリア発達を促進することをいう。この援助の与え手をメンター（mentor），受け手をプロテジェ（protégé）と呼ぶ。

　多くの場合，メンターになるのは職場の上司や社内の先輩といった存在であるが，必ずしもすべての上司が部下にとってのメンターになるわけではなく，また，上司もすべての部下をプロテジェとして支援するわけではない。その意味で，メンターとプロテジェの関係は自然発生的で，非公式のものである。どのような組み合わせがよいかについて結論があるわけではないが，価値観，出身，性別などの類似性に代表される対人魅力を規定する要因が重要になることは予想され，支持する研究もある。

　公式の制度としてメンターを導入する企業も増えているが，元来が自然発生的な，心理的な結びつきに基づく関係であるため，公式メンターを有効に機能させることは難しく限界がある。

2 メンタリングの機能と効果

　メンターはプロテジェにとって，単なる指導者や支援者として以上に多様な役割を果たす。メンタリング研究の第一人者であるクラム（Kram, K. E.）は，メンタリングの機能をキャリア的機能と心理・社会的機能に分けて整理した。**キャリア的機能**はプロテジェが組織内で昇進するようなキャリア発達を支援する働きかけであり，**心理・社会的機能**は，能力，アイデンティティ，専門家としての有効性の感覚を高める働きかけである。

　メンタリングはプロテジェのキャリア発達支援を目的とし，以上の二つの機能からも，プロテジェにとってのメリットは明確である。しかし，メンタリングの効果はプロテジェのみにとどまらず，メンターにもその影響は及ぶことになる。

　メンターは，プロテジェを指導，支援する中で，自らが学び，成長するとい

▶キャリア的機能と心理・社会的機能

キャリア的機能として，クラムは，スポンサーシップ，推薦と可視性，コーチング，保護，やりがいのある仕事の割り当てを挙げている。この中で，スポンサーシップはプロテジェに対するフォーマルな支援を，推薦と可視性は組織内の様々な人にプロテジェを知らせると同時に，組織内の事情を知る機会を与えることを意味する。心理・社会的機能としては，役割モデリング，受容と確認，カウンセリング，交友を挙げている。この中で，役割モデリングは態度や価値観，行動の見本となること，受容と確認は肯定的な関心をもって相手を受け入れること，交友は仕事以外の交友関係をそれぞれ意味する。
⇒ 2-II-3 「キャリア発達」

う効果がある。また，経験のない者の助けになることは，それ自体が親和や自尊の欲求を充足させ，満足をもたらす。プロテジェが順調に成長し，組織内で活躍するようになれば，その指導力を周囲から高く評価されるようにもなる。プロテジェから直接の助けを得たり，情報収集が容易になるという道具的なメリットが得られることもある。

このようなメンター・プロテジェにとってのメリットは，組織全体にとってもポジティブな効果をもつことになる。メンタリングは組織の人的資源開発を促進する他に，組織内の人間関係を豊かにし，情報伝達を容易にするという働きも有する。

しかしながら，メンタリングにも問題点はある。人間関係であるがゆえに，メンターとプロテジェの相性が問題になり，常にうまく働くとは限らない。メンター側には十分な指導能力と支援への動機づけが必要とされ，プロテジェ側もメンターへの過度の依存は逆効果となる。また，よきメンターに恵まれなかった人に対して，否定的な影響がもたらされることもある。

③ メンタリングの段階

メンタリングは時間経過とともにその内容が変化する。クラムは次の4段階に分けて整理した。まず，メンター・プロテジェ関係が始まり，それがお互いにとって重要なものになっていく**開始段階**（initiation），次いで，キャリア的機能・心理社会的機能ともに最大限に発揮される**養成段階**（cultivation）を経て，お互いの役割や感情面での変化がおとずれる**分離段階**（separation）に至り，最後に，関係が終結するか，同僚的な新たな関係になる**再定義段階**（redefinition）がやってくるというものである。

導入の時期，つまり開始段階では，キャリア的機能・心理社会的機能のどちらも受けるレベルは低く，メンタリングのメリットは長期的な豊かな成長過程の関係の中で受け取られやすい。その意味では，期間や目的が限定されることも多く，組み合わせも人為的な公式メンターから利益が得られることが難しいとされている。

④ コーチング（coaching）

メンタリング同様，コーチングも近年注目される言葉である。部下を指導するという共通点で両者を区別せずに用いる場合もある。クラムはキャリア機能の一つと位置づけており，その意味ではメンタリングに包摂される要素である。両者を異なる意味合いで用いる研究もあり，小野は，それらの関連する研究をまとめ，指導者が身近にいて，現在従事している仕事に対面的に行うのがコーチングであり，キャリア発達という点からはメンタリングに比べて幅と深さを欠く概念であると整理している。

（石田正浩）

▷**開始段階・養成段階・分離段階・再定義段階**
クラムは18組の事例からそれぞれの段階の目安となる持続期間を示している。開始段階は6カ月から12カ月，養成段階は2年から5年，分離段階は6カ月から2年，再定義段階は期間不定とされている。

参考文献
キャシー・クラム／渡辺直登・伊藤知子訳『メンタリング：会社の中の発達支援関係』白桃書房，2003年。
久村恵子「メンタリング概念と効果に関する考察：文献レビューを通じて」『経営行動科学』Vol. 11(2)，81-100頁。
小野公一『キャリア発達におけるメンターの役割：看護師のキャリア発達を中心に』白桃書房，2003年。

Ⅱ 人的資源管理

7 エイジズムと高齢者雇用

1 高齢者雇用をめぐる状況

65歳以上の高齢者人口が総人口に占める割合（高齢化率）は，総務省の人口推計によると2007年10月1日時点で21.5%であり，2025年には30.5%，2035年には33.7%に達するという（国立社会保障・人口問題研究所「日本の将来推計人口」2006年12月より）。高齢化の問題は少子化に伴う若年労働力人口の減少ともあいまって，60歳以上の人々の雇用への社会的要請を生み出している。社会保障制度の維持という点のみならず，企業にとっても，今後，人的資源確保の面からも，その供給源として高齢者に目を向けざるを得なくなるだろう。

一般に高齢者という年齢区分は65歳以上を指すことが多いが，雇用において問題になるのは，定年年齢として定着してきた60歳を超える人々である。2006年4月より「**改正高年齢者雇用安定法**」が施行され，事業主に対して段階的に65歳までの雇用を保障すること（高年齢者雇用確保措置）が義務づけられるようになった。2007年4月からは少なくとも63歳までの高年齢者雇用確保措置が義務づけられている。65歳まで働くのが当然という時代が到来しつつある。

2 エイジズム（ageism）

このように高齢者雇用は社会的要請ではあるが，その実現にとって一つの障害となるのが**エイジズム**である。エイジズムとは，年齢による偏見と差別を意味することばであるが，一般的には高齢者を対象に用いられることが多い。われわれの周囲には，高齢者に関する様々な偏見が満ち溢れているが，それらがエイジズムの現れである。

高齢化の問題は，高齢者を国や社会に依存する存在として捉えることから生じていると見ることもできる。否定的なエイジズムは，高齢者の職務能力や意欲を実際以上に低く見積もらせ，高齢者雇用を考える場合に，一律に周辺的な仕事を割り当てるような悪影響を及ぼすことが考えられる。高齢者を自立するプロダクティブな存在として捉えれば，その能力を積極的に活用する方向へ目を向けることができ，いたずらに将来を悲観することはなくなるだろう。

とはいえ，高齢期になれば心身の働きに様々な変化がおとずれることもまた事実であり，その現実を正確に理解しておかなければならない。

▷**改正高年齢者雇用安定法**
略さずには，「高年齢者等の雇用の安定等に関する法律」の一部改正。65歳未満の定年を設けている事業主は，高齢者の65歳までの安定した雇用を確保するために，①定年の引上げ，②継続雇用制度の導入，③定年の定めの廃止，のいずれかの措置を講じなければならないとするものであり，2004年6月5日に成立，高年齢者雇用確保措置については2006年4月1日より施行された。

▷**エイジズム**
パルモア（Palmore, E. B.）は否定的な偏見を反映する高齢者のステレオタイプとして，病気，性的不能，醜さ，知能の衰退，精神病（認知症），役立たず，孤立，貧困，鬱病の九つの形態を挙げた。また，あまり注意は向けられないとしながらも肯定的な偏見も同時に指摘した。親切，知恵，頼りになること，裕福，政治力，自由，永遠の若さ，幸せの八つである。

③ 高齢労働者の特徴

　加齢とともに，多くの人は，感覚・知覚，記憶，運動能力などの幅広い基本的能力が低下する。しかし，すべての能力が一律に低下するわけではない。**結晶性知能**のような学んだ知識や経験の積み重ねに基づく状況対処能力の低下は小さく，80歳代でも20歳代と同じレベルを維持することを示す研究もある。また，能力低下は環境条件や経験により緩和可能であるというのが老年心理学の教えるところである。

　仕事を遂行する能力については，ローズ（Rhodes, S. R.）が仕事の達成度と年齢の関係を調べた研究の包括的なレビューを行い，加齢により仕事の達成度が低くなることを示す研究もあれば，高くなるもの，一度高くなってある年齢から低下するもの，年齢との関連がないもののどれもが存在することを示した。

　このように年齢と仕事の達成度には単純な一貫した傾向は存在しないが，その関係は仕事の種類によって大きな影響を受ける。プロスポーツ選手と政治家の活躍する年齢の開きを見ればそのことは容易に理解されよう。熟練工・技術職・専門職などの仕事では，ある年齢をピークに年齢とともに仕事の達成度が低下する逆Ｕ字型の関係があるが，事務職・販売職・管理職などでは一貫した関係は認められていない。

　高齢者の職務遂行のもう一つの重要な特徴として個人差が極めて大きいことを忘れてはならない。それぞれの経験を活用した，若年者とは異なるやり方を用いることで低下した能力を補ったり，仕事への関与度や組織コミットメントを高く保つことによってモチベーション面での補償を行うことも見られる。

④ 高齢者雇用への取り組み

　高齢者雇用を具体的に考える上ではこのような高齢者の特性を十分に理解する必要がある。基本的な認識として，高齢者は個人差が極めて大きいという視点が重要である。それぞれが独自の経験を有し，能力，意欲の面でも大きな違いがあると考えると，一律の扱いが不適切であることがわかる。それがエイジズムに基づくようなものならなおさらである。経験が十分に生かせ，希望するペースで働くことを選択できるような柔軟な制度設計が望まれる。

　高齢者を雇う企業側には，コスト面や若年者雇用とのバランスなどの超えなければならない問題は多いが，それゆえにうまく対処することで得られるものも大きい。企業は中・長期的な能力開発を視野に入れた人的資源管理を行う必要があるが，高齢者の経験とその知識・技能は，若年者のもたない貴重な人的資源であることは確かであり，それをどのように有効活用していくかが問われている。高齢化に伴う様々な問題は組織論における大きな課題となりつつあるのは疑いない。

（石田正浩）

▷ **結晶性知能**
キャッテル（Cattel, R. B.）は知能の２因子として流動性知能と結晶性知能を区別した。流動性知能は新しい環境への対処や学習において働く非言語的な知能であり，成人期以後減退するのに対して，結晶性知能は学んだ知識や経験をもとに働く言語的な知能で，年齢を重ねても減退しにくいとされる。

▷ 1　Rhodes, S. R., "Age-related differences in work attitudes and behavior: A review and conceptual analysis," *Psychological Bulletin*, 93(2), 1983, pp. 328-367.

参考文献
田尾雅夫・西村周三・藤田綾子編『超高齢社会と向き合う』名古屋大学出版会，2003年。
田尾雅夫・高木浩人・石田正浩・益田圭『高齢者就労の社会心理学』ナカニシヤ出版，2001年。

II 人的資源管理

8 ジョブ・デザイン

① 単純で単調な作業

　経営学のテキストの多くでは少品種大量生産はT型フォードに始まるとされることが多いが、効率的であることのみを重視すると、それに関わる人たちのモチベーションを低下させる。ストレスを大きくして逆に効率を損なうようなことも少なくない。実際、アセンブリ・ライン（流れ作業）で部品を組み立てる作業が心身に悪影響を与えたという事例はかつて多く報告された。特に自動車組み立て労働では、その弊害が大きく喧伝された。前述「コラム」のチャップリンの映画では戯画的に描かれたが、単純労働、単調な作業の繰り返しは心身に好ましくない影響を与えることは明らかである。

　最近は、その議論は下火になったが、それはその単純で単調な作業が、自動化されたり、あるいは装置化されて人手を少なくするようになったからである。単純な作業はいわゆる発展途上国に移転されたりして、工場労働としては見えにくくなったといえなくもない。しかし、問題が根本的には解消されているとは決していえない。人件費の低廉なことが、単純な作業の繰り返しで済む製品づくりに適しているとされる。

　しかし、周囲を見ても根絶されたとはいえないし、根絶される見通しもない。単純労働、単調労働は潜在的にむしろ増えているというべきである。例えば、IT化が、新しい単純作業を創出している。データ入力作業などはその例である。**テクノストレス**や**頸肩腕症候群**のような新しい障害も見られるようになった。

　それだけではなく、格差の拡大によって、底辺の労働がいっそう単純化されているという指摘もある。3Kといわれ8Kともいわれた、他人が嫌がる仕事に就労せざるを得ない人たちは慢性的に、その仕事は単純であり単調であり、生きがいや働きがいを得るものにはなっていない。昨今喧伝される**ワーキング・プア**も生きがいのある仕事を提供されていない。この人たちは確実に増えているのが実態である。さらに医療や福祉などのヒューマン・サービス労働も、医師や看護師による判断業務の指示の下で働く**パラプロフェッション**ともいうべき職種の人たちの仕事は単調であり単純であることが多い。

② ジョブ・デザイン（job design）

　以上の問題は、以前、イデオロギー的に論じられた労働疎外、または人間疎

▷テクノストレス
情報技術革命（IT革命）が様々な弊害を生み出しているが、その中で、テクノ不安症とテクノ依存症があるという。テクノ不安症とは、コンピュータ・テクノロジーを受け入れようとする際の苦悶、イライラ、焦燥感、頭痛、悪夢など。テクノ依存症とは、コンピュータへの過剰適応の結果、論理回路による思考しかできなくなり、感情表現を喪失したり、多様で複雑な人間関係を回避するようになるなど。

▷頸肩腕症候群
首から肩、そして腕などにかけて"コリ"や"痛み"が現れる症状のうち、その原因がはっきりとわからないものとされる症状。以前は「キーパンチャー病」などと呼ばれ、女性に多く、その代表的なものが"腱鞘炎"と呼ばれた。最近はOA機器を使う職業の人に限らず、パソコンなどの普及に伴い老若男女を問わずにこの症状を訴える人が多くなっている。

▷3K
きつい、汚い、危険の頭文字をとって、人がやりたがらない仕事のこと。8Kとはそれ以上にKが多く、そういう仕事についている人たちを蔑視するニュアンスも含まれているようである。

外の議論とも通底している。自分以外の何かが，自分を支配しようとしていると感じるが，それから抜け出すことはできない，やがて抜け出そうという意欲さえ失ってしまうのである。強いられた労働の下では，疎外は与件として人間の生活に重くのし掛かっているというのである。そのような状況が長く続くと学習された無能力ということで，それから抜け出ようという意欲さえなくなってしまう。

　疎外的状況に対する対抗措置としてジョブ・デザインは論じられる。ジョブ・デザインは，理論的に，作業の単純化や単調化への処方を論じている。それに対しては職務拡大と職務充実で応じることになる。

　拡大とは，一つだけの単純な作業の繰り返しを是正して，いくつもの作業をするようにすることである。心理的な飽和が緩和され，意欲的になるというのである。よく知られた例としては，スウェーデンのボルボ社が，自動車組み立てでアセンブリ・ラインを廃止して，その作業をチーム化して，つまり多能工化して単純の度合いを減らし，モチベーションの向上を図ったことがしばしば引用される。また充実化は，指示を受けて，その通りにするのではなく，自分なりの工夫の余地を大きくすることである。自立的，あるいは自律的と同義である。裁量できる部分が大きくなると，それに応じて意欲的になるとされる。エンパワーメント，つまり権限委譲などは，その方式の例である。

3　労働の人間化

　なお米国ではジョブ・デザインとして，手法として普及したが，ヨーロッパでは，それらは「労働の人間化」と称せられて，労働生活の質（quality of working life），そして生活の質（quality of life）を向上させるという運動につながった。西ドイツの労働組合の経営参加などと合わせて，単なる手法以上の制度変革の一部として論じられた。

　これらの革新が狙うところは，生きがいや働きがいの向上である。より多く給与を得たいなどの経済的な関心だけでモチベーションは向上しない。前述のフォードの工場労働者たちは，給与は増えていった。しかし，モチベーションは低下したのである。経済的な報酬の多寡を越えて，生きがいとは何か，働きがいとは何かを真剣に考える欲求，マズローを援用すれば，自己実現に向けて意欲的な人たちをどのように処遇するべきかが，経営管理の関心に位置づけられだしたことによっている。

　最底辺にある労働などは極端に難しいが，それでも疎外に傾きがちな仕事を，生きがいのある仕事，働きがいのある仕事に，どのように変えるかという課題は，現場のデザインだけではなく，施策としてもいつまでも考え続けなければならない課題である。

（田尾雅夫）

▷ワーキング・プア
⇒ 2-Ⅱ-2「社会化」
▷パラプロフェッション
⇒ 2-Ⅱ-6「プロフェッション」

▷マズロー（Maslow, A. H.：1908-1970)
心理学者。自己実現，あるいは欲求の5段階説の提唱者として有名。

(参考文献)
田尾雅夫『仕事の革新』白桃書房，1987年。

III 変革の理論と実際

1 組織変革とは何か

1 組織変革の意義

　経営組織が事業活動を継続させるためには，外部環境の変化に対して自ら適応し続けることが要求される。ここで外部環境とは，経営組織にとっての顧客や供給業者，資本家，監督官庁などの具体的な利害関係者を指す場合もあれば，経営組織のコントロールが及ばない経済的要因や社会的要因，技術的要因，文化的要因などを指す場合もある。いずれにせよ，これらの外部環境の変化は経営組織の業績に大きな影響を及ぼすものである。それゆえ，経営組織が継続して業績を維持・拡大していくためには，外部環境の変化に適合させるべく，組織編成や人事制度，組織文化などを自ら変革することが求められる。

　このように経営組織の長期的な成長と衰退を方向づける最も重要な経営課題の一つとして組織変革は位置づけられる。にもかかわらず，組織には既存の定常状態を保とうとする恒常性が働きやすく，**変革への抵抗**が生じやすい。また，組織構造や人事制度といった個別要素だけでなく，**組織の諸要素間の相互関係**もまた変革対象となるが，相互関係が複雑であるため，変革の成果や影響を事前に予想しづらい。一方，経営組織にとって近年の外部環境は変化のスピードや不確実性の度合いを強めている。具体的には，国内市場の成熟化と競争のグローバル化，技術革新の加速，労働人口の多様化と流動化，規制緩和と業際化の進展などである。そしてこの傾向は組織変革の重要性を益々高めている。

2 組織構造の変革

　例えば，事業の多角化が進んでいる大企業の多くでは事業部制という組織構造が採用されている。事業部制では製品別や地域別などの基準で複数の事業部が部門化され，各々の事業部が一つの事業体として独立採算的に利益責任を負っている。事業部制の長所には，経営トップが全社的な意思決定に専念できる一方で，事業部レベルでは現場に即した意思決定が自律的に行える点がある。また短所には，事業部間で経営資源の重複や囲い込みが生じやすい点がある。

　今日の外部環境の変化に関心を向けると，異質な技術の相互結合を通じた革新的技術の開発（例えば，エンジン技術と電気モーター技術を結合させたハイブリッド車の開発など）が急ピッチで展開しており，そのような技術革新のスピード競争に遅れをとった企業は存亡の危機にさらされている。

▷**変革への抵抗**

組織には既存の定常状態を保とうとする恒常性が常に作用しており，組織変革においては変革への強い抵抗が予想される。そのため組織変革プロセスでは，例えば，既存の組織構造を新たな組織構造へと転換する「移行」段階の前段階として，そのような構造変革がなぜ必要かを組織成員に周知徹底する「解凍」段階を経ることが，変革への抵抗を抑える重要な役割を果たす。また新たな組織構造に移行した後，それをしっかりと定着させる「再凍結」段階も重要である。これらの「解凍」および「再凍結」段階に十分なエネルギーが注がれなければ，変革への抵抗を通じて組織は元の定常状態へと逆戻りする可能性が高い。

▷**組織の諸要素間の相互関係**

組織変革の対象としては，組織構造や組織プロセス，人事システムの他に，職務内容や組織文化，従業員の職務態度や意識，技術や経営戦略などが含まれる。これらの変革を実行する上で考慮すべきこととは，これらの組織の諸要素が相互に影響し合う関係をもっており，その相互関係によって組織全体の業績が左右されるということである。それ

それでは，このような外部環境の変化に対して，既存の事業部制組織はうまく適応できているだろうか。事業部制組織では，分権的な事業単位として複数の事業部が部門化されているが，事業部間では各自が保有する経営資源を囲い込む部門主義が生じやすい。このような事業部制の短所は，技術革新の実現にとって大きな制約要因となる恐れがある。というのも，革新的な技術開発には異質な技術が相互に結合されるプロセスが重要な意味をもつからである。異質な技術を相互に保有する事業部間で資源の囲い込みが常態化しているならば，事業部制の部門主義が技術革新の阻害要因として作用しかねない。

上記のような問題を受けて，事業部間での経営資源の結合を促進するために，従来は過度に細分化されていた複数の事業部を，より大括りの一つの事業部門として再編成するための組織変革の試みがこのケースでは考えられる。

3 組織プロセスの変革

事業部制組織では，事業部レベルの自律的な意思決定プロセスが経営上の長所として強調されてきたが，事業部の分権性ゆえに全社レベルで事業の方向性を統一するには事業部間での調整に手間取りやすい。その一方で，今日の企業が直面する外部環境は不断に変化しており，経営トップによって下される全社的な経営判断の的確さと迅速さが企業業績を大きく左右する局面が従来よりも増しつつある。このように事業部制による分権的な意思決定プロセスと，外部環境から要求される経営トップのスピーディーな意思決定プロセスとが部分的に不適合を起こしているのである。そのような不適合を克服すべく，組織変革の取り組みとして，経営トップの全社的な戦略ビジョンが多様な事業部門に迅速に浸透するような組織プロセスの再構築がこのケースでは求められている。

4 人事システムの変革

従来からの年功基準や能力基準の人事処遇に加えて，1990年代半ばから日本企業で広く導入された成果給制度は，人事システム変革の代表的なケースである。同時に，日本企業では従業員の雇用形態の多様化が推し進められ，派遣社員や請負社員に代表される非典型雇用の従業員が多様な産業において積極的に活用されるようになった。これらの人事システム改革に共通する目的とは，人件費の変動費化によって外部環境変化に対する企業の柔軟な適応能力を確保することである。すなわち，90年代を通じて構造不況に直面した日本企業では人件費を変動費化することによって，環境変化に伴う売上変動が利益水準に及ぼすインパクトをできる限り吸収すべく人事システム変革を推進してきた。

このように人事システム変革は，単なる労務政策上の意図にとどまらず，流動的な外部環境に対して組織の柔軟な適応能力を高めるという戦略的意図の下に展開された組織変革の一環として捉えられる。

（山岡　徹）

ゆえ，特定の組織要素の変革を実行する際には，その変革が他の組織要素や組織全体の業績に及ぼす影響について常に考慮する必要がある。とはいえ，複雑な相互関係を分析して，特定の変革対象を合理的に選択することは現実的には難しい。そのため実際の組織変革では，経営トップの事業経験や価値観を反映した変革ビジョンに基づいて，組織変革の具体的な対象が選択されることが多いようである。

Ⅲ 変革の理論と実際

2 アカウンタビリティ

1 アカウンタビリティとは：双方向の説明責任

　一般的に，アカウンタビリティとは「説明責任」と訳されている。もともとは，会計用語で「会計（accounting）」と「責任（responsibility）」を合わせた「会計説明責任」という用語で，株主に対して企業の経営状況を説明することおよび，その義務を示すものである。しかしながら，実際にアカウンタビリティという考え方が生まれたのは，実は1960年代の米国行政であった。公共組織が，納税者である米国市民に，公金使用の説明を行うところからアカウンタビリティの考え方が生まれたといわれている。

　アカウンタビリティの活動は，利害関係者（ステークホルダー）に対して，組織の活動内容や財務状況を公開，説明することを指す場合が多いが，一方的に説明すればいいというのではなく，説明する側とされる側の間で信頼関係を築くための双方向的なものである。説明することによって透明性が確保されることが目的であり，したがって特に重要になるのは意思決定過程の可視化である。目標を達成するという意味で「遂行責任」という意味を帯びる場合もある。ただし遂行責任は用語的にはレスポンスビリティ（responsbility）が当てられ，アカウンタビリティの結果責任と区別されることが多い。

　現在，アカウンタビリティは，従来の会計や行政といった文脈のほか，環境や人材開発といった文脈でも用いられることが増えてきている。

2 企業のアカウンタビリティ

　企業が行うアカウンタビリティ活動の代表例は，IR（インベスターズ・リレーション，財務広報）活動である。企業は，投資家や利害関係者に対して，企業活動の結果や成果，事業活動の状況について情報を公開し，説明しなければならないが，財務諸表など経営状況の情報開示は，商法や証券取引法などの法律によっても義務づけられている。このように法律で義務づけられているものだけでなく，状況に応じて，様々な利害関係者と対話をすることも，**社会的責任**という点から，重要なアカウンタビリティになる。例えば，地域住民を対象とした説明会や見学会を開催したり，環境に与える影響に関して情報提供をしたり，事件や事故が発生した場合に記者会見を積極的に行ったり，NPOやNGOと対話したりするようなことも，今日の企業に求められるアカウンタビリティな

▷社会的責任
⇨ 4-Ⅱ-6 「倫理（エシックス）／企業倫理（ビジネス・エシックス）」

のである。

③ 行政のアカウンタビリティ

日本でアカウンタビリティが注目されるようになったきっかけは，1990年代に欧米で流行した**ニュー・パブリック・マネジメント**（New Public Management: NPM，新公共管理）であった。NPM では，市民をユーザーや顧客として捉え，彼らのニーズを満たすような行政サービスを提供するというように考える。業績評価や行政評価などを用いて業績指標の達成程度を測定し数値化することによって，元来見えにくい行政サービスを，市民に対して見えるようにした試みが，行政におけるアカウンタビリティであった。

わが国においても，行政のアカウンタビリティとして「政策評価」や「行政評価」といった手法が導入され，90年代後半から自治体を中心に取り組まれるようになった。例えば，当該事業の投資効果を客観的に評価する事業評価システムや事業アセスメント制度の導入，費用対効果分析の制度化や目標達成状況の評価などであり，それらは主に，目的，成果，費用対効果を数値で判定することを指していた。

しかしながら，実際には公共サービスの数値化は難しく，業績評価や行政評価だけで公共サービスの質を問うことはできない。アカウンタビリティの目的は，行政が当該サービスの目的や意義，必要性を市民に理解してもらい，相互に信頼関係を築くことにある。したがって，業績評価や行政評価以外にも方法はある。例えば，企業の社会的責任と同様に，積極的に情報を開示することや多様な利害関係者と対話する機会を設定すること，意思決定や政策実施などの過程で市民や NPO と協働することや誰にでも理解できるような平易な言葉遣いによる説明や用語の統一などである。また，政府や行政における事業活動そのものをマネジメント・プロセスとして捉え，「Plan」「Do」「Check」「Action」というマネジメント・サイクルで回していく過程において，評価システムなどを取り入れていくようにしなければ，効果の出にくい断片的な取り組みで終わってしまうことも少なくない。

④ その他のアカウンタビリティ

アカウンタビリティの考え方は，企業や行政だけでなく，他の様々な分野で使用されている。例えば，医療におけるインフォームド・コンセント（医師が患者に対し，治療に関する十分な説明を行い，それに基づいて同意を得ること）や，スポーツの世界でプロ選手がメディアを通じて自らの成績を説明すること，NPO や NGO が地域や市民のニーズに応えるために展開する諸活動などである。

(深見真希)

▷ニュー・パブリック・マネジメント
民間企業の経営手法を，政府や行政に応用したもの。成果主義の導入や市場メカニズムの活用，顧客中心主義など。

Ⅲ 変革の理論と実際

3 顧客満足

1 顧客とは

　顧客とは製品・サービスの買い手で，具体的には個人，世帯，企業などであり，外部顧客と**内部顧客**に分けられる。買い手のニーズが多様化したり，買い手が商品やその選択のための情報や知識を容易に入手できる現代社会では，企業のマーケティングの対象が一般消費者から特定の顧客に限定されるようになっている。一般に，顧客ニーズを把握しようとするとき，外部顧客の取り込みを念頭に彼らから情報を収集し分析する。しかし最近では，内部顧客のニーズをもとに製品・サービスを開発したり，マーケティングの過程に参加させて，彼らのニーズを反映させた製品開発が行われている。内部顧客の声を聞くことで，結果として外部顧客を増やすことに成功する例も少なくない。

2 顧客満足とその取り組み

　顧客満足とは，買い手が事前に商品に対して抱いた期待に対して，彼らが実際に製品を購入し使用した結果，買い手に与える喜びや失望などの感情のことである。成果が期待どおりであれば満足し，期待以上であれば満足度が高まる。反対に成果が期待を下回ると顧客は不満を覚える。満足は顧客の感情という主観的なものである。したがって，顧客を維持するには，自社製品の顧客満足度を定期的に測定し，製品・サービスの改善にその結果を役立てる施策に取り組まなければならない。ここではTQMとCRMを取り上げる。

○TQM（Total Quality Management）

　TQMとは，組織の経営の質を改善・向上させる取り組みである。TQMは顧客の満足する製品・サービスを提供できるように，組織のあらゆるプロセス，製品・サービスの品質を継続的に改善し向上させるための全社的な取り組みであり，プロセス，組織，人，システムを有機的に統合する効果的なシステムとされている。顧客満足を最大化するために，TQMを取り入れている企業は多い。

○CRM（Customer Relationship Management）

　顧客の満足度が高いことが必ずしも組織の収益につながるわけではない。組織は，顧客が今後もその製品やサービスを購入したり，利用するような関係を形成することを考えなければならない（顧客ロイヤルティ）。さらに，組織の経

▷**内部顧客**
従業員やステークホルダーも自社の購買者である消費者の一部と考える。

▷1　市場において，消費者と顧客はどちらも製品・サービスの購買者である。その違いは，顧客が特定企業の商品を購入するのに対し，消費者は企業を限定せず，商品分野の全体から商品を購入することにある。

▷TQM
⇨ 5-Ⅲ-5 「TQM」

営資源は限られているので，すべての顧客と平等な関係を形成することは難しい。組織は収益性の高い一部の顧客を識別し，**顧客生涯価値**を最大化する顧客との関係を構築することが重要なのである。そのような顧客との関係を強化するために，情報技術を活用して，顧客情報をデータベース化し，効果的に活用するのが CRM である。CRM は顧客との関係を構築するだけでなく，組織収益を高めることも可能にすると考えられている。

3 顧客志向の組織構造に向けて

組織は目的を達成するために，組織（自社：company）と競合他社（competitor），消費者（consumer）という三つの相互関係を分析し，戦略を立てて実行する。三つの要素は時代，状況によって重要度が変わる。市場において需要が供給を上回っていた時代，製品・サービスを提供する組織が重視されていた。1980年代に入り市場が成熟して需要と供給が拮抗するようになると，組織と競合他社との間で競争上の優位を確立するための競争戦略が重視されるようになり，競合他社の分析が重視された。そして現在，市場では供給が需要を上回り，顧客は多種多様な製品・サービスから必要なものだけをニーズに合わせて選択するようになっている。それゆえ，組織にとって市場における顧客の分析が求められている。市場におけるポジショニングを考える戦略以上に，顧客について分析するマーケティングがますます重要になっている。

以上の状況を受けて，組織は構造を顧客志向型に変化させつつある。今や顧客が有する情報が増大・深化し，組織のもつ情報と遜色ないものになっている。したがって，顧客が製品・サービスを購入する際，あらゆる情報を動員して，購入条件に合う最適なものを手に入れようとする。組織は，戦略重視のマネジメントに適していた経営者やリーダー主導のもとで戦略を遂行する階層的な組織構造（ピラミッド型組織）では，現代の顧客の行動に対応し切れない。現状で組織が取るべき理想的な組織構造は，顧客を中心に据え，顧客と最も近い現場の従業員が顧客の情報を有するとして組織内で高く位置づけられる，顧客を頂点とした逆ピラミッド型組織であるとされている。

（草野千秋）

▷顧客生涯価値
顧客が生涯を通じて，その組織と取引を行った場合，組織にもたらす利益のこと。

参考文献

Kotler, P. & Keller, K. L., *Marketing Management, 12th Edition,* Pearson Education, Inc., Prentice-Hall, 2006.（恩藏直人監修・月谷真紀訳『コトラー＆ケラーのマーケティング・マネジメント』ピアソン・エデュケーション，2008年）
石井淳蔵・栗木契・嶋口充輝・余田拓郎『ゼミナールマーケティング入門』日本経済新聞社，2004年。

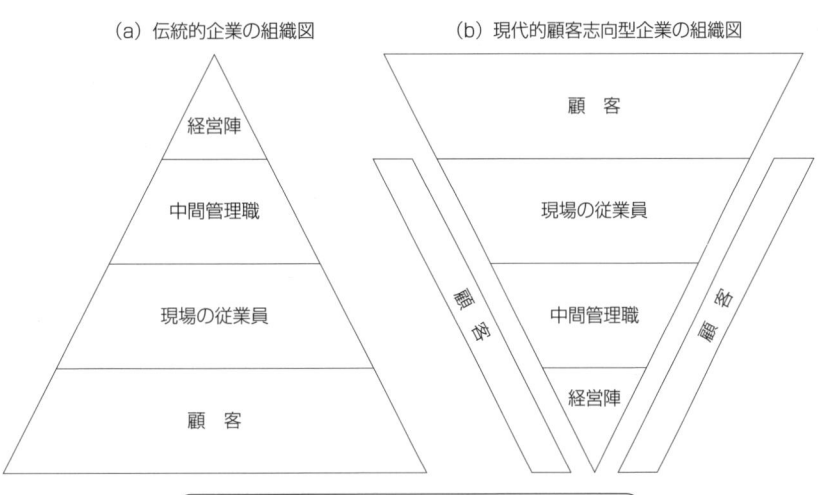

図5-3 伝統的企業と現代的顧客志向型企業の組織図

(a) 伝統的企業の組織図：経営陣／中間管理職／現場の従業員／顧客

(b) 現代的顧客志向型企業の組織図：顧客／現場の従業員／中間管理職／経営陣

出所：Kotler (2006)。

III 変革の理論と実際

4 組織開発

1 組織開発の定義

組織開発とは,「組織の健全性,有効性,再生能力を改善するために,組織を理解し,開発し,変革していく計画的で協働的なプロセス」である。最も重要なのは,「組織開発のゴールは組織の有効性を改善することにある」ということである。いわゆる Plan → Do → Check → Act というマネジメント・サイクルがベースにあり,ゆえに組織開発モデルは静態的な制度の導入ではなく,プロセス・モデルとして考えられなければならない。具体的な戦略や手法は,組織によって異なるため当該組織に応じて独自に仕立てられるべきであり,画一的なフォーマットの実施は否定されている。したがって,組織開発そのものの枠組みは抽象的なものであり,志向性の概念として捉えることができる。

組織開発については多くの研究が展開されているが,米国トップ企業のリーダーを対象とした調査から,最も頻繁に用いられている定義は,ベックハードによる「行動科学知識を用いた,①計画的,②組織全体的,③トップによってマネジメントされた,④組織の有効性と健全性を向上させるために行われる一連の努力で,⑤組織過程における計画的なインターベンションを介したもの」という定義であるといわれている (Beckhard, 1969)。

組織開発が最初に取り組まれたのは,1952年の米国海軍であったが,それはTグループを使用した取り組みであった。同じころ,企業でも**チーム・ビルディング**的介入手法が採用されるようになり,1960年代から組織開発という形になった。当初はチームや集団への介入的手法が中心的であったが,1970年代に入ると,「調査とフィードバック」「風土改善」「問題解決」といったものも含まれるようになる。1980年代には組織開発が拡大され,人的資源開発に注目が集まり,「コーチング」が広まった。この頃,米国を中心として,認知革命と呼ばれる認知科学研究手法の爆発的な発展が見られた。グループ・ダイナミックスやチーム・ビルディング,チームワークといった集団行動に関して,認知レベルからの実験や実証研究が無数に展開されるようになる。1990年代には「ファシリテーション」が注目されるようになるが,認知科学研究によって新たなチーム・マネジメントも追究されるようになった。つまり,チーム・マネジメントや目標による管理,組織学習や人的資源開発など一連の取り組みは,組織開発の概念と連動しているといえる。組織開発の起源を一つに定めるのは

▷1 Beckhard, R., *Organization development: Strategies and models*, Reading, MA: Addison-Wesley, 1969.
▷**チーム・ビルディング**
⇨ 3-I-6「チーム・ビルディング」
▷2 組織開発の起源に大きな影響を与えた代表的な研究者としては,グループ・ダイナミックス研究のレヴィン (Lewin, K.),クオリティ・マネジメント研究のデミング (Deming, W. E.),社会技術システムのトリスト (Trist, E.),システム理論研究のセンゲ (Senge, P. M.),人類学のホフステッド (Hofstede, G.),経営学者シャイン (Schein, E. H.) などが挙げられる。このように,組織開発は,組織行動科学,

Ⅲ-4 組織開発

非常に難しく，様々な人たちが，仕事をよりよいものにしようと努力するのに伴って，次第に組織開発という一つの分野ができ上がってきたといえる。[42]

2 組織開発の性質

組織開発の具体的な戦略や手法は，当該組織によって様々であるが，それらには以下のような性質を伴うことが求められる。　　　　　　　　（深見真希）

> 経営学，ビジネス科学，心理学，社会学，人類学，経済学，教育学，カウンセリング学，行政学といった領域から導かれた行動科学アプローチを第一義的なアプローチとする，学際的な領域である。

①組織の健全性，有効性，順応性を改善する 　組織開発は，どのように物事を変革するのかということと同じく，何を変革するのかということも認識するものであるが，そこでは，最善の解決方法を達成するために当該組織の健全性，有効性，順応性の改善を強調しなければならない。
②あらゆる規模，種類，レベルに対応する 　組織開発は，あらゆる組織規模，種類，また組織内すべてのレベルで使用されうる。コミュニティや地域，国家にまで拡大されることも少なくなく，特に組織開発が盛んな米国においては，行政組織や医療組織，図書館や市民団体などでも導入されているほか，国家政策の実施過程に規定されている領域もある。
③ダイナミックなプロセスである 　変化を計画することと，変化する条件に適合していくことの両方が重要であり，変革を成功させるためには，それなりの時間とコミットメントが必要になる。組織開発の成果が現れてくるまでには25年から30年かかるといわれており，その場しのぎ的な解決を求めて組織開発を導入したのでは，成果が出るまで取り組みを続けることは難しい。
④ビッグ・パースペクティブをもつ 　組織開発アプローチは，組織やその関係部分も含めた全体的な見地から，当該システムを変えようと考えるものである。したがって，変革を計画するときには，組織リーダーシップ，戦略，構造，文化，過程，内外の関係や影響など，当該組織に関わるすべての側面を考慮しなければならない。つまり，組織開発の主眼は，トータル・システムとそれに相互依存する部分まで含み，変化の過程で影響を受けるものを巻き込んでいく協働的アプローチをとるものである。
⑤学際的なアプローチである 　第一義的には行動科学に基づくが，ビジネスやテクノロジーの影響，変革期間にやらなければならないことなどを理解するためには，学際的なアプローチが必要である。
⑥データを重視する 　現状と将来の可能性を診断するために，またどうしてもやらねばならないという変革理由を創出するために，データを使用することが求められる。
⑦アクション・リサーチ・プロセスをとる 　データを評価し，分析し，何が可能であるかを追究し，今後の行動を計画していく中には，中心的な利害関係者を巻き込んでいかなければならない。組織開発では，単なる実証研究ではなく，取り組み前の状態を組織分析や資料分析などによって現状分析し，問題を明確化して定義し，問題解決策を考え，実行し，その後，問題がどのように変化したのかを調査してフィードバックするという，介入調査法をとる。介入調査法では，組織内のあらゆるレベル，あらゆる部門の代表者と，組織外の研究者との協働関係が求められる。
⑧専門的に訓練された人物がファシリテートする 　他の意見に役立ったり，独自の問題解決や可能性を見出したりするのに役立つ。
⑨価値重視のアプローチ 　人や組織に最善をもたらすような価値を教えたり，文化を構築したりすることが求められる。正直さや公正さ，強力な倫理観や開放的な雰囲気，率直で支援的，信頼があって革新的，自律的な行動や変化適応への自発性などを促進する。
⑩協働的でトップダウンもボトムアップもあるプロセス 　トップレベルの意思決定者によるコミットメントとリーダーシップの獲得が非常に重要である。また当該組織すべてのレベルにおける中心的な利害関係者を抱き込むことも重要である。
⑪教育ベースの戦略 　時代に左右されない（普遍的な）知恵と最先端科学の思考と実践を統合し，リーダーや変革過程に関わる人々に対し，変革の設計・実施・維持に必要な，知識・スキル・態度（KSA）を提供する。組織開発は広義の人的資源開発に含まれるともいわれるが，それは教育ベースという性質による。
⑫知識とスキルの転移 　組織開発は，知識やスキルの移転，変化する条件への順応，改善，成長，学習に関する継続的な組織学習能力の創出に関わるものである。
⑬信頼できるフィードバック 　タイムリーな方法で必要な適合を進めるために，変革過程をモニタリングしマネジメントする中で，信頼あるフィードバックの重要性が強調される。

出所：Rothwell, W. J. & Sullivan, R. (eds.), *Practicing Organization Development*, John Wiley & Sons, Inc. 2005, p. 174 より筆者作成。

Ⅲ 変革の理論と実際

5 TQM

1 TQM とは

TQM (Total Quality Management) は総合的品質管理と訳され，ものやサービスの生産において，会社全体を巻き込んで行う日本的品質管理活動の特徴を表す用語として用いられることが多い。組織のすべてのプロセスにたえず改善を加えながら，顧客に満足してもらうことを目指すという経営哲学を表しているともいわれる。また，最も大きな特徴の一つとして，部下への権限委譲が大幅に行われることが挙げられる。

TQM のルーツは QC (Quality Control，品質管理) にある。元来 QC はアメリカによってもたらされたが，米国式の専門職による SQC (Statistical Quality Control，統計的品質管理) は日本企業にはなじまなかったとされる。そこで，わが国においては，QC サークル活動がスタートし，トップや現場を巻き込んだ全社的な推進形態へと移行していった。

その後，方針管理など方法論の整備強化が進んで多くの企業が導入し成果を上げた。また，この TQC 活動は当初生産部門を中心としていたが，社内各部門の業務管理へと広がることになる。そして1995年に**日科技連**が TQM への改称を宣言して以来，TQM が一般的な呼称として使用されるようになったとされる。

このように品質管理に組織全体の参加を求める TQM は，管理者と従業員双方の思考様式を大幅に転換しようとする。そのために管理者は従業員が参画するよう巻き込みを図らなくてはならない。従業員を巻き込む一つのやり方は前述した QC サークルと**ベンチマーキング**である。

2 TQM と組織文化の変革

TQM の主眼は一般に品質と生産性の改善に置かれるが，それは同時に大規模な文化の変革を伴う。TQM の支持者は，それを QC サークルの延長で追加されるテクニックとしてよりも，むしろ組織の文化に根底から影響を及ぼすトータル・システムとして考えている。実際 TQM は，トップ・マネジメントによって戦略的に推進されるケースがほとんどである。新しい考え方を定着させるためには，ときとして基調にある企業文化としての価値観や基準に主眼を置いた変革が必要となる。企業文化の変革は組織における仕事のやり方を根本的

▷日科技連
財団法人日本科学技術連盟の略称。1946年に創立された。米国から輸入された品質管理概念をもとに確立された日本的品質管理体系やQC サークル活動の普及に努めた。近年は，ISO 関連事業も手がけている。

▷ベンチマーキング
このプロセスを通じて，他社の活動を分析し，これを模倣したり，それに基づいて改善を行う。小規模な従業員チームによる調査や視察を通じて，自社の製品，サービス，企業慣行などを競争相手や他社のそれと比較する。

に変えるものであり，従業員の新たなコミットメントや**エンパワーメント**をもたらすとともに，企業と顧客の間の絆を強化する場合が多い。

　企業の大規模な変革につながることの多い最近の大きな取り組みとしては，TQM 以外にはリエンジニアリングの実行がある。いずれも従業員に仕事のやり方を見直すよう求めるものである。リエンジニアリングとは事業プロセスの急激な設計変更を伴う職務横断的な取り組みであり，文化，組織構造，情報技術に同時に変化を引き起こし，顧客サービス，品質，コスト，スピードといった分野で劇的なパフォーマンスの改善を実現させるための手法である。リエンジニアリングと TQM はプロセスおよび顧客の満足感を重視し，組織文化を変革する手段として用いられる点において共通性がある。しかし，大きく異なるのは，TQM が改善の向上を絶え間なく追求するのに対して，リエンジニアリングは，業績の飛躍を求める点である。つまり，TQM は良い状態をさらに改善しようとするが，リエンジニアリングは重要ではないものを排除し，全く新しく始めようとするのである。

▷エンパワーメント
現場の裁量を拡大し，自主的な意思決定を促すとともに，行動を支援すること。現場の責任感とモチベーションが高まるとされる。

３　TQM の事例

　大手家電メーカー A 社が1990年から約 3 年間取り組んだ MIT '93 (Mind & Management Innovation Toward '93) と呼ばれる活動を取り上げてみよう。A 社は1990年 6 月に労使による「ゆとり創造委員会」を発足し検討を重ねた結果，1993年度までに従業員 1 人当たりの総実労働時間を1800時間にすることを目標とした答申案を提出する。労働組合側はこれを機に，所定労働時間の削減や年休付与日数の増加などを経営側に働きかけ実現していくことになるが，経営側は同様にこれを梃子に，様々な改革に着手していく。これが MIT '93運動である。

　1990年度の 1 人当たりの年間総実労働時間の平均値が2036時間であったのを，わずか 3 年で1800時間にするためには相当な組織効率化が必要となる。また，労働時間が少なくなったからといって経営品質を落とすわけにもいかない。そこで経営側はマネジメント革新（経営革新＋業務革新）とマインド革新（意識革新＋風土革新）を柱とした全社的取り組み（TQM）を展開したのである（図 5-4）。

（松山一紀）

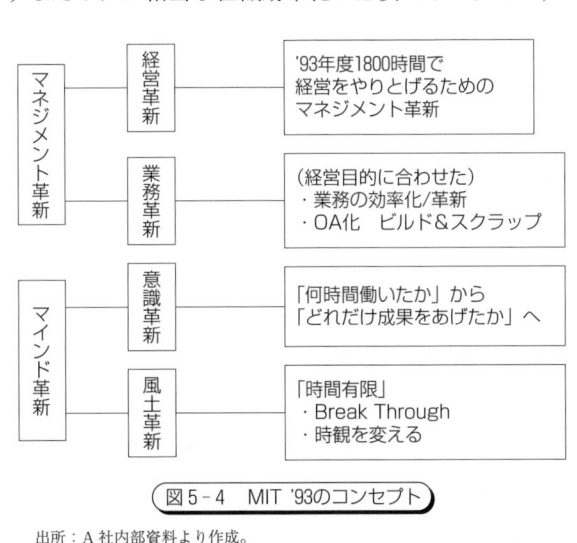

マネジメント革新	経営革新	'93年度1800時間で経営をやりとげるためのマネジメント革新
	業務革新	（経営目的に合わせた） ・業務の効率化/革新 ・OA化　ビルド＆スクラップ
マインド革新	意識革新	「何時間働いたか」から 「どれだけ成果をあげたか」へ
	風土革新	「時間有限」 ・Break Through ・時観を変える

図 5-4　MIT '93のコンセプト

出所：A 社内部資料より作成。

Ⅲ 変革の理論と実際

6 ダイバーシティ・マネジメント

1 ダイバーシティとは

　ダイバーシティ（diversity）とは，そのまま直訳すると「多様性」ということである。組織マネジメントにおける「多様性」は，当該組織の構成メンバーに関する多様性，および働き方の多様性を指す。具体的にいえば，構成メンバーの多様性は，性別（ジェンダー）の違い，身体状況の違い（健常者や身体障害者など），人種・国籍・民族・宗教の違い，年齢や世代の違い（若年者や高齢者など）といった個人属性の違いである。一方，在宅勤務・フレックスタイム・育児休業の取得といった労働形態や，正社員・契約社員・派遣社員・アルバイトやパート社員などの雇用形態における違いなどが，働き方の多様性の例である。

　従来，日本における組織構成は「大卒男子正社員」モデルが代表的であったが，少子高齢化が深刻化している現在，多様な属性の個人を採用せざるを得なくなりつつある。また，多様な人材の活用が組織の変革や発展につながる新しいきっかけになることも期待されるのである。

2 ダイバーシティ・マネジメントの歴史

　ダイバーシティ・マネジメントは，もともと，1960年代の米国で公民権法や雇用機会均等法が整備され，人種や性別による差別的な雇用が禁じられるようになったことに始まる。人種や性別によって差別を受けたことで訴訟が起きると，企業は高額の賠償金を支払わねばならない。したがって，当時のダイバーシティ・マネジメントは，リスク・マネジメント的性格を帯びるものでもあった。1980年代からは，ダイバーシティ・マネジメントは企業の**社会的責任（CSR）**として捉えられるようになり，ダイバーシティ・マネジメントを実践していることが，当該企業の社会的イメージに大きく影響するようになった。

　ダイバーシティ・マネジメントは，訴訟を避けたり社会的責任を果たしたりするためのもの，すなわちリスクを回避するための施策として考えられていたが，1990年代後半からは，多様な人材を積極的に採用することが成功につながるとして，そのプラスの側面が積極的に考えられるようになった。この時期，アメリカ企業で女性管理職の割合が急速に増加していったことは，その表れだといわれている。

▷社会的責任（CSR）
⇨ 4-Ⅱ-6 「倫理（エシックス）／企業倫理（ビジネス・エシックス）」

ただし，今日のダイバーシティ・マネジメントとは，多様な価値観を企業活動に取り込み，市場に柔軟に対応することを指し，女性の活用に限定されるものではない。

3 ダイバーシティ・マネジメントの実施

ダイバーシティ・マネジメントを実施するには，いくつかの段階がある。採用，人員配置・職務配置，勤務形態，昇進や管理職への登用など，それらの段階に応じて実施される。

ダイバーシティ・マネジメントを実施する上で重要となるのは，①トップ・マネジメントからの明確な支持表明，②共通認識の構築，③コミュニケーション環境の整備，④調整（ファシリテーション），⑤キャリア・パスの明確化である。これまでの日本企業は，「大卒男子正社員」モデルが色濃くあり，多様な個人を受け入れる文化ではなかった。したがって，多くの日本企業にとってダイバーシティ・マネジメントは，組織変革の試みでもある。組織が新しい試みを導入する際には，トップ・マネジメントからの力強い支援やイニシアティブが表明されなければならない。また，一つの組織の中で多様な人材が多様な働き方をしながら，一つの組織目標に向かっていくためには，組織の理念や使命，目標や成果，個人に求められている役割といったものが認識されていることが求められる。そのような共通認識を育むためには，健全なコミュニケーションが実践され，異なる意見もうまく調整されていくことが重要になってくる。異なる意見のあいだで生じるコンフリクトは，うまく調整されれば，新しい発想の源になったり，それまで見落としていたような着眼点に気づくきっかけになったりするため，ダイバーシティ・マネジメントの成否には，この点を配慮することが関わってくるのである。最後に，多様な人材を活用して組織の推進力にしていくためには，昇進や管理職への登用を含めたキャリア・パスを明確に示していくことも重要である。

日本における実際の取り組み事例としては，日産自動車における女性社員の活用や，ソニーの人権啓発，ベネッセのファミリーフレンドリー施策，日本GEのバリアフリー・ネットワーク，日本IBMのマイノリティ利害の追及などが挙げられる。具体的にみれば，日産自動車ではダイバーシティデベロップメントオフィスを設置，ソニーでは障害者雇用推進室を設置したり，ジェンダー・ダイバーシティ・プロジェクトを発足させたりしている。いずれにせよ，ダイバーシティ・マネジメントは，多様な価値観を受け入れるため多様な制度を整えることになり，コストもかかる。ダイバーシティ・マネジメントを実践している企業は，今日の組織が置かれている環境を考慮し，このコストを「出費」ではなく「投資」と捉え，柔軟に市場や環境の変化に対応している。

（深見真希）

▷1　女性の雇用問題については 2-Ⅱ-5 「ガラスの天井」を参照のこと。

Ⅲ 変革の理論と実際

7 自己組織化

1 秩序形成研究と自己制御の理論

　自己組織化（self-organization）とは，無秩序状態のシステムにおいて，外部からの制御なしに秩序状態が自律的に形成されることをいう。物理学，化学，生物学，地球物理学など分野を超えたテーマとなっており，より抽象的なメタ科学的領域として，情報理論やシステム論などでも研究されている。自己組織化理論は，米国の数学者ウィーナ（Wiener, N.）の提唱したサイバネティックス（1948）に端を発した秩序形成研究の一つであるが，やがて，ベルタランフィ（Bertalanffy, L. V., 1968）らのシステム理論やシステム思考の影響を受け，プリコジン（Prigogine, I.）の散逸構造論（1984）に代表される，複雑系，カオス，ゆらぎなどの非線形力学研究へとつながっていくことになる。

　サイバネティックス研究は，機械系，生体系，社会組織における制御と通信・情報伝達の構造を，同一の視点で研究しようとするものであった。生物も機械もある目的を達成するために構成されたシステムであり，そのシステムは目的達成のための行動をとりながら，たえずその行動結果を予想あるいはフィードバックして次の行動を準備し，目的達成にとって最適な行動をとっていく。生物も機械も，外部との関係に対応しながら目的達成のための最適行動をとるように自己制御しているのである。

　以上のような自己制御と秩序形成の理論は，意思決定メカニズムや社会などにも応用されており，組織における様々なプロセスにも応用されモデル化されている。

2 経営組織における自己組織化

　自己組織化は，システムが自ら秩序を形成することをいうが，組織論においては，集団や組織が自らを修正したり変更したりして再構造化する場合，より具体的にいえば，特に，環境の変化に対応して組織変革を行う場合に援用されることが多い。

　経営環境に変化が生じると，組織内に，ゆらぎ，そしてカオスが生じる。組織はそのような状態の中で，学習をし，自己の構造をつくり変え，新たな秩序を形成し，イノベーションを達成していく。

　ただし，元来，自己組織化は自己制御の理論であるので，外部環境からの作

▷1 組織論において，自己組織化は自己組織性ともいわれる。

用がなくても，自己を変化させられることが前提である。

3 知識創造と自己組織化

イノベーションと呼ばれるもの，つまり，新製品や新しい組織，新しい戦略といったものは，組織が創り出した新しい知識を具現化したものであるから，組織が自ら変革を行う過程，すなわち自己制御して新しい秩序を形成していく過程は，どのようにして新しい知識を創っていくか，ということで説明することができる。それが知識創造理論である。

知識には，「暗黙知（tacit knowledge）」と「形式知（explicit knowledge）」がある。暗黙知とは，経験によってスキル化された主観的・身体的な知識であり，形式知とは，文章や言葉で表現できる客観的・理性的な知識である。個人レベルで蓄積された暗黙知を，組織の行動や戦略，製品に生かしていく仕組みがダイナミックに循環するほど，豊かな知が組織的に創造されていく可能性が高まるとされている。つまり，暗黙知と形式知が，相互補完・循環関係によって「知識変換」されることが，重要になる。知識変換は，暗黙知から暗黙知を創る「共同化（socialization）」，暗黙知を形式知に変換する「表出化（externalization）」，形式知から形式知を創る「連結化（combination）」，形式知から暗黙知を創る「内面化（internalization）」という四つのモードが，個人→集団→組織→個人というように，レベルを超えてスパイラルに作用し合うことで達成される。これをSECIモデルという。

知識創造理論においては，意図，自律性，ゆらぎ／カオス，冗長性，最小有効多様性という五つの要件を備えた組織が，SECIモデルを支援する場を提供できるようになれば，組織は主体的にイノベーションを創出することができるとされている。

（深見真希）

▷イノベーション
⇨ 5-Ⅲ-1 「組織変革とは何か」

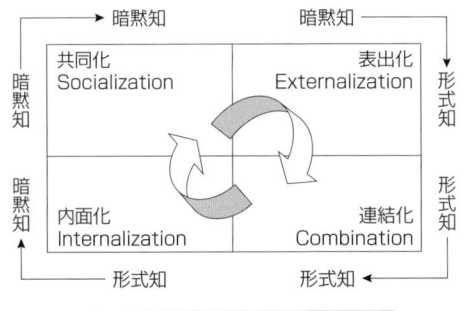

図5-5 知識創造理論のSECIモデル

出所：野中・竹内（1996）より筆者作成。

参考文献
野中郁次郎・竹内弘高／梅本勝博訳『知識創造企業』東洋経済新報社，1996年。

Ⅲ　変革の理論と実際

8 組織事故とヒューマンエラー

1 組織事故

　組織事故（organizational accidents）とは，リーズン（Reason, J., 1999）が主張した概念で，原子力産業や航空産業，石油産業，化学産業，海運産業，鉄道輸送業，金融業などにおいて，大惨事を招くおそれのある事故を指している。組織事故における最大の特徴は，事故とは直接関係のない人や環境に破壊的な影響をもたらしてしまう点にある。一般にローリスク・ハイダメージといわれるように，頻繁に起きるものではなく発生予測も難しいが，一度起きると当該組織だけでなく社会や環境に対しても破壊的影響をもつのが，組織事故の特徴である。

　組織研究において組織事故を議論するものとしては，高信頼性組織に関する研究があるが，システム・アプローチに基づいたリーズンのようなアプローチや認知科学的手法を援用した**エルゴノミクス**による集団作業研究なども登場するようになってきている。

2 スイスチーズ・モデル

　リーズンによれば，組織はリスクを回避するために，ハード（物理的）・ソフト（書類や人間）両面で防護を設計するが，この防護にはスイスチーズのような穴があり，潜在的なリスクがこの穴を突き抜けてくるとされている。なぜ防護に穴があるかというと，それは人間の不正確性がつくり出すものにほかならず，システムや防護の構築，職務遂行に人間が介在する以上，この穴は決して排除することができない。つまり，確率論的にリスクを予測して防護システムを何重に用意しても，防護システムには必ず穴があり，完全にリスクを封じ込めることは不可能である。さらに，この穴というのは固定的なものではなく，常にダイナミックに変動するため，予測不可能なエラーが発生する可能性は排除できないとされている。

　このように，リーズンのスイスチーズ・モデルが想定しているのは，人間がつくり出すシステムには必ず欠陥があるということであり，単純にいえば，「人間は必ず間違いを犯す」のであり，それを受容した上で対策を考えねばならないということを始点にしている。

▷1　塩見弘・高野研一訳『組織事故』日科技連出版社，1999年。

▷**エルゴノミクス（Ergonomics）**
ギリシャ語の「労働の科学（the science of work）」に由来し，学際的に労働環境の人的側面を研究するものとして，50年代初期のイギリスで誕生した。その後，米国では主に心理学的アプローチを，欧州では物理学的アプローチを基盤として発達した。現在では，両者が統合された形で，ヒューマン・ファクターという一つの領域を形成している。

潜在的なリスク

エラー発生！

図5-6　スイスチーズ・モデル

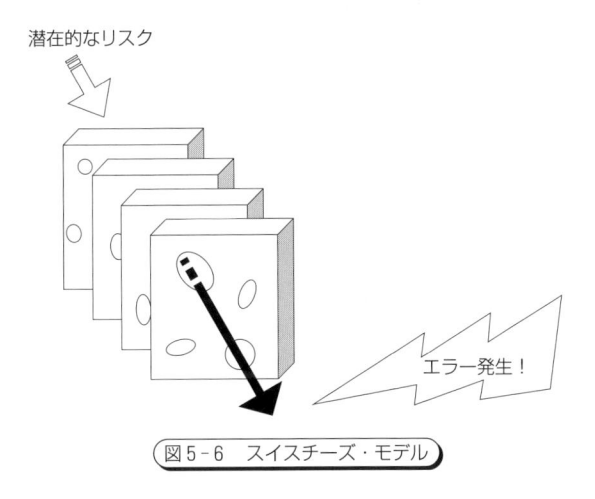

3　エラー・マネジメント

　スイスチーズ・モデルに代表されるように，「人間は間違いを犯す」，つまりヒューマンエラーは必ずあることを積極的に認め，人間が有する生来の不正確性を考慮した上で，組織としてどのようにヒューマンエラーに向き合い，それをマネジメントするか，しなければならないかを考えるのが，エラー・マネジメントである。

　元来，組織や制度は，「人間が間違いを犯す」ことに対して懲罰的であった。エラー・マネジメントは，間違いに対して肯定的立場をとり，エラーの連鎖をできる限り早期の段階で止めるために，むしろ間違いや問題点を組織のメンバーが指摘したり議論したりできるような開放的な文化を強調する。したがって，エラーに対して懲罰的な文化から肯定的な文化へと，文化やメンバーの価値観を根底から変化させなければならないのである。その意味において，エラー・マネジメントは，**組織開発**的性質を有することになる。安全性向上のチームマネジメント（クルー・リソース・マネジメント），インシデント・レポート・システム（事故報告制度），早期警戒システムなどは，その好例である。エラー・マネジメントは，安全文化を創出するための組織開発であり，したがって外部からのインターベンションやアクション・リサーチを採用し，開放的な文化を実践することが肝要である。

　安全文化の構成要素は，①自らのエラーやニアミスを積極的に報告する文化，②許容できること，できないことを区別できる正義の文化，③作業員が状況に適応できる知識や技能，能力を十分に有することができるよう教育訓練を実施することで可能になる柔軟な文化，④学習する文化である。それらの文化が構築されれば，組織事故を根絶はできないが，少なくすることはできるようになる。

（深見真希）

▷2　ただし，盲目的にすべてを許容していたのでは信頼性を損なう。重要なのは許容できる内容と許容できない内容とを区別することで，許容できる内容は奨励したり，許容できない内容については厳しく対処したりするなど処罰をうまく使うことである。
▷組織開発
⇨ 5-Ⅲ-4「組織開発」
▷3　⇨ 5-Ⅰ-4「安全管理とヒューマンファクター」

参考文献

サラス，E. 他著／田尾雅夫監訳『危機のマネジメント』ミネルヴァ書房，2007年。

コラム

センシティビティ・トレーニング

　「感受性訓練」ともいう。人材としての質を向上させるために，協働の質をいっそう向上させるために，孤島のようなところに隔離して，徹底的に，裸の自分を見せ合うのである。対人関係の中身が研ぎ澄まされて，相手がどのように考え，私がどのようにそれに応じればよいのかを否が応でも学ぶことになる。気の弱い人などはそれに耐えることができないようなこともある。今では見かけなくなったが，「地獄の特訓」などという言葉が踊っていたこともあった。企業から否応なく派遣されて，参ってしまった人も多かったのではないか。そういえば，気がおかしくなった人もいたという話を，どこからともなく聞いたことがある。

　同じようなこととして「洗脳」がある。朝鮮戦争にまで遡るが，捕虜になった兵士が独房に入れられ厳しい監視を受け，そこで新しい価値観を注入させられるとそれにいつの間にか馴染んでしまうこと，そしてその態度変容を仕組む過程を「洗脳」という。まさしく脳を洗うのである。ストックホルム症候群（誘拐されて長い監禁が続くと，やがて犯人のいいなりになる，という実際に起こった事件からの用語）も同じようなものである。しかし，そこから開放されるとまた，もとのように戻ってしまうということでは，その影響は一時的であり，大きくないという論者もいる。

　センシティビティ・トレーニングはこれらを真似ているといってよい↗

のではないか。これは作為であるが，組織は中長期的に組織に忠誠を誓う人をいつの間にかつくり上げている。学生運動に血道を挙げていた友人が，何年ぶりかの同窓会に出てきて，「御社」，「弊社」を繰り返していた。昔を知っているものとしてやや滑稽という気がしないではないが，それほど会社は人柄をつくり変えるのである。彼らはすでに述べた「企業戦士」であり「会社人間」である。トレーニングほどの極端さはないが同じようなことではないかともいえる。しかし，一時の作為のトレーニングよりも根っこからの，「会社，命」といわせる人間改造のようなところがなくはない。いっそう恐ろしいという論者もいる。恐ろしいかもしれないが，それでこそ組織は稼動するのである。一生懸命，会社のために働くからこそ会社は発展するのである。恐ろしいというだけでは，この社会は後退し始めるかもしれない。そのことのほうが恐ろしいといえなくもない。組織と人間は本来，恐ろしい関係にある。組織論はその両面の恐ろしさと向き合わなければならない。

　ただし，最近はそれほどの企業戦士も会社人間も少なくなったといわれるようになった。ということは会社も社会も衰退しているのではないのか。であれば，組織論はどのように組織と向き合えばよいのか，その意味ではむしろ混迷と向き合わざるを得なくなったということか。　　（田尾雅夫）

さくいん

あ

アージリス, C.　154
IR（インベスターズ・リレーション）活動　212
アイス・ブレイク　125
アカウンタビリティ　212
アダムズ, J. S.　45
新しさの不利益　29
アドホクラシー　137
アフター 5　77
アルゴリズム　116
アルダファー, C. P.　40
安全文化　191
アンゾフ, H. I.　19, 180
アンダーマイニング現象　43
アントレプルナー　101, 112
アンビバレンス　27
暗黙知　223
ERG 理論　40
イソ弁　64
依存性　30
1 次評価　70
五つの競争要因　167
一般的（な）技能　61, 91
イナクトメント　26
イノベーション　112
インフォーマル・グループ　141
ウェイク, K. E.　10, 138
ウェーバー, M.　16, 110
影響力　30, 31
エイジズム　206
エクセレント・カンパニー　158
SWOT 分析　125, 168, 176
X 理論　41
NGO　2
NPO（非営利組織）　2, 14
NPO カタリスト　63
エラー・マネジメント　225
エンジェル　113
エンパワーメント　75, 144, 202, 219
大きな物語　16
OJT　55, 198
オープン・システム　18
オハイオ研究　102

か

Off-JT（研修）　195, 198
会社更生法　189
会社人間　51
改正高年齢者雇用安定法　206
下位文化　151
科学的管理法　37
拡散的思考　93
学習する組織　154
隠れたプロフィール　120
価値活動　178
価値連鎖　167, 178
過程理論　38, 44
株式の相互持合い　153
株主　152
株主主権　152
ガラスの天井　57
カリスマ　101, 110, 113
　──の日常化　111
カリスマ的リーダーシップ　110
加齢の不利益　29
過労死　61
過労自殺　61
官僚制　4
　──の機能と逆機能　5
　──の逆機能　132, 145
官僚制システム　13
官僚制組織　132
機械的組織　20, 133
危機管理　184, 187
企業家　112
起業家　112
企業家精神　158
企業特殊的技能　61, 91
企業文化の管理可能性　158
企業文化論の台頭　158
企業別労働組合　156
儀式　150
技術　22
技術的環境　33
期待理論　44
機能　150
機能別組織　130
規範（norm）　92

規模　22
　──の経済　130
逆機能　150
キャリア　54, 58
キャリア開発　55, 195, 198
キャリアコミットメント　46
キャリア・チェンジ　54
キャリア・トランジッション・モデル　59
キャリア・パス　54
キャリア発達　73
キャリア・プラトー　54
QC（品質管理）サークル　201
旧制度学派　32
凝集性　123
行政改革　135
競争回避　171
競争優位　174
協働　2
共有情報　120
近（準）言語　141
組合コミットメント　46
グループ・ダイナミックス　88
クローズド・システム　18
経営参加　200
経営人　24
経験曲線効果　166, 172, 173
頸肩腕症候群　80, 208
経済人　24
経済人モデル　36
KJ 法　124
形式知　223
結晶性知能　207
権威　7
権限　5, 6, 31
権限委譲　144, 202
権限受容説　7
権限受容に関する無関心圏　7
言語　150
限定合理性　24, 114
権力　7, 99
コア・コンピタンス　174
公益通報者保護法　51
構造─機能主義　21

さくいん

構造は戦略に従う　164
行動科学　38
公平説　45
効率性　14
合理的意思決定モデル　114
ゴーイング・コンサーン　8
コーチング　67
コーピング（coping）　71, 76
コーピング資源　71, 78
コーポレート・ガバナンス　160
顧客への密着　158
顧客満足　214
個人的達成感　83
コスト・ベネフィット　169
コスト・リーダーシップ　166
コスモポリタン　91
コトラー, P.　176
コングロマリット　181
コンティンジェンシー　139
コンティンジェンシー・モデル　104
コンティンジェンシー理論（条件適合理論）　20
コントロール　74
コンプライアンス　50, 160, 192
コンフリクト　131

さ

在宅勤務　86
サイドベット理論　47
サイモン, H. A.　8
差別化戦略　166
3E　15
サンクコスト　28, 47
3K　208
CRM　214
ジェネラリスト　28
ジェンダー・エンパワメント指数　62
ジェンダー・ギャップ指数　62
指揮命令系統の一元化　128, 131
事業部制　13, 210
事業部制組織　130, 165
自己効力感　202
自己実現　39
自己組織化　222
仕事の中心性　46
仕事要求度—コントロールモデル　74
市場浸透価格　166

自然淘汰　26
シナジー効果　180
支配の類型　4
シャイン, E. H.　9, 58
社会—技術システム論　19
社会技術的介入法　80
社会技術的システム　190
社会再適応尺度　69
社会人モデル　37
社会の起業家　113
社会の責任　152, 161
社会的手抜き　120, 124
社会的統合　79
社会ネットワーク理論　147
柔構造化　134
終身雇用　156
収束的思考　93
集団（グループ）　96
集団極性化　121
集団浅慮（groupthink）　122, 186
集中戦略　166
準拠集団　91
シュンペーター, J. A.　112
小規模の不利益　29
状況適合モデル　108
少数者の影響　93
情緒の消耗感　82
情報技術　162
情報公開　123
職位　6
職業コミットメント　46
職能制組織　165
職務拡大　201
職務関与　46
職務記述書　197
職務遂行能力　196
職務ストレス　72
職務の専門化　5
職務満足　42
女性差別　57
自律性　74
自律的作業集団　201
新結合　112
人件費の変動費化　211
人事考課　196
人事評価　196
人的資源管理　194
新人間関係学派　89

シンボル　150
心理社会的介入法　81
心理的エンパワーメント　202
心理的契約　9, 61
垂直的統合　164
水平的統合　164
スケール・メリット　16, 134
スタッフ部門　128
ステークホルダー　152
ストーリー　150
ストレス　68
ストレス—関係説　70
ストレス緩衝効果　78
ストレス性疾患　82
ストレス—反応説　70
ストレッサ　68
スパンオブコントロール　135
スペシャリスト　28
スペシャル・スタッフ部門　129
スリーパー効果　143
成果給制度　157, 211
成果主義　45
政策の窓　115
制度化　111
制度的環境　33
制度的同型化　33
製品・市場成長マトリックス　180
製品ライフサイクル仮説　173
SECIモデル　223
ZD（無欠点）運動　201
ゼネラル・スタッフ部門　129
セミプロフェッション　65
セリエ, H.　68
センゲ, P. M.　155
選択機会　115
選択と集中　175
専門性の原則　130
戦略的事業単位（SBU）　172, 175
戦略ポジション　176
早期退職制度　157
創造的破壊　112
創発的な戦略論　137
ソーシャル・キャピタル　147
ソーシャルサポート　77, 78
ソーシャル・マーケティング　177
組織開発　96, 216

組織学習　154
組織均衡　8
組織形態　28
組織構造　128, 130, 138, 150
組織コミットメント　46
組織事故　224
組織人　56
組織ストレス　72
組織成立の要件　140
組織的介入　80
組織デザイン　22
組織の規模　23
組織の共通目標　6
組織のソーシャル・キャピタル　147
組織のライフサイクル　12
組織フィールド　32
組織文化　218
組織変革　210
組織目標　10
　──の機能　10

た
大企業病　134
代替アプローチ　106
タイト・カップリング・システム　138
態度の類似性　86
第二の人生　57
ダイバーシティ　220
代表性ヒューリスティック　116
ダウンサイジング化　54
多角化　165
多角化戦略　181
脱人格化　82
単純接触効果　86
チーム・ビルディング　96
知識経営　154
知識創造　154
知識創造理論　223
チャンドラー, A. D. Jr.　19, 131, 164
地理的な拡大　165
TQM　214, 218
テイラー, F. W.　36
適応障害　56
テクニカル・コア　22
テクノストレス　208
デシ, E. L.　43
手続き的公正　119

伝統的組織論　20
動機づけ─衛生理論　42
統制範囲　21
同調　123
透明性　123
トーナメントの勝利者　66
特性説　100
ドラッカー, P. F.　48
取締役会　152

な
内因的コミットメント　203
内集団　122
内発的動機づけ　43, 203
内部告発　50, 187
内部告発者　123
内容理論　38
2次評価　70
ニッチ（niche）　12, 28, 170
日本の経営　156
日本的取引慣行　156
日本的労務管理　156
日本版バーンアウト尺度　83
二要因理論　42
人間関係論　89
認知的不協和　86
ネガティブ・フレーム　117
ネットワーク　146, 189
ネットワーク組織　17, 146, 148
　──がもつ特徴　149
年功序列　156
ノキ弁　64
野中郁次郎　154
ノミナル・グループ　124

は
パーキンソンの法則　132
ハーズバーグ, F.　42
バーナード, C. I.　18
バーンアウト（燃え尽き症候群）　82
ハイブリッド・アレンジメント　17
パス・ゴール・モデル　104
パラプロフェッション　65
パワー関係　30
パワー・ベース　31
パワー・ポリティックス　142
繁文縟礼　16
PM理論　102
非言語的コミュニケーション　141
ビジネス・ユニット　174
非正規雇用　157
必要多様性の法則　27
非典型雇用　211
ヒューマン・オーガニゼーション　95
ヒューマンサービス　82
ヒューマンファクター　190
ヒューリスティック　116
ビュロクラシー　4, 132, 134
　──の病理　17
評価懸念　124
ファースト・ムーバー　12
ファシリテーション　125
ファシリテータ　125
フォロワー　99, 106
付加価値　175
不確実性　19, 33
葡萄の蔓　141
フラット＆ウェブ　13
フラット化　54, 144
ブランド　168
ブランド・ロイヤルティ　189
ブルーム, V. H.　44
フレーミング　116
ブレーン・ストーミング　118, 124
フレックス・タイム制　144
プロジェクト・チーム　97
プロダクト・ポートフォリオ・マネジメント（PPM）　172, 175
　──への批判　173
プロテジェ　204
プロテスタントの労働倫理　46
プロフェッショナル　91
文脈理論　38
米国国立職業安全保健研究所　80
変革ビジョン　211
変革への抵抗　210
ベンチャー企業　112
ベンチャー・キャピタル　113
ボイス　119
ホイッスル・ブロワー　50, 65
ホーソン実験　88
ポーター, M. E.　166, 170, 178
ポジティブ・アクション　63

さくいん

ポジティブ・フレーム　117
ポリティックス　31

ま
マインド・マップ　125
マグレガー，D.　40
マズロー，A. H.　36, 209
マトリックス組織　131
マネジャーの役割　136
ミシガン研究　102
三つの基本戦略　166, 170
ミリタリー・メタファー　60
ミルグラム，S.　94
ミンツバーグ，H.　136
メイヨー，E.　37
命令服従関係　7
メンター　204
メンタリング　67, 204
目標管理　197
目標による管理　48
目標の階層性　11
目標のコンフリクト　11
モチベーション　36

モラール　37
問題焦点型コーピング　76

や
役割葛藤　55, 102
役割ストレス　73
役割分化　102
有機的組織　20, 133, 148
有効性　14
欲求階層論　38
欲求理論　38

ら
ライフイベント　68, 79
ライン・アンド・スタッフ組織　128
ライン組織　128
ライン部門　128
ラザラス，R. S.　69, 70
リアリティ・ショック　59
リーダー　100, 106
リーダーシップ　98, 100, 125
リエンジニアリング　188, 219
リカレント教育　199

リスキー・シフト　121
リスク　110, 186
リスク・アセスメント　185
リスク・マネジメント　184
リストラ　188
利用可能性ヒューリスティック　116
ルース・カップリング・システム　138
ルーティン業務　129
労使協議制　200
労働疎外　200
ローカル　91
ローシュ，J. W.　20
ローレンス，P. R.　20

わ
ワーカホリック　57, 59
ワーキング・プア　57, 208
ワーク・オーガニゼーション　95
ワーク・コミットメント　46
Y理論　41

執筆者紹介 (氏名／よみがな／現職／主著／組織論を学ぶ読者へのメッセージ)   ＊執筆担当は本文末に明記

田尾雅夫 (たお まさお) ＊編者
京都大学名誉教授
『実践NPOマネジメント』ミネルヴァ書房
組織を面白いと思っていただけたならば，本書の役割は半分以上果たせたと思います。あとの半分は，自分の身近の生活のどこに対応できるかを考えてみてください。

秋山高志 (あきやま たかし)
広島大学大学院人間社会科学研究科准教授
「企業グループの変革を促進するネットワーク・マネジメント」『日本経営学会誌』第18号，2006年，29-40頁
学問をする，学術書を読むといえば，堅いイメージが伴いますが，「組織論」は活きた学問です。あなたの社会を見る物差しに，きっとよい変化が現れるでしょう。

石田正浩 (いしだ まさひろ)
京都府立大学公共政策学部准教授
『「会社人間」の研究』(共著) 京都大学学術出版会
無数にある組織との関わりを，組織論の視点から理解することを通じて，その切れ味と同時に切れなさ加減も味わい，組織を見る目を育てていってください。

吉川肇子 (きっかわ としこ)
慶應義塾大学商学部教授
『クロスロード・ネクスト』ナカニシヤ出版
組織論に役立つ組織心理学という視点で執筆しました。組織の多様な問題を，ぜひ心理学の考え方を生かして学んでください。

草野千秋 (くさの ちあき)
文京学院大学経営学部准教授
『自分事化の組織論』(共著) 学文社
私たちは組織とどのような距離で向き合えば，よいのでしょうか。本書からそのヒントを探ってください。

久保真人 (くぼ まこと)
同志社大学政策学部教授
『バーンアウトの心理学』サイエンス社
現代社会では，誰もが組織に所属し，組織の中での活動を求められる時代です。この本を通して，身のまわりの組織を客観的に評価する目を養ってください。

櫻田貴道 (さくらだ たかのり)
富山大学学術研究部社会科学系准教授
「組織の制度化モデルの構築」『社会・経済システム』第30号，2009年
組織は私たちの手段である一方で，容易に逃れられない環境でもあります。組織と上手に付き合うために組織論は必須の教養といえます。本書はその導入として最適です。

髙木浩人 (たかぎ ひろと)
愛知学院大学心理学部教授
『組織の心理的側面』白桃書房
人が集まって何かしようとすると，良きにつけ悪しきにつけ思いもよらないことが起こり得ます。どんなことが起こり得るのか，知っておいて損はしないと思います。

深見真希 (ふかみ まき)
グローバルレジリエンス研究所代表
「管理科学としての危機管理」『組織科学』Vol. 45, No. 4, 2012年
組織論を学んで，「仕事でのもやもや，こんなふうに言葉にできるんですね」と仰った方がいました。あなたも明日，職場の眺めが変わるかもしれません。

本間利通 (ほんま としみち)
大阪経済大学経営学部教授
『企業変革の人材マネジメント』(共著) ナカニシヤ出版
組織論が扱うテーマは非常に多くあれもこれも組織論に関係しているのだな，という認識を得られることができれば幸いです。

執筆者紹介（氏名／よみがな／現職／主著／組織論を学ぶ読者へのメッセージ）　　＊執筆担当は本文末に明記

松山一紀（まつやま　かずき）
同志社大学社会学部教授
『次世代型組織へのフォロワーシップ論』ミネルヴァ書房
組織について学ばなければ，現代を生き抜くことはできません。大いに楽しみながら学んでください。

若林直樹（わかばやし　なおき）
京都大学経営管理大学院教授
『ネットワーク組織』有斐閣
組織について理解する基本的視点がここに網羅されていますので，是非活用してください。

山岡　徹（やまおか　とおる）
横浜国立大学大学院国際社会科学研究院教授
『変革とパラドックスの組織論』中央経済社
合理的なロジックだけでなく，組織メンバーの心理や感情，組織内政治のような現実的な視点も受け入れる「懐の深さ」が組織論にはあります。

やわらかアカデミズム・〈わかる〉シリーズ
よくわかる組織論

2010年4月30日　初版第1刷発行　　〈検印省略〉
2022年10月20日　初版第8刷発行

定価はカバーに表示しています

編著者　田　尾　雅　夫
発行者　杉　田　啓　三
印刷者　江　戸　孝　典

発行所　株式会社　ミネルヴァ書房
607-8494　京都市山科区日ノ岡堤谷町1
電話代表（075）581-5191
振替口座　01020-0-8076

©田尾雅夫ほか，2010　　共同印刷工業・新生製本
ISBN978-4-623-05648-4
Printed in Japan

やわらかアカデミズム・〈わかる〉シリーズ

よくわかる看護組織論	久保真人・勝山貴美子ほか編	本体 2800円
よくわかる経営管理	高橋伸夫編	本体 2800円
よくわかる産業・組織心理学	山口裕幸・金井篤子編	本体 2400円
よくわかる現代経営	「よくわかる現代経営」編集委員会編	本体 2400円
よくわかる経営戦略論	井上善海・佐久間信夫編	本体 2500円
よくわかる現代の労務管理	伊藤健市著	本体 2600円
よくわかる企業論	佐久間信夫編	本体 2600円
よくわかる社会政策	石畑良太郎・牧野富夫編	本体 2600円
よくわかる憲法	工藤達朗編	本体 2500円
よくわかる刑法	井田良ほか著	本体 2500円
よくわかる労働法	小畑史子著	本体 2500円
よくわかる会社法	永井和之編	本体 2500円
よくわかる地方自治法	橋本基弘ほか著	本体 2500円
よくわかる法哲学・法思想	深田三徳・濱真一郎編	本体 2600円
よくわかる行政学	村上弘・佐藤満編	本体 2800円
よくわかる司法福祉	村尾泰弘・廣井亮一編	本体 2500円
よくわかる社会保障	坂口正之・岡田忠克編	本体 2500円
よくわかる社会福祉	山縣文治・岡田忠克編	本体 2400円
よくわかる子ども家庭福祉	山縣文治編	本体 2400円
よくわかる障害者福祉	小澤温編	本体 2200円
よくわかる家族福祉	畠中宗一編	本体 2200円

ミネルヴァ書房

http://www.minervashobo.co.jp/